见证

TO WITNESS THE POWER OF THE PROPERTY RIGHTS MARKET

产权市场的力量

蔡敏勇 ◎ 著

中国金融出版社

责任编辑：王雪珂
策划编辑：丁志可
责任校对：李俊英
责任印制：张也男

图书在版编目（CIP）数据

见证产权市场的力量/蔡敏勇著 . —北京：中国金融出版社，2020. 12
ISBN 978 - 7 - 5220 - 0947 - 6

Ⅰ. ①见…　Ⅱ. ①蔡…　Ⅲ. ①产权市场—研究—中国　Ⅳ. ①F723. 8

中国版本图书馆 CIP 数据核字（2020）第 252438 号

见证产权市场的力量
JIANZHENG CHANQUAN SHICHANG DE LILIANG
出版
发行　**中国金融出版社**

社址　北京市丰台区益泽路 2 号
市场开发部　（010）66024766，63805472，63439533（传真）
网 上 书 店　http://www.chinafph.com
　　　　　　（010）66024766，63372837（传真）
读者服务部　（010）66070833，62568380
邮编　100071
经销　新华书店
印刷　保利达印务有限公司
尺寸　169 毫米×239 毫米
印张　21. 5
字数　278 千
版次　2020 年 12 月第 1 版
印次　2020 年 12 月第 1 次印刷
定价　98. 00 元
ISBN 978 - 7 - 5220 - 0947 - 6
如出现印装错误本社负责调换　联系电话　（010）63263947

序①

改革开放 41 年来，党领导全国人民解放思想、实事求是，大胆地试、勇敢地闯，在各方面都干出了一片新天地。市场体系建设也是这样。现在，我国已从传统的计划经济体制改革发展到社会主义市场经济体制，市场已在资源配置中起到决定性作用，并更好发挥了政府的作用。

资本市场是市场体系的核心内容。就企业资本的资源配置而言，"使市场在资源配置中起决定性作用"要求建立起两类资本市场，一个是交易上市公司股票和债券的证券市场，另一个是交易非上市企业特别是企业国有资产的产权市场。证券市场是资本市场的头部市场，为上市公司资本运作服务，产权市场是资本市场的长尾市场，为非上市企业的资本运作服务，二者构成复合资本市场体系。和其他长尾市

① 本序作者邓志雄，1957 年生，湖南人，1974 年参加工作，中南大学毕业，教授级高级工程师。

中央党校中青班第十期学员，中国人民大学、中国政法大学、中山大学、中国大连高级经理学院特聘教授，中信改革发展研究基金会咨询委员，深创投博士后流动工作站导师。

曾任湖南新晃汞矿矿长，广东中金岭南有色金属集团副董事长，海南金海股份公司（000657）董事长，中国有色金属工业总公司计划部副主任，国家有色金属工业局企事业改革司司长，国家经贸委综合司副司长，国务院国资委产权局局长、规划发展局局长，现任中国电信集团、中国铝业集团和中国保利集团专职外部董事。

发现并证明了三等分角线性质与判定定律，参与发明 PVC 合成用复合触媒，参与组织了有色金属行业矿山转产、有色金属行业三年脱困和结构调整工作，推动了国有企业管理信息化工作，牵头推进了中国产权市场建设，参与建立了企业国有产权进场交易制度体系，主持起草中央企业投资管理办法、中央企业结构调整与重组指导意见、中央企业十三五发展规划，推动了中央企业创新基金系建设，对企业发展战略与资本运作、世界经济危机的企业制度成因、复合资本市场建设理论、混合所有制发展理论与操作等有独到见解。

场一样，在信息化时代到来之前，产权市场因交易成本较高而未能发展起来。

2003 年，国务院国资委联合财政部颁布 3 号令——《企业国有产权转让管理暂行办法》，建立起了企业国有产权转让进场交易制度。2016 年，国资委联合财政部颁布 32 号令——《企业国有资产交易监督管理办法》，明确国有企业增资扩股交易要进场操作。在 3 号令和 32 号令之间，国资委还针对产权市场规范和交易过程创新出台了一系列相关文件，促进了国企改革深化和产权市场发展。

2015 年 8 月，中共中央、国务院出台《关于深化国有企业改革的指导意见》，明确产权市场和证券市场都是"资本市场"，使产权市场的资本市场地位在国家顶层制度设计中正式得以确认。自此，中国在世界资本市场上率先创建出了由证券市场和产权市场复合而成的资本市场。用复合资本市场分别为上市公司和非上市企业提供产权形成与流转的资本运作服务，使包括国有企业和小微企业在内的各类企业的资本配置都由市场起决定性作用，同时又更好发挥出政府的作用，这就是资本市场的中国特色！这一特色既使企业国有产权实现了阳光下的市场化运动，极大减少了国有产权流转中的暗箱操作与各种腐败，为社会主义市场经济体制落地发展开辟了坚实道路，又使广大非上市企业得以进入资本市场与各类社会资本有机结合，使上市公司与非上市企业的融资能力更加均衡，减小了企业之间的马太效应，抑制了社会的两极分化。

贯彻落实企业国有资产进场交易制度，离不开各地产权交易市场的建设和发展。2004 年底，全国各省区市政府分别选择确认了 66 个产权交易机构作为企业国有产权交易平台。京津沪渝四市的国有产权交易机构获得了中央企业国有产权交易资质。湖北、山东、河北、广东等先后实现了省域产权交易市场的统一整合。2011 年 2 月，经国务院同意，民政部批准设立了中国企业国有产权交易机构协会，使之成为全国产权交易机构建设规范与创新合作的大平台。近年来，多个跨省域联合的企业国有资产线上交易系统正在不断探索中加快发展。

事在人为，任何市场制度都要靠人来执行、落实和发展。企业国有产权进场交易制度的落实，靠的是国资委、相关部委和产权交易机构的积极作为。产权交易市场的发展，靠的是一代代产权人的执着追求和倾情奉献。我国产权界有一大批产权交易机构主要负责人连续任职10年以上，有的甚至长达20年，他们成为推动当地产权市场发展的领军力量。这支队伍绝大多数人想干事、能干事、不出事。他们对产权市场的开拓创新有着源源不竭的激情，他们有志存高远、公道正派、维护契约、坚守底线的高尚品格，有专注、创新、担当、实干、奉献的产权人精神，有对产权事业无怨无悔、情系一生的市场情怀，非常难能可贵，值得总结弘扬。

庚子年初，时逢大疫，人人宅家，微信上的产权群却更加热闹。突然有了大把富余时间的人们，有了坐下来总结交流的宝贵机会。作为群主，湖北产权何亚斌同志向我提议请大家一起就产权制度、产权市场、产权人写点东西。这个想法得到上海产权蔡敏勇、北京产权熊焰、内蒙古产权马志春等同志的积极响应。在我看来，他们四位同意将各自已发表的产权经济文章整理出来，结集出版，将他们从事产权事业以来的心路历程如实报告出来，将他们对产权市场规范创新问题的思考展望全面分享出来，将一个个产权交易的生动故事陈述解读出来，是在对产权交易行业未来高质量发展贡献智慧，是在给未来的一代代产权人提供史料与参考，确实是一件大好事。他们的文章，过去我读过一些，这次系统整理出来，我又读了不少，感觉非常亲切，从中可以感受到我国企业国有产权进场交易制度的巨大力量，感受到当代中国产权市场的壮丽气象，感受到产权人的创新智慧和执着追求。我深信，由这样的著作组成的丛书一定会对我国未来产权人队伍建设具有参考价值，更希望丛书的出版能激励产权界更多新老朋友也积极加入进来，共同书写好中国特色复合资本市场的发展故事和历史经验。

是为序！

邓志雄

2020 年春节于北京家中

目　　录

第三编　上海产权市场探索

第四编　产权交易平台实务

第五编　行业建设与未来展望

附　录

前　言

在本书写作之前，邓志雄同志和何亚斌同志热情鼓励我，激发我为产权市场写作的热情，使我的思绪重回到产权市场激情燃烧的创新创业岁月。

在本书写作期间，邓志雄同志为本书倾情作序，使我深受触动，正如序中所言："感受到我国企业国有产权进场交易制度的巨大力量，感受到当代中国产权市场的壮丽气象，感受到产权人的创新智慧和执着追求。"同时，何亚斌同志帮助我一起整理出本书30篇具有代表性的文章，提出了诸多宝贵意见与建议，给了我很大帮助和激励。

在本书定稿之时，恰逢周小全同志任上海联合产权交易所党委书记和总裁之际，小全同志支持和鼓励我，期待本书能尽早付梓，以供产权界的同仁学习参考。

产权资本市场走过从无到有、从小到大、从有到新、从弱到强、从单一到多元的发展历程，展现出旺盛的生命力、发展力和创造力。我于1999年投身产权资本市场，参与组建和领导上海技术产权交易所。2003年底，上海技术产权交易所与上海产权交易所整合建立上海联合产权交易所。至2014年，我离开上海联合产权交易所主要领导工作岗位，到上海市人大常委会财经委、预算工委工作。我先后担任上述两家产权交易机构主要负责人达16年之久，在产权资本市场的日子，算下来已有5555天。

我希望通过此书贡献一名老产权人的认识、经历和实践，对读者有所启示。本书对我国产权资本市场发展进行了生动回顾，纵览了上海产权资本市场的体制机制建设和创新成果，系统阐述了产权交易所的"八八六六"建设体系，在产权资本市场深化产权制度改革、推动科技创新和成果转化、服务国资国企改革发展、支持各类所有制企业可持续高质量发展、布局与培育科技产业集群和科技企业集群、提升产业结构和经济结构层次、提高交易所增值服务能力、强化交易所市场化交易运行能级、优化生产要素流动以及交易与配置等方面进行了提炼、归纳和思考。

我在前言中简要分析了产权资本市场发展环境，阐述了产权资本市场对于优化生产要素配置，培育与发展先进生产力所发挥的重要作用。此外，我对本书 31 篇文章进行了逐一介绍，作为读者导读参考之用。

（一）

党的十九届五中全会指出，当前和今后一个时期，我国发展仍然处于重要战略机遇期，但机遇和挑战都有新的发展变化。全会提出加快构建以国内大循环为主体、国内国际双循环相互促进的新发展格局，推进国家治理体系和治理能力现代化，实现经济行稳致远、社会安定和谐，为全面建设社会主义现代化国家开好局、起好步。本书关于产权市场优化生产要素配置的内涵阐述，对新发展格局的构建具有现实意义。

党的十九届五中全会通过的"十四五"规划建议，贯穿着三个新发展，即新发展阶段、新发展理念、新发展格局主线，部署全面，博大精深、高屋建瓴。我国对新发展格局的战略调整十分必要、非常及时，兼顾当前和长远。新发展格局中的国内大循环是我国经济可持续发展的主要动力来源，国内国际双循环通过更高水平的开放，可以促进内外双循环的互相支撑、良性互动。新发展格局形成有利于在科技创新中，进一步提高我国产业链、供应链、研发链的运行质量、安全属性和全球竞争力，增强配置全球生产要素能力，助推市场主体的培育和壮大、提升生产要素优化配置的效率和质量、促进营商环境得到持续改善、激发创新驱动内生动力，推动中国经济高质量发展。

构建新发展格局是一项长期发展战略，也是进一步深化我国市场改革开放的过程，并非一蹴而就。实现新发展格局需要我们付出巨大努力，关键在于要让市场在要素资源优化配置中起决定性作用，优化生产要素配置，才能培育与发展先进生产力。企业要抓住机遇、结合实际，准确识变、科学应变、主动求变、创新促变、全力转变。在市场环境建设方面，要进一步调动国资、民资、外资等各类市场主体积极性、主动性和创造性，依法平等保护各类所有制企业产权的合法权益，营造内外资企业一视同仁、公平竞争的公正市场环境。产权市场要加快转型升级、创新发展，推动生产要素在更高水平上实现优化配置，畅通消费内循环、科技内循环等国内大循环，进而促进国内市场和国际市场相互联通、相互促进、相互融合，实现更加强劲的可持续高质量发展。

新一轮科技革命和产业变革方兴未艾，正在重塑全球经济结构。打造科技领域的内循环，实现核心技术国产化，推动科技经济一体化发展刻不容缓！本书对产权市场的科技创新各类交易归纳、分类与提炼展现，当今全球科技经济一体化发展趋势显示，一个充满创新活力的国家和地区经济，一定是在产权资本要素流动、交易与配置的有力推动下，不断涌现以科技创新要素为主导的新产业经济。而新产业经济活跃、扩散与发展，与产权资本要素健康流动、规范交易、优化配置密不可分。

本书回顾了我国改革开放41年历程，改革开放从推动生活资料商品化进程开始，拓展到生产资料商品化，进入20世纪90年代，又迈入了生产要素商品化，一直到现在。前两个商品化进程已经基本完成，而生产要素商品化进程仍在继续推进中，这是畅通及推动国内大循环、促进国内国际双循环发展的关键。生产要素作为特殊商品，需要在更广、更深、更高的市场空间中流动，需要发现买主，需要发现价格，需要体现价值，需要优化配置，需要保值增值，更需要适应生产要素流转顺畅与优化配置的产权资本市场平台。

在改革开放大背景下，面对生产要素市场化配置的多样化需求，中国产权市场于 1988 年 5 月诞生！产权包括物权、债权、股权和知识产权，是一个国家和地区的重要生产要素，是稀缺的战略资本。如今在我国，产权像"商品"一样可以交易，在交易中实现流动，在流动中发现价值，实现保值增值和优化配置。人们惊喜地发现：产权交易是优化生产要素市场化配置的重要方式，是形成先进生产力的重要动力。

经过 30 余年发展，半标准化、非标准化的产权资本市场与标准化的股票市场，已成为资本市场的重要组成部分，形成平行运行、互为补充的关系。产权资本市场以资源资产化、资产资本化、资本产权化、产权金融化为动力，服务国资国企改革、支持各类所有制企业高质量发展，服务各类企业并购重组与混改，服务增资扩股，服务知识产权和技术交易，服务科技企业资本运作，服务各类生产要素市场化配置，在推动各类所有制企业可持续高质量发展、实现各类企业生产要素有序流动和规范交易与优化配置、加快科技成果向现实生产力转化、助力实体经济、推动科技经济一体化发展等方面都发挥了重要作用。

在本书中，我共汇集从 2000 年至 2020 年的 31 篇文章，编排为 5 大类：产权资本市场的工作之语、中国产权市场建设与发展、上海产权市场探索、产权交易平台实务、行业建设与未来展望，最后有附录和后记。本书从多角度、多维度、多层次、多领域回顾中国产权资本市场历史征程，总览成就、提炼经验、剖析短板、展望愿景。

（二）

第一编，产权资本市场的工作之语，收入 1 篇文章，为《我在交易所的 5555 天》。

在本书中，原先整理了 30 篇有代表性的文章，我感到这些文章虽然有阅读价值，但放在历史长河中看，仍有碎片化的色彩，缺乏体系性、结构性、整体性，特别是思想性。于是，我利用2020年春节"新型冠状病毒"蔓延全国，居民自行隔离禁足在家的时间，翻出16年的工作笔记本与日记，翻阅、分类、归纳、提炼和思考。非常时期应有非常思考、非常视野、非常之策、非常之举、非常之为、非常之行、非常之道，在此背景下，我写作了《产权资本市场的工作之语》这篇文章。文章体列采用编年体形式，分为条目57条，逾4万字。

我的指导思想是，展示我16年来对产权资本市场理论与实践的认识，纵览上海技术产权交易所、上海联合产权交易所的体制机制建设和创新成果，主要阐述产权交易所的"八八六六"建设体系。第一个"八"指八大模式，即信息模式、会员模式、推介模式、交易模式、盈利模式、数据模式、结算模式、风控模式；第二个"八"指八大属性，即流动性、配置性、可度量性、融资性、低成本性、盈利性、跨地域性、规范性；第三个"六"指六个服务，即服务国资国企改革发展、服务企业并购重组和混改、服务企业增资扩股、服务知识产权和技术交易、服务科技企业资本运作、服务各类生产要素市场化配置；第四个"六"指六大功能，即信息集散功能、价格发现功能、产权融资功能、要素配置功能、价款结算功能、规范交易功能。

从1999年上海技术产权交易所在全国率先成立，意味着上海产权市场又一个春天到来，至2014年期间，上海联合产权交易所坚定实施和完善"八大属性""八大模式""六个服务""六大功能"，构筑平台型、流量型、数据型、网络型、控股型产权交易所集团，不动摇、不懈怠、不放松地提升交易所增值服务能力和市场化交易运行能级，拓展产权交易市场化的空间广度、内涵深度、配置高度。在这16年间，我作为交易机构主要负责人，在产权资本市场的日子，算下来已有5555天。这是上海产权市场迎来春天后的重要战略机遇期，我和交易所经营团队抓住机遇，摈弃小步快跑、中速发展的传统思维，立足由中速向高速、极速发展，拓展可以形成交易流量的每一个市场平台，开发可以推动规模化交易的每一个产品，联合可以合作的每一家机构，培养可以成长为领军人物的每一位产权人，推动着上海产权市场交易规模和运行质量连续十六年保持全国第一，成为中国交易量大、覆盖面广、影响力强、运行质量好的产权市场平台。上海产权市场追逐国际一流目标的脚步从未停歇，只争朝夕，不负韶华。

本文中，我在每一年度前面用最简短的文字概述当年主要经历、主要成果和工作思考。当然，这种概括是不全面的，也不需要全面，因为有后续的详细内容表述。我希望费心写作的工作之语，能对读者有所启示。

（三）

第二编，中国产权市场建设与发展，收入 8 篇文章，为《对我国产权市场建设的若干思考（2004 年）》、《产权市场是规范国企改制的重要平台（2005 年）》、《产权市场是产业结构升级、要素资源优化配置的重要平台——在江西的主旨演讲（2008 年）》、《中国产权交易市场发展新空间——在上海私募股权投资基金与产权市场发展研讨会上的演讲（2008 年）》、《促进私募股权投资基金与产权市场融合——在厦门"中国产权市场发展论坛"上的演讲（2008 年）》、《新形势下产权市场"六化"建设（2010 年）》、《从上海置信电气案例看资本市场的变迁整合作用（2008 年）》、《浅论产权资本市场（2018 年）》。

《对我国产权市场建设的若干思考（2004 年）》一文，对产权概念及产权制度进行了溯源，提出产权是现代经济的基本属性，产权制度既是经济发展的重要保证，也是降低经济运行成本的重要机制。强调产权市场是现代产权制度建设的内在要求，是实现资产保值增值的重要途径，是实现科技经济一体化发展的重要基础条件。本文对产权市场发展阶段从 20 世纪 80 年代初兴起至 2004 年进行了划分，对产权市场当前发展的主要任务进行了明确，要强化四大功能、服务四大领域、把握四大发展趋势。此外对我国产权市场建设提出以下建议：树立科学的发展观，启动全国产权市场的统一进程；开展业务创新，提高市场效率；规范市场行为，健全监管模式；积极拓展市场增值服务领域；与银行、保险、证券等金融机构协调发展。

《产权市场是规范国企改制的重要平台（2005 年）》一文，提出在我国现代经济体系发展过程中，产权交易已经成为继商品交易之后迅速发展起来的市场配置要素资源的主要形式。产权市场通过国有资产有序流动的平台功能、科技与国有资本间的联结功能、外资引入国资国企的通道功能、市场价格的发现功能等优势功能，在规范国企改制和国资有序流动中发挥了重要作用。本文提出产权市场应在规范国企改制和国资有序流动中发挥更大的作用，继续推动产权市场成为规范国企改制和国资有序流动的主战场；积极通过增量持股进场交易规范国企改制；从战略高度发展全国性产权交易中心，为国企改制和国资有序流动构建现代化、金融化、国际化的运作平台；规范产权市场，为国企改制打好基础。

《产权市场是产业结构升级、要素资源优化配置的重要平台——在江西的主旨演讲（2008 年）》一文，回顾江西省产权市场取得的成绩和经验，提出江西省产权交易所的发展历程是我国产权市场发展的一个缩影。本文强调产权市场成为我国产业结构调整升级、各类要素资源优化配置、各类企业并购重组的重要平台。各类企业产权通过进入产权市场交易，在流动中体现了价值，在流动中实现了保值增值，在流动中达到了优化配置。各类企业集群通过进入产权市场交易，开展并购重组、实施产业升级、实现做强做优。产权市场正在成为我国多元化资本市场体系中不可或缺的重要组成部分。本文呼吁业界继承与创新相结合，进一步加强合作，共同谱写产权市场发展新辉煌、新篇章。

《中国产权交易市场发展新空间——在上海私募股权投资基金与产

权市场发展研讨会上的演讲（2008年）》一文，提出中国私募股权投资和中国产权交易市场都充满机遇，中国的私募股权投资正处于发展关键期，产权交易市场也在发生着一场深刻变革，二者发展在某种意义上是一种唇亡齿寒的关系：私募股权投资需要项目、信息集散的公开运作平台，产权交易市场需要借私募投资基金之力加速非上市公司股权流转。本文通过各种案例介绍，表明产权交易市场已成为私募股权投资进入和退出的重要市场平台，为科技企业、成长性企业和科技成果转化提供可持续性健康发展资本动力，培育与发展先进生产力。

《促进私募股权投资基金与产权市场融合——在厦门"中国产权市场发展论坛"上的演讲（2008年）》一文，指出目前制约我国私募股权投资基金发展的主要问题是缺乏强劲集散能力的信息发布平台和规范完善的退出渠道，而中国产权市场的发展，却恰恰可以解决这些障碍。具体而言，一是产权市场可以助推私募股权投资基金与中小企业投融资有效对接，有助于缓解中小企业的融资难；二是有助于产权市场争取更大的可持续发展空间，成为私募股权交易的新平台；三是这种对接也会直接或间接推动私募股权投资基金行业的发展；四是可以拓宽民间资本多元化投资渠道，优化企业生产要素配置。

《新形势下产权市场"六化"建设（2010年）》一文，指出历经了30多年高速发展的中国经济，已然走到了迫切需要调整产业结构、发展高附加值产业，构建创新型绿色经济体系的历史新阶段。产业结构调整归根结底是不同种类企业的市场洗牌与整合优化，形成新经济企业集群和新产业企业集群，实质是推动产业领域的高新化、产业结构的高质化、产业技术的高端化发展。在我国深化改革开放，实现科学发展的大背景下，产权市场的生产要素资源优化配置功能，必将在我国产业结构优化进程中发挥积极作用。本文提出我国的资本市场包括两个系列，一是标准化的资本市场，即股票市场；二是半标准化和非标准化的基础性、权益性资本市场，即产权资本市场。股票市场的交易类别是标准化的股票，产权市场的交易类别是半标准化和非标准化的产权，包括物权、债权、股权、知识产权等。本文也呼吁产权界的各位同仁团结起来，迎难而上，集思广益，群策群力，善于创新，敢于发展，重点围绕产权市场"制度化、程序化、规范化、信息化、市场化和国际化"的发展战略方向，着力"六化建设"，加大"六个力度"，实现"六大发展"。

《从上海置信电气案例看资本市场的变迁整合作用（2008 年）》一文，提出经济体系中各经济单元之间连接形成的相应固化的结构，叫做经济相器。经济相器具有五个特征：一是不同的联结会产生不同的结果；二是每一级相器都有高中低三种状态；三是每一级相器都可能升级、降级或崩溃；四是任何相器共存；五是相器的升级可能是数个下一级相器的相加或在原相器基础上增加新的要素。本文对上海置信电气项目进行解析，提供了一个经济相器变化后可跨制度市场交易的案例。经过六年四次相变，上海置信电气从 500 万元资本的民营小企业蜕变为社会知名的公众公司，至 2008 年底，已发展成为拥有 412 亿股、总市值近 80 亿元、总资产 17 亿元、营业利润 25 亿元、净利润 15 亿元的大型上市公司。

《浅论产权资本市场（2018 年）》一文，对产权资本市场的定位、作用、属性、功能、运作和发展趋势等进行归纳与提炼，这对于推进我国现代市场体系健康发展具有重要意义。本文提出产权资本市场应具备"八大属性"：流动性、配置性、可度量性、融资性、低成本性、盈利性、跨地域性、规范性；具备"六大功能"：信息集散功能、价格发现功能、产权融资功能、要素配置功能、价款结算功能、规范交易功能。产权交易机构呈现"六大类型"：平台型、流量（数据）型、网络型、控股型、集团型、公司型。百舸争流千帆竞、借海扬帆奋者先，产权资本市场经历三十年的发展，又到了转型升级、创新发展的关键时期。从国际资本市场及各类交易机构的发展规律看，全国产权资本市场破除藩篱，众多产权交易机构向具有核心优势的机构聚集、融合是深化改革的大势所趋。

（四）

第三编，上海产权市场探索，收入5篇文章，为《构筑有利于科技创新的多元化资本市场——上海技术产权交易所的创新实践（2000年）》、《3号令助力上海产权市场发展进入新阶段（2005年）》、《以信息化促进规范化　推动上海产权市场上新台阶（2007年）》、《加快要素市场建设　发展上海现代服务业（2008年）》、《上海产权市场20年：见证市场的力量（2014年）》。

《构筑有利于科技创新的多元化资本市场——上海技术产权交易所的创新实践（2000年）》一文，写于上海技术产权交易所于1999年底成立后，这是中国第一个为科技成果、科技企业以及成长型企业发展提供融投资的市场。科技企业的成长壮大，其发展逻辑的轨迹是首先经由非公开性权益资本市场进行培育，而后进入公开性权益资本市场或长期信贷市场。科技企业的成长，宛如一粒种子到参天大树，直到结出果实，在不同发展阶段中需要不同层次和规模的多元化资本市场支持才能发展壮大。上海技术产权交易所成立后半年来的实践表明，这是科技创新多元化融投资体系的产物，也是我国多元资本市场建设进程中的一个重要里程碑，更是加快科技成果转化，布局科技企业集群，推进高科技产业化，加快融入新经济潮流，发展我国经济的必然选择。

《3号令助力上海产权市场发展进入新阶段（2005年）》一文，写于国务院国资委、财政部《企业国有产权转让管理暂行办法》（3号令）于2004年2月1日起施行后，指出3号令正在助力上海产权市场发展进入新阶段，如国有资产通过产权市场进行战略性调整的力度进一步增大，中央企业通过上海产权市场加快改制步伐，促进主业做强、做大、做优等。上海产权市场积极通过以下举措贯彻落实3号令：形成完整的制度系统，实现与 3 号令的全方位对接、全过程覆盖；瞄准国际成熟资本市场框架，高标准建设上海产权市场，构筑经纪人队伍、交易平台、监管机构相对分离又管理统一的市场体系；运用现代网络技术，构造集信息收集、项目登记、项目挂牌、项目推介、项目询价、项目举牌、电子竞价、合同成交、数据挖掘、态势分析与项目监控等十一个系统于一体的产权交易平台和交易、预警两个信息网络；将规范与创新有机结合起来，在规范中创新，通过创新促进规范。

《以信息化促进规范化　推动上海产权市场上新台阶（2007 年）》一文，指出近年来，上海产权市场在信息化建设方面持续大量投入，在实际工作中得到了回报，尝到了甜头。一是提高了市场的公信力，企业国有产权进场交易取得的规范效应带动了非公产权进场交易。2006 年上海实现非国有产权交易宗数首次过半，达到 54.58%；二是提高了市场的辐射力。在信息化推动下，2006 年上海产权市场服务于各地国资国企改革和调整，异地企业国有产权交易成交金额同比增长 59%；三是提升了市场的增值服务能级，上海产权市场交易标的已从单一的企业国有产权扩展到物权、股权、债权和知识产权；四是提升了市场的国际化程度，境外资本并购交易同比增长了 54.72%。此外，上海联合产权交易所在企业国有产权交易信息化建设方面的做法，引起联合国有关机构的高度重视，2006 年 5 月，上海联合产权交易所和联合国南南合作局共同合作开通"联合国全球技术产权交易系统（GATE）"，集中体现国际化、标准化和网络化的特点，中国创造、中国特色的产权交易模式首次运用到联合国"南南合作"国际领域。

《加快要素市场建设　发展上海现代服务业（2008 年）》一文，指出上海的经济结构正处在从后工业化时期向以服务业为主的信息化时期转化阶段。在沪的中央级要素市场主要有上海证券交易所、上海期货交易所、上海黄金交易所等 5 家；上海地方性要素市场已超过 10 家，主要包括：上海联合产权交易所、上海环境能源交易所、上海航运交易所等。这种多元化、多层次、多板块的要素市场格局在全国就唯独上海具备，这就是上海发展现代服务业的最大战略优势和动力源泉。本文提出如果上海 10 多家交易所都能各自带动 300 家到 500 家左右的会员单位发展，那么也就能带动近万家各具特点的中高端服务业机构的健康发展，就可以大大丰富现代服务业发展内涵。当前，中央在沪的要素市场和上海地方要素市场正在形成发展战略互动机制，风险化解能力增强，战略协同空间很大，市场发展前途广阔。

《上海产权市场 20 年：见证市场的力量（2014 年）》一文，感受到岁月如歌，沧海桑田，作为投身产权市场十六年的"老兵"，回望我国产权市场从无到有、从小到大、从弱到强的创业创新发展历程，最感幸运的是，能置身改革开放伟大时代，与伙伴们并肩奋战，以岁月和心智见证产权市场的生机与活力，释放出的魔力与能量，感悟市场背后的机制、团队、理想和信念的力量。二十载砥砺前行，二十载春华秋实。回放上海产权市场 20 年风云录，见证了市场的力量，见证了中国改革开放的铿锵脚步。各类产权交易 20 年放量百倍；以时间来丈量，20 年只是沧海一粟；以数据来刻录，20 年如是精彩隽永。上海联合产权交易所交易规模始终位居全国第一，交易对象从单一走向多元，交易主体从单一国有资本转为各类资本，交易领域从制造业拓展到第三产业，交易范围从上海扩大到全国和世界，交易方式从协议转让发展到多元化动态竞价交易，交易实践已经成为中国特色产权理论的重要部分。不积跬步，无以至千里，上海产权市场平台是我与业界同仁们凭着对事业的理想、信念、执著与热情，敢想、敢干、敢担当；摸着石头过河，不断开拓创新，不断总结经验，求真务实，善于突破，从小事做起，从简单事做起，从难事破解起，发扬"钉钉子"的精神，踏石留印、抓铁有痕，一步一个脚印走过来的。而今，发挥产权资本市场在要素资源配置中的决定性作用已经日臻水到渠成的境界。我相信，上海产权市场将和证券、金融、商品等市场一样，成为要素市场上的璀璨夺目的"东方明珠"。我坚信，上海产权市场将和全国产权市场一样，为更好地发挥产权资本市场在生产要素资源优化配置中的决定性作用、进一步释放产权市场能量而不懈努力！历史将不断见证产权市场的力量！

（五）

第四编，产权交易平台实务，收入 11 篇文章，为《促科技成果转化育新世纪经济热点（2001 年）》、《高科技、低门槛、快投资——上海技术产权交易所营造"科技与资本结合的创业乐园"（2001 年）》、《加大推进科技与资本结合的力度　营造科技创新的良好氛围——关于大力推动上海科技成果转化的四条政策建议（2003 年）》、《多元化资本市场促进科技成果转化（2003 年）》、《技术产权市场为科技产业发展搭建投融资服务平台（2009 年）》、《努力成为国资有序流动的重要平台（2003 年）》、《上海联合产权交易所服务技术创新全球化——在"2006 联合国全球南南技术创新和资本市场峰会"上的主旨演讲（2006 年）》、《南南全球技术产权交易所的战略定位及其作用——在 2008 联合国南南发展博览会开幕式上的演讲（2008 年）》、《依托产权市场推动文化创意产业发展（2011 年）》、《上海文化产权交易市场发展新路径与新思考（2014 年）》、《上海产权市场为中小企业提供融资服务——在第五届中国国际金融论坛的主旨演讲（2008 年）》。

《促科技成果转化育新世纪经济热点（2001 年）》一文，指出上海科技创新和科技成果转化进入黄金发展时期。上海市高新技术成果转化服务中心和上海技术产权交易所已在全国 20 多个省市区建立了 26 个分中心，科技成果转化信息服务辐射全国；技术产权交易活跃有序，融入全国，市内外参与科技投资金额超过 300 亿元，成交 471 宗，挂牌项目成交率已达 67%，日均成交额由几十万元上升至近亿元，成交总额已达 207 亿元。这充分体现出上海科技创新综合能力的迅速提高，这批科技成果转化项目至 2001 年累计产值已达 146 亿元，成为上海经济发展的新增长点。

《高科技、低门槛、快投资——上海技术产权交易所营造"科技与资本结合的创业乐园"（2001 年）》一文，指出新科技、新经济、新产业始于科技、兴于资本、成于市场。上海技术产权交易所以"高科技、低门槛、快投资"的创业投资、股权投资和产权交易为鲜明特色，交易总额突破 200 亿元，平均日交易金额逾 9000 万元，被业内人士誉为"科技企业发展的资本助推器"、"资本市场的孵化器"、"无板市场"、"主板市场的晴雨表"、"一个真正为企业投融资服务的市场"。本文指出上海技术产权交易所不仅是国有资产的结构性调整的市场平台，而且对于大部分处于创新创业成长中的科技企业来说，也是一个切合实际的直接融投资市场的选择。在这里，这些企业主要通过转让、交易部分产权和股权这一方式来获得各类资本的介入和支持，引进创业（风险）投资资本和战略投资者，不必"千军万马走主板与二板的独木桥"。

《加大推进科技与资本结合的力度 营造科技创新的良好氛围——关于大力推动上海科技成果转化的四条政策建议（2003 年）》一文，指出到 2003 年 3 月底，上海市高新技术成果转化项目累计达 1978 项，其中 90% 的项目顺利转化，70% 的项目逐步实现了产业化，对科技成果转化发展提出四条建议：在市场环境建设上，要加大推进科技与资本结合的力度。在创新环境建设上，要营造有利于科技创新的良好氛围。在企业运行环境建设上，要改造运行模式，实现管理创新，全面提升企业综合竞争力。要把发展科技中介机构作为上海加快发展知识经济服务业的一个突破口。

《多元化资本市场促进科技成果转化（2003 年）》一文，指出科技成果转化需要多元化的资本市场支持，但目前还存在很多问题。产权交易是促进科技成果转化的重要资本化途径，包括以产权交易方式融资；以产权交易方式改制；以产权交易方式引入优秀经营者和技术骨干；以产权交易方式拓展市场份额；以产权交易方式增资扩股；以产权交易方式推动企业产权特别是智慧财产权的流动与配置。2003 年，上海技术产权交易总额高达 541.4 亿元。上海技术产权交易所已成为集各类财产权、经营权、使用权为一体的综合性产权交易平台、国有产权有序流动的重要平台、国内外各类资本进入和退出的产权资本市场平台。

《技术产权市场为科技产业发展搭建投融资服务平台（2009 年）》一文，指出上海产权市场为科技产业发展提供资本动力。针对科技型中小企业发展，上海产权市场初步形成科技型中小企业投融资服务链，包括确权登记、股权托管、股权质押、融资担保、融资租赁、投资联盟、并购贷款、投资基金、增资扩股、投贷联动、为中小企业改制重组上市提供政策性、权益性和债务性融资服务等十大环节。本文进一步明确打造产权市场科技产业发展投融资服务平台的工作路径：以南南全球技术产权交易所为抓手，推进全球科技成果、工程技术和国际资本等转化、转移、服务的市场平台建设；充分发挥上海环境能源交易平台和文化产权交易平台的功能作用，推进节能减排和文化产业发展；加大信息系统建设力度，强化技术产权交易全程网络化增值服务。

《努力成为国资有序流动的重要平台（2003 年）》一文，指出上海技术产权交易所三年来累计交易已达 7447 宗，实现交易额 2729 亿元，发挥了三大作用：成为国资重组和资本进退的重要平台、成为国有存量资产与增量资本嫁接的重要枢纽、成为国有企业与科技成果结合的桥梁。此外表现出五大特点：促进了国有产权的流通；拓展了国有企业市场化并购和资产重组的新渠道；将产权交易与深化国资国企改革相结合，实现了国有资本的战略性调整；推动了国有企业的制度创新，实现了企业投资主体的多元化；吸引国内外资本投资国有产权交易。在优化国企产权交易路径方面要完善五大机制：信息集散辐射机制、市场价值发现机制、要素资源优化配置机制、高效增值服务机制、市场规范监管机制。

《上海联合产权交易所服务技术创新全球化——在"2006 联合国全球南南技术创新和资本市场峰会"上的主旨演讲（2006 年）》一文，充分展现出我国产权交易模式第一次走入国际南南合作舞台，联合国副秘书长素帕猜先生以及各位中外嘉宾，共同见证联合国南南合作特设局与上海联合产权交易所共同创建的"联合国全球技术产权交易系统"开通。为打造全球性技术与资本对接国际市场平台，上海联合产权交易所要做好四方面工作：第一是积极配合联合国开发计划署南南合作特设局和国际技术研究学院，探索创新"联合国全球技术产权交易系统"的运行模式，形成一个健康、高效的运转机制，尽快将这一系统转变成全球技术产权市场，创造条件，加快南南全球技术产权交易所建设步伐。第二是从制度建设着手，逐步建立起一整套符合国际惯例的交易流程和制度规范，为国际间技术产权交易营造一个高效、规范、安全的市场环境。第三是以信息服务为核心，提高技术产权交易的信息化、市场化和专业化增值服务水平。第四是通过这次合作，积极发展在国际上有一定影响力的企业财团或政府相关部门入市，探索建立国际化会员代理制度，完善国际技术产权交易中介服务体系。

《南南全球技术产权交易所的战略定位及其作用——在 2008 联合国南南发展博览会开幕式上的演讲（2008 年）》一文，展现了我国产权界首次在纽约联合国总部举行的联合国南南合作博览会开幕式上发表演讲并获奖。本文指出南南全球技术产权交易所在联合国南南合作特设局指导下，正在努力成为营造一种造血机制式的技术加资金新模式的技术援助和产业援助全球性市场平台。南南全球技术产权交易所业务涉及技术产权交易、知识产权交易、环境能源交易、农业科技以及文化创意等交易，在很多发展中国家建立工作站，已有 1000 多个项目挂牌。

《依托产权市场推动文化创意产业发展（2011 年）》一文，指出 2004 年至 2011 年，上海产权市场共完成各类文化创意产权交易上百亿元，对文化创意成果转化和文化创意产业的发展作出积极贡献，产权市场是创意成果转化和文化创意产业发展的重要平台。在此基础上，文化产权交易市场通过五大举措大力推进文化创意产业发展：以内容产业、工艺设计创意产业和动漫产业为抓手，做大做强创意产业；加强制度建设，强化对知识产权的保护；充分发挥上海文化产权交易平台的功能作用，积极推进文化产业发展；加大信息系统建设力度，完善全程网络化服务；强化增值服务意识和能力，进一步构建文化产权交易市场为创意产业发展的服务链。

《上海文化产权交易市场发展新路径与新思考（2014 年）》一文，指出文化产业的发展需要金融资本的支持，需要文化产权要素的流转。由于文化产业的特殊性，文化企业在发展中面临着各种困难，如评估难、融资难、拓展难，文化与资本缺乏有效对接等问题。在此背景下，文化产权交易市场顺势而生。本文介绍了全国首个文化产权交易机构——上海文化产权交易所提供文化产权交易、文化融资服务、文化综合配套服务，至 2013 年底实现各类交易服务 666 亿元。本文对文化产权交易市场发展路径进行了探索，提出要进一步强化顶层设计和规划，进一步推动交易模式多元化，进一步着力打造配套增值服务体系，进一步健全政府监管和行业自律体系。

《上海产权市场为中小企业提供融资服务——在第五届中国国际金融论坛的主旨演讲（2008 年）》一文，提到有经济学家讲了一个观点，中国的产权市场现在就是实质意义上的中小企业投融资服务市场平台。产权市场每年的企业融资额在不断的扩大，2007 年中国产权市场占整个企业融资比例接近 10%。本文提出产权市场具有三个特征。第一是流动性，产权市场本身就是一个企业产权流动的市场平台。第二是融资性。企业可以通过出让部分产权进行融资。第三是配置性。产权市场具有要素资源配置的能力，通过这种配置能力，可以提高要素资源优化配置的效率，更有利于发展先进生产力。产权市场可以通过产权交易换取市场份额、换取技术、换取融资、换取改制、换取管理、换取投资等方法，优化生产要素配置，帮助中小企业加快转型发展。

（六）

第五编，行业建设与未来展望，收入6篇文章，为《充分发挥共同市场作用　共同推进区域产权市场建设——长江流域产权交易共同市场第三届理事会工作报告（2007年）》、《开创中国产权市场发展的新局面——在中国企业国有产权交易机构协会成立大会上的讲话（2011年）》、《规范、创新、合作、自律，为我国产权市场科学发展而共同奋斗——在中国企业国有产权交易机构协会第一届一次理事会上的讲话（2011年）》、《协会要引领产权行业规范创新合作自律——在第六届中国产权市场创新论坛（沈阳）的演讲（2011年）》、《不辱使命　做好产权交易信息统一发布工作——在中国企业国有产权交易项目信息统一发布系统开通仪式上的发言（2012年）》、《产权协会为产权市场科学发展作出新贡献——在中国企业国有产权交易机构协会第二届会员大会上的讲话（2013年）》。

《充分发挥共同市场作用　共同推进区域产权市场建设——长江流域产权交易共同市场第三届理事会工作报告（2007年）》一文，回首10年来长江流域产权交易共同市场全体成员相互理解、相互支持、相互鼓励，携手奋进、共渡难关，大胆探索、不断创新，建立了区域性产权交易市场体系。共同市场48家成员机构分布在长江流域南北15个省，真正成为一个辐射南北、联结东西、跨越中部、面向国际，在中国最具有影响力的区域性产权大市场。本文对共同市场工作进行了回顾，分析了形势，提出"一个战略、两项计划、三个机构、四个发展"的总体发展战略思路，明确了长江共同市场下一阶段工作要点，包括统一平台、统一规则、统一协调、加强人才队伍建设、加大会员队伍建设。

《开创中国产权市场发展的新局面——在中国企业国有产权交易机构协会成立大会上的讲话（2011年）》一文，提到我们盼望已久的中国企业国有产权交易机构协会现在成立了！协会要准确把握全国性、行业性、非营利性的协会机构定位，紧紧围绕"规范、创新、合作、自律"的发展主线，以全国产权市场"制度化、程序化、规范化、市场化、国际化"建设为发展动力，不断强化协会自身机构建设，着力抓好对行业发展有长期效应的机制性基础性工作，为实现产权市场又好又快发展做好服务。本文对协会下一步工作提出具体要求，包括加强行业交易规则统一力度，进一步强化市场制度化建设；加强行业风险防范力度，进一步强化市场程序化建设；加强行业自律机制建设力度，进一步强化市场规范化建设；加强行业创新服务力度，进一步强化市场化建设；加强行业持续发展力度，进一步强化市场国际化建设。

《规范、创新、合作、自律，为我国产权市场科学发展而共同奋斗——在中国企业国有产权交易机构协会第一届一次理事会上的讲话（2011 年）》一文，针对协会建设，提出在规范运作方面，把产权交易机构打造成保障产权有序流转的平台，协会将设立"业务标准研究委员会"；在探索创新方面，把产权交易机构打造成业务拓展充满活力的平台，协会将设立"市场创新委员会"；在沟通合作方面，把产权交易机构打造成开放共赢的平台，协会将设立"纠纷调处委员会"、"国际交流与合作培训委员会"；在诚信自律方面，把产权交易机构打造成客户信任的平台，协会将设立"政策研究与自律委员会"。今道风光无限好，来年景色更醉人。我们坚定信心、不断努力，中国产权市场一定能够焕发出勃勃生机！

《协会要引领产权行业规范创新合作自律——在第六届中国产权市场创新论坛（沈阳）的演讲（2011 年）》一文，对规范、创新、合作、自律等工作提出了建议。在建议中指出平等相处、互利互惠、互相尊重、以诚相待是各地交易机构合作的重要前提。不管交易机构大小，地位一律平等。实践表明，画地为牢、各自为战、资源分割、恶性竞争，不利于产权市场发展。而沟通越充分、合作越紧密的时期，恰恰是产权市场发展最好最快的时期。呼吁业界要摒弃"诸侯"式的地域发展概念，树立全局发展理念，坚持"共赢"的合作发展信念，从更高层次、更广领域、更大范围开展跨区域、跨行业、跨所有制合作，积极开展交易机构间、交易机构与各类企业间、交易机构与资本市场间的多元合作。

《不辱使命　做好产权交易信息统一发布工作——在中国企业国有产权交易项目信息统一发布系统开通仪式上的发言（2012年）》一文，指出由国务院国资委产权局主持建设的"中国企业国有产权交易项目信息统一发布系统"正式开通，委托中国企业国有产权交易机构协会对信息发布内容进行日常规范管理。该系统具有项目披露、快速查询、项目比较、信息订阅、留言反馈、访问统计等六项功能，有利于形成透明、公开的信息平台；有利于形成公平、公开、公正的市场价格发现机制；有利于企业国有产权在更大范围、更广领域、更深层次实现要素资源的优化配置，提高市场效率。本文也介绍了中国企业国有产权交易机构协会建设情况：一是推进和组建国际交流与合作培训委员会、业务标准研究委员会、政策研究与自律委员会、纠纷调处委员会、市场创新委员会等五个专业委员会的设立；二是推进和初步形成了规范化、程序化、民主化的领导体制和工作机制；三是推进和建设了三个常态化信息平台：创建中国产权网，将《产权导刊》提升为协会会刊，主编2011年版的《中国产权市场年鉴》；四是成功举办两届"中国产权市场创新论坛"；五是举办两期"产权交易行业业务培训班"，260名学员参加培训；六是开展协会会员机构经营范围和产权市场潜在风险调查工作；七是推动"三公"领域配套政策向有利于产权市场的方向发展；八是建立起产权交易项目信息统一发布系统，重点促进行业的规范自律工作。

《产权协会为产权市场科学发展作出新贡献——在中国企业国有产权交易机构协会第二届会员大会上的讲话（2013年）》一文，指出协会组织机制基本健全，信息化平台建设初步形成，创新论坛和培训工作成绩显著，行业规范化建设有效推进，秘书处和专委会工作稳步展开，制度建设打好基础，顺应行业形势的变化积极而为，协会两年工作实现了开好局、起好步、打基础的基本工作目标。希望在协会新的一届领导班子带领下，树立"创新为先、规范为重、发展为主、服务为本"的理念，在创新工作上不断突破，在规范自律上再上台阶，在服务功能上得到提升，坚持不懈、顺势而为、促进发展。

以上所书，权作我在产权资本市场实践 5555 天的点滴体现，作为一名老产权人，16 年一晃如隔日，致敬努力追梦的人，寄语产权市场的后浪们，见证产权市场的变化、成长与趋势。我国产权市场应改革开放而生，从无到有、从小到大、从有到新、从弱到强，走过了风风雨雨数十年，充分展现出产权资本市场的勃勃生机和广阔天地。

从本书中可以预见，在党的十九届五中全会精神导向下，未来我国产权资本市场的内涵与外延将极大丰富，资本市场功能将不断完善，产权资本市场将进一步助推新发展格局形成，将进一步强化创新驱动，服务国资国企改革发展，激发科技创新新动能，促进科技成果转化为生产力，布局与推动科技产业和科技企业集群形成，活跃企业并购及混改重组和增资扩股，支持各类所有制企业数字化高质量发展，优化要素市场化配置，增强配置全球生产要素的能力，培育与发展先进生产力，为全面建设社会主义现代化国家充分发挥光和热！

蔡敏勇

2020 年 11 月 7 日于上海

第一编

产权资本市场的
工作之语

我在交易所的 5555 天^①

（2020 年）

【引言】

我于 1999 年投身产权资本市场，参与组建和领导上海技术产权交易所（简称"上海技交所"）。2003 年底，上海技交所与上海产权交易所整合建立上海联合产权交易所（简称"上海联交所"）。至 2014 年，我离开上海联交所主要领导工作岗位，到上海市人大常委会财经委、预算工委工作。我先后担任上述两家产权交易机构主要负责人达 16 年之久，在产权资本市场的日子，算下来已有 5555 天。

我现在担任上海市老科学技术工作者协会会长、中国老科学技术工作者协会常务理事、上海市关心下一代工作委员会副主任，工作也比较忙，我原本没有打算出版个人专著。去年底，中国企业国有产权交易机构协会原党委副书记、副秘书长何亚斌同志对我说，我作为协会首任会长，有总结上海产权资本市场发展经验，指导全国产权资本市场未来发展的责任。协会第二任会长、北京产权交易所原董事长熊焰同志对我说，他愿意总结北京产权市场发展经验，与我联手为行业未来发展贡献智慧。国务院国资委产权局原局长邓志雄同志热情鼓励我。上海市老科技工作者协会副会长兼秘书长程卫华同志愿在专著写作中帮助我。上

① 作于 2020 年 5 月。

海联合产权交易所党委书记、总裁周小全同志期待本书能尽早付梓，以供产权界的同仁学习参考。"责任""联手""鼓励"这三种力量共同作用于我，我振奋起精神，动手干了起来。

我在何亚斌同志的帮助下，整理出 30 篇具有代表性的文章，我感到这些文章虽然有阅读价值，但放在历史长河中看，仍有碎片化的色彩，缺乏体系性、结构性、整体性，特别是思想性。于是，我利用 2020 年春节后"新型冠状病毒"蔓延全国，居民自行隔离禁足在家的时间，翻出 16 年的工作笔记与日记，翻阅、归纳、提炼和思考。非常时期应有非常思考、非常视野、非常之策、非常之举、非常之为、非常之行、非常之道。在此背景下，我写作了这篇《产权资本市场的工作之语》。文章体例采用编年体形式，分为条目 57 条，逾 4 万字。

我的指导思想是，展示我对产权资本市场理论与实践的认识，纵览上海技交所、上海联交所的体制机制建设和创新成果，主要阐述产权交易所的"八八六六"建设体系。

第一个"八"指八大模式，即信息模式、会员模式、推介模式、交易模式、盈利模式、数据模式、结算模式、风控模式（见第 5 条）；第二个"八"指八大属性，即流动性、配置性、可度量性、融资性、低成本性、盈利性、跨地域性、规范性（见第 24 条）；第三个"六"指六个服务，即服务国资国企改革发展、服务企业并购重组和混改、服务企业增资扩股、服务知识产权和技术交易、服务科技企业资本运作、服务各类生产要素市场化配置（见第 25 条）；第四个"六"指六大功能，即信息集散功能、价格发现功能、产权融资功能、要素配置功能、价款结算功能、规范交易功能（见第 39 条）。我在第 42 条和第 44 条对产权交易所的"八八六六"建设体系进行了比较系统的归纳和提炼，强调要坚持几十年如一日的干，推动产权交易所可持续健康发展。关于产权交易所的体制机制建设，我在文章最后的第 53 条至第 57 条试图作出当下比较定型的阐述，供读者参考。

本文中，我把企业一般需要配置的生产要素分为两类：一是把涉及产权范畴的生产要素内容称为产权资本要素；二是把涉及科技创新的生产要素内容称为创新要素。由此可见，生产要素概念范畴最大，然后分为产权资本要素与创新要素等。要素市场，一般由资本市场、金融市场与单要素市场（如人才市场、土地市场）等三大部分组成。其中，资本市场由股票市场和产权资本市场两大部分组成，股票市场具有标准化特征，产权资本市场具有半标准化、非标准化特征，两个市场形成平行运行、互为补充的关系。要素市场化配置和先进生产力发展成正比关系，这在本文中得到充分阐述，并为上海产权资本市场丰富多彩的实践所证实。

我在每一年度前面用最简短的文字概述当年主要经历、主要成果和工作思考。当然，这种概括是不全面的，也不需要全面，因为有后续的详细内容表述。我希望费心写作的工作之语，能对读者有所启示。

我国产权市场诞生于 1988 年 5 月的武汉，一些产权交易所成立初始，就做企业国有产权交易，一直做到现在。纵观企业国有产权交易进程，一般经历了三个阶段。第一阶段，是产权场外流动转变为场内（交易所）流动。在我国由计划经济向市场经济转变过程中，我国改革开放从推动生活资料商品化进程开始，拓展到生产资料商品化，进入 20 世纪 90 年代，又迈入了生产要素商品化，一直到现在，前两个商品化进程已经基本完成，而生产要素商品化进程仍在继续推进中。所以，在 20 世纪 90 年代以前，"三个商品化"的改革浪潮中，尽管当时人们对特殊商品——产权的认识不足，尽管作为产权流动、交易与配置的市场平台即产权交易所尚不健全，有的地方还没有建立起交易所，市场平台缺失很大，但因"三个商品化"改革进程需求的驱动，有一部分企业产权在条件成熟的地方产权交易所进场规范交易了，可另有部分企业产权则仍只能在场外"自由流动"，这个"负代价""负能量"就是产生了腐败现象，甚至造成了国有和集体资产资本的严重流失。20 世纪90年代以前,国企产权交易主要以场外流动为主。20世纪90年代以后,国企产权交易从场外流动为主转变为交易所场内流动为主,这是国企产权交易迈向规范化交易的重大进步。第二阶段,是20世纪90年代到2000年后,国企产权交易从场内流动转变为场内公开挂牌交易,国资委公开挂牌交易的明令规定和应用推广,加速了国企产权交易的市场化、规范化进程,这是国企产权交易走向市场化、规范化交易的第二次重大进步。第三阶段,是2004年后,在国务院国资委、财政部3号令,即《企业国有产权转让管理暂行办法》等系列文件的推动下,国企产权交易从场内公开挂牌交易转变为市场化竞价交易,交易所迈入发动市场、发现买主、发现价格的市场化交易新空间、新高度、新境界,这是国企产权交易走向市场化、信息化、国际化、规范化交易的第三次重大进步。国企产权交易的"三个阶段""三大转变"的总结、回顾与归纳,对于交易所深化产权制度改革、服务国资国企改革发展、提高增值服务能力、提升交易所市场化交易运行能级、优化产权资本要素流动以及交易与配置都具有重要战略意义。

一、一九九九年

当今全球科技经济一体化发展趋势显示,一个充满创新活力的国家和地区经济,一定是在产权资本要素流动、交易与配置的推动下,不断涌现以科技创新要素为主导的新产业经济。而新产业经济活跃、扩散与发展,与产权资本要素健康流动、规范交易、优化配置密不可分。各类企业只有通过产权资本要素流动、交易、配置才能不断激发创新发展的新动能。科技创新和国企、民企、外企等各类所有制企业创新发展呼唤产权交易,产权交易所运营机制的核心——"八大模式"形成。

1. 筹建上海技术产权交易所

又一个春天到了。上海市政府有关部门召集会议,专题研究上海技术产权交易所筹建工作，我也参加了筹建工作会议和筹建工作。上海早于 1994 年已经建立了上海城乡产权交易所，后改为上海产权交易所，主要从事国有企业、集体所有制企业等产权交易。现在又准备筹建上海技术产权交易所，这是丰富上海产权市场内涵、提升产权市场能级、强化科技创新与加快科技成果转化、帮助科技企业成长、发展多层次资本市场之举。

2. 技术产权交易所要确立多元化经营发展方向

产权交易所只做国有企业产权交易是不够的，这不利于产权交易市场化运行能级提升，不利于交易所的资本市场基本属性形成，不利于产权资本要素的健康流动、规范交易、价格发现、价值管理、保值增值和优化配置。所以，交易所不仅要做好企业国有产权交易服务，而且要为各类企业并购、增资扩股、混改重组、项目融资、成果转化、中小企业融资、要素市场化配置、科技企业资本运作等提供产权交易增值服务，运用市场化的交易工具和资本杠杆，优化产权资本要素流动、交易与配置，培育与发展先进生产力，这就是交易所要确立的多元化经营发展方向。

3. 技术产权交易所要构筑有利于科技创新的产权资本要素健康流动、规范交易、优化配置的市场平台

产权包括物权、债权、股权和知识产权，是国家和地区的重要生产要素，是稀缺的战略资本。产权只有在流动中才能体现价值，才能发现价格，才能实现价值，才能保值增值，才能达到产权资本要素的优化配置，才能形成先进生产力。当今全球科技经济一体化发展趋势显示，一个充满创新活力的国家和地区经济，一定是在产权资本要素流动、交易与配置的推动下，不断涌现以科技创新要素为主导的新产业经济。而新产业经济活跃、扩散与发展，与产权资本要素健康流动、规范交易、优化配置密不可分。如同推陈出新、吐故纳新一样，各类企业只有通过产权资本要素流动、交易、配置才能不断激发创新发展的新动能。综观国际上，企业产权流动周期一般是 5～7 年，而国内一些企业的产权则处于缓慢流动状态，有的企业产权甚至长期整体上都不流动，从企业产权全生命周期管理角度看，这很不利于企业股权结构创新、经营机制创新、产品结构创新、经营模式创新以及市场竞争创新，很不利于各类企业的可持续发展与增强核心竞争力。技术产权交易所就是要构筑有利于各类企业生产要素健康流动、规范交易、优化配置的市场平台。

4. 科技成果转化需要技术产权交易市场平台推动

科技成果在转化为现实生产力的全过程中，会遇到诸如融资难、工程技术难、市场开发难、小试中试难、产业化难、人力资本难、经营管理难等很多问题，需破解很多阻力，突破很多难点，但其中的 80% 难点可通过产权交易所的生产要素优化配置去解决。纵观全球科技成果转化十大模式与十大服务链，遵循科技成果转化全生命周期管理的基本规律，紧扣科技成果转化的基本特征，把握科技成果转化的关键点，技术产权交易所要采用各类交易工具和资本杠杆，运用市场化方式推动科技成果转化。科技企业和科技成果转化在培育、成长与发展的全过程中，在不同的发展阶段，需要不同层次的资本市场，给予不同规模的资本支持，推动各类企业生产要素优化配置，才能茁壮成长，走向科技成果转化与创新创业的成功。在技术产权交易所的交易中，各类产权资本要素的融入与支持，不仅具有"输血"功能，而且更具有"造血"功能。科技成果转化通过运用资本杠杆，能在更大范围、更宽领域、更深层次市场化地优化配置资金支持、人力资本、工程技术、经营管理、信息沟通、数据保障、市场拓展等各类生产要素，强化、细化、优化科技成果转化和科技企业全生命周期管理，形成与壮大先进生产力，为科技成果转化和科技企业健康发展注入"新鲜血液"，营造强劲发展动力。技术产权交易所是推动科技成果转化和科技企业发展的市场平台，这就是具有中国特色的产权资本市场——"科技板""四板市场"或"无板市场"。

5. 上海技术产权交易所成功运营的关键是"八大模式"

中国创造、中国特色的"科技板""四板市场""无板市场"即上海技术产权交易所可操作性取决于交易所运营机制的成功设计与实践，而信息模式、会员模式、推介模式、交易模式、盈利模式、数据模式、结算模式、风控模式八大模式是上海技术产权交易所运营机制的核心所在。产权交易所对这八大模式研究到位、设计到位、标准到位、模拟到位、推演到位、运行到位，为上海技术产权交易所边筹建，边运营，边盈利，边发展，全面和精准地实现交易所当年揭牌、当年运行、当年盈利的经营目标提供了运营机制根本保障。

1999 年 12 月 28 日，上海技术产权交易所在全国率先成立，正式揭牌运行，中国特色的"科技板""四板市场""无板市场"启航了。

二、二〇〇〇年

产权资本要素的健康流动、规范交易与优化配置，是加快科技成果转化与科技企业可持续发展的重要资本动力，也是活跃科技企业并购重组和形成科技企业集群之策，更是优化科技成果转化项目和科技企业全生命周期管理以及提升一个国家、地区配置全球生产要素与创新要素的能力，增强国家科技竞争力的战略举措。

交易所"八大模式"运营效果初步显现，融资服务呈突破性态势，交易所活跃技术资本化、资本人格化、分配要素化、股权多元化、要素市场化的各类交易，使科技成果转化和科技企业发展呈现"加速度"态势。

6. 技术产权交易所要以融资服务为突破口，优化创新要素配置

科技企业面临的融资难、贷款难、经营难等问题久拖不解，缺乏对策，严重影响企业健康发展。各方应在打政策牌的同时，充分运用市场化交易机制，以企业融资服务为突破口，优化企业创新要素市场配置。

上海技术产权交易所揭牌运行后的首批挂牌项目多达百项，融资项目占50%以上。其中，具有科技成果转化项目企业达30多家，这些科技企业的融资需求引起了海内外各类投资者的热情关注。项目推介信息显示，企业虽然都有融资需求，但需求涉及的要素市场化配置重点各不相同。尽职调查结果揭示，企业融资过程需解决的产权资本要素优化配置需求分别指向资金、管理、人才、工程技术、市场应用等创新要素。科技企业、科技成果转化项目都期盼通过股权融资，充实资本金，优化经营管理机制，强化人力资本投入，密切工程技术对接，拓展市场份额，布局供应链、产业链、创新链、研发链的上下游并购，运用各类资本杠杆，实现创新要素市场化配置，加快科技成果转化为现实生产力的步伐。交易所针对这些特点，采用各类交易工具，为各种交易标的提供高质量、高效率、高效益的交易综合增值服务，力争交易所首年成交金额突破百亿元，优化各类企业创新要素市场化配置，凝聚产权资本要素，形成合力，培育与发展先进生产力。

7. 构筑创新利益主体的关键在于技术资本化、资本人格化

科技创新利益主体的模糊化、形式化、官僚化、垄断化、粗放化，不利于激发和焕发创新动能。只有强化、细化、优化创新利益主体，才能最大限度地激发创新的生机与活力，才能永无止境地焕发创新的希望与动力。交易所娴熟采用各类交易工具和资本杠杆，推动技术资本化、资本人格化、股权多元化、分配要素化、要素市场化的各类交易，就是强化、细化、优化科技创新利益主体的关键突破口。作为上海科技成果转化的经典案例——复旦微电子股份公司，在香港联交所成功上市，为科技成果转化和科技企业实现技术资本化、资本人格化带了个突破性的好头。上海技术产权交易所运行以来，已为50余家科技企业推进技术资本化、资本人格化提供产权交易综合增值服务，创造了科技企业境内外上市发展的资本化条件。交易所塑造创新利益主体的各类交易，使交易标的技术要素参与分配的比例达到30.7%，企业科技人员和核心经营骨干持有股权的占 73.3%，涌现出一批青中年"科技富翁"。交易所活跃技术资本化、资本人格化、分配要素化、股权多元化、要素市场化的各类交易，使科技成果转化和科技企业发展呈现"加速度"态势。

8. 服务产权流动、交易与配置是交易所第一要务

产权的缓慢流动、不流动是企业人力资本流失、技术折旧加快、市场竞争乏力、科技创新落后以及经营机制老化的根本性原因。产权流动是指产权标的物在不同产权主体间的动态转移，是产权权益变动的全过程。健康流动是指产权权益变动全过程呈现出阳光、开放、公开、公平、公正、干净的态势。产权交易是指产权标的物在不同产权主体间的动态转移，权益性变动交换的方式与方法。规范交易是指依法、依规进行各类权益性动态转移、变动交换。优化配置是指经过产权流动、交易，各类生产要素、产权资本要素、创新要素实现要素市场化配置的效率和效益最大化、最优化的目标。产权资本要素的健康流动、规范交易与优化配置，是加快科技成果转化与科技企业可持续发展的重要资本动力，也是活跃科技企业并购重组和形成科技企业集群之策，更是优化科技成果转化项目和科技企业全生命周期管理以及提升一个国家、地区配置全球生产要素与创新要素的能力，增强国家科技竞争力的战略举措。

创新的全球标准、市场的全球定位、要素的全球配置和企业的全球水平，关键在于产权资本要素的全球健康流动、规范交易与优化配置。作为半标准化、非标准化产权资本市场的重要组成部分，产权交易所第一要务就是服务于产权资本要素的全球健康流动、规范交易与优化配置，培育与发展先进生产力。

9. 密切科技与资本关系，推动科技投融资体系建设

上海技术产权交易所揭牌运行后，建造科技投资网、投资人信息库、科技成果转化项目推介系统等科技投融资"基础设施"。科学家、企业家、投资家、金融家和高校院所的科研机构以及政府有关部门的代

表，常态化地齐聚交易所，共商科技投融资体系建设，为科技企业实现技术资本化、资本人格化、分配要素化、股权多元化、要素市场化集思广益，献计献策，整合资源，形成合力推动科技成果转化，助力科技企业跨越式发展。"科技期权"、"期股期权"、并购、增资、混改、重组、无形资产入股、技术持股等科技与资本联动型资本运作的探索与实践，不断密切了科技和资本关系，交易所的各类交易优化了科技企业的资本结构、股权结构、经营结构、治理结构和产权资本要素市场化配置，增强了科技企业创新与发展的资本动力，培育了一批境内外拟上市的科技企业，推动了一批科技成果转化项目和科技企业与上市公司对接，加快了一批科技成果转化项目的发展步伐。百余家科技企业的丰富实践，走出了创新型科技投融资体系建设的新路子。上海技术产权交易所"八大模式"成功运营，实现了可持续健康发展的目标，首年交易总量突破百亿元达标，当年盈利目标全面达标，风控标准全线达标，交易所运行首年交出了中国特色"科技板""四板市场""无板市场"的亮丽答卷。

三、二〇〇一年

聚焦财富再造就是硬道理，科技创新就是财富再造的不竭动力。交易所以规范为生命线，以技术资本化、资本人格化、分配要素化、股权多元化、要素市场化为动力，丰富和活跃各类科技企业科技与资本联动型资本运作，打造保值增值与财富再造的新动能，加快科技成果向现实生产力转化。

10. 规范是产权交易所发展的生命线

上海技术产权交易所首年成交突破 200 亿元，实现盈利目标，从无到有、从小到大，活生生地创建了享有"科技板"美誉的优化配置创新要素的交易所市场化平台。在各类交易增值服务中，交易所将规范作为生命线，该举措功不可没。交易所运行伊始，风控模式率先运作到位，把风险防范、诚信从业、廉洁自律、规范交易、纠错处置、预警机制等作为风控举措，横向到边、纵向到底地贯彻于交易所交易流程全过程。交易所紧扣运营的"八大模式"，针对科技成果转化的十大模式与十大服务链的基本特征，覆盖 15 个主要交易环节的全过程，梳理出100 多个交易风险点与脆弱点，运用信息化控制流程，构筑强预警机制，全面地、精准地、高效地强化交易制度、规则、流程的风控功能，细化风控措施，规范交易行为，优化交易所规范运行机制，为交易所高效和高质量运行与发展提供制度保障、运行保障、廉洁保障、信用保障、风控保障、法治保障，严格保护各类投资主体平等合法的发展权益，把规范是交易所的生命线融入于产权资本要素的各类交易全过程。

11. 整合资源、形成合力、有限目标、重点突破，拓展技术产权交易的广度、深度和高度

产权是特殊商品，也是一个国家和地区的核心生产要素与稀缺战略资源，更是展现一个国家和地区先进生产力与核心竞争力的重要标志。产权经济学揭示，产权应该遵循生产要素流动、交易与配置的基本规律，在更广领域、更深层次、更高程度地充分实现健康流动，展开规范交易，达到产权资本要素高效率、高质量、高水平优化配置目标，培育与发展先进生产力，实现产权资本要素在健康规范流动中的保值与增值最大化、最优化。上海技术产权交易所聚焦产权健康规范流动，网络化布点，整合有利于产权流动、交易与配置的各类资源；运用资本杠杆，活跃各类交易，集成各种要素，形成市场合力；突出产权优化配置，追求交易效率和质量的最大化、最优化。交易所以网络化拓展市场为基础，着力在国内、国际以分支机构、办事处形式布点；以科技成果转化十大服务链为主线，举办科技早市、银企沙龙、创新论坛、科技与资本联动研讨会、科技资本市场论坛、科技企业资本运作系列讲座以及科学家、企业家、投资家、金融家俱乐部等活动；以科技成果转化和科技企业并购重组、混改为重点，与上市公司、企业集团展开科技与资本对接主题活动；以科技经济一体化为导向，推动科学家与工程技术人员、企业家相结合，促进科学成果与工程技术对接；以技术资本化、资本人格化、分配要素化、股权多元化、要素市场化为动力，活跃科技企业科技与资本联动型资本运作，培育科技企业到境内外资本市场上市发展。通过上述一系列增值服务，加快了上海技术产权交易所迈向新的广度、深度与高度，交易所的交易质量和总量更上了一个新台阶。

12. 技术资本化、资本人格化是细化创新利益主体的突破口

资本分为存量资本、增量资本、有形资本、无形资本。知识、智慧、科学、技术、管理等也是资本，属于科技资本，而且是核心资本、优质资本、财富再造资本。聚焦财富再造就是硬道理，科技创新就是财富再造的不竭动力。

依据产权流动规律，遵循产权交易原理，拥有科技资本要素的科技人员与拥有资金和管理能力的企业家、投资家、金融家一样，具备了技术资本化和资本人格化的性质、资质、条件与能力，具有追求科技资本保值、增值和财富再造的动力。技术资本化和资本人格化能持续地激发科技与资本联动型资本运作，成为保值增值与财富再造的新动能。推动技术资本化和资本人格化是细化创新利益主体的突破口，科技人员与企业家、投资人之间将不再是"雇员"与"老板"的关系，而是通过技术资本化和资本人格化的各类交易运作，用各类资本（包括有形资本和无形资本）纽带捆绑在一起的创新利益主体或资本利益共同体，共同创新、共同转化、共同经营、共同管理、共同风控、共同发展。这有利于科技人员以科技入股，有利于知识、智慧等无形资产入股，有利于商标、管理等入股，有利于科技与资本联动，有利于加快科技成果向现实生产力转化。交易所可以创新交易品种，运用交易杠杆和资本杠杆，活跃技术产权交易市场，提升各类创新要素流动、交易与配置的质量与总量。

四、二〇〇二年

技术和管理要素参与分配，是企业科技创新与成果转化的新动能，增资扩股与并购重组是企业促进科技和资本密切联动，实现企业财富几何级增长的资本动力。上海产权市场已成为科技成果转化和科技企业融资发展的重要市场平台，持续推动科技企业在更大范围、更深层次、更高水平优化产权资本要素及创新要素配置，实现科技成果转化和做强、做大、做优科技企业的目标。

13. 经营者持股是科技企业创新发展的关键动力

在科技企业发展和科技成果转化的过程中，会产生一系列问题和难点，其中经营者要素是关键。经营者或职业经理人是科技企业发展和科技成果转化的领军人物，具有十分重要的经营、决策与管理作用。纵观全球科技企业与科技成果转化成功案例，具有国际水平的科技企业和科技成果转化呼唤着国际水准经营者；具有国内水平的科技企业和科技成果转化呼唤着国内水准经营者；具有行业水平的科技企业和科技成果转化呼唤着行业水准经营者。经营者或职业经理人在科技企业成长和科技成果转化中，起着优化生产要素的基础性与决定性作用，不同层次的经营者或职业经理人，发挥的作用与能力各不相同，贡献度也不一样，薪酬与股权激励的力度当然也会存在差异性。股权架构的安排与实施，对科技企业健康发展与基业长青起着基础性、激励性和导向性作用。

交易所在股权结构、无形资产入股、人力资本股权激励、管理入股、期权期股的设计、布局、分配、策划、推介、实施、交易中，应为创新利益主体与各类投资主体提供经营者或职业经理人持股的市场化、制度化、资本化、产权化安排的综合增值服务，形成有利于科技企业可持续发展的股权激励架构。交易所要按不同行业、不同科技水平、不同

15

产业规模、不同风险挑战、不同盈利空间、不同发展前景、不同交易标的，创造性地提供经营者或职业经理人的经营管理持股类交易综合增值服务，充分发挥经营者或职业经理人在科技企业成长和科技成果转化过程中的创新性与开拓性经营、决策与管理作用，优化配置资金、科技、工程、人力、市场、经营以及资本运作等各类创新要素，加快科技成果转化为现实生产力步伐，提升科技企业可持续发展动力。

14. 增资扩股能为科技成果转化和科技企业发展注入新鲜血液

科技企业的成长不仅存在贷款无门、融资无道的难点，而且面临着创新要素配置不到位、不充分、不优化的困境，产权资本要素不流动、流动不畅、缓慢流动，都会造成企业"血脉不通"，生产要素的配置就会远远跟不上科技企业成长与科技成果转化的步伐，更到不了优化配置的境界。科技成果转化和科技企业成长需要各类生产要素不断吐故纳新与推陈出新，企业需要"输血"，但更需要注入"新鲜血液"，营造"造血机制"。增资扩股是企业直接融资的重要渠道，其不仅能为企业引入资金，更关键的是能引入各类创新要素，优化企业产权资本要素配置，营造"造血机制"，激发科技企业发展和科技成果转化的新动能。

科技成果转化和科技企业在不同的发展阶段，需要不同层次的资本市场给予资本支持；需要直接融资渠道与间接融资渠道联动给予资本支持，以补充企业资金不足；需要标准化资本市场，即股票市场和半标准化、非标准化资本市场，即产权资本市场给予企业提供资本支持；需要运用技术资本化、资本人格化等资本杠杆，优化科技入股结构，强化工程技术支撑，优化无形资本与有形资本、增量资本与存量资本、科技资本与管理资本的对接；需要细化创新利益主体，引入经营者或职业经理人等人力资本，强化经营者持股，优化经营结构，激发创新新动能；需要企业运用成果转化、品牌战略、项目推介、产品营销、市场拓展等联动机制，重组科技产业市场空间，提升市场份额；需要娴熟运用并购重组资本杠杆，全过程、多维度地构筑企业的创新链、研发链、供应链、产业链，实现科技企业创新能力和财富再造能力的几何级增长；需要通过增资扩股，为企业拓展融资渠道，由"输血机制"转变为营造"造血机制"，优化企业产权资本要素配置。交易所应运用各类交易工具和资本杠杆，活跃增资扩股各种交易，满足创新利益主体的发展需求，精准地、高效地为科技企业健康成长提供针对性强和高效的增资扩股交易综合增值服务。

15. 技术与资本联动，培育与发展先进生产力

技术与资本联动，有利于增加科技成果转化和科技企业发展的资本动力，有利于优化产权资本要素及创新要素的流动、交易与配置，有利于科技企业全面发展，提升可持续发展力，培育先进生产力。上海技术产权交易所实施信息化战略，充分发挥境内外分支机构网络化联动机制作用，整合资源，引导科技企业与香港联交所联合举办"技术与资本联动"研讨会，时任中国人民银行行长周小川、上海市常务副市长蒋以任等领导与 500 多名科学家、企业家、投资家、金融家以及工程技术人员、中介机构代表参加沪港技术与资本联动。一批科技成果和科技企业与各类产权资本要素对接，一批科技成果和科技企业与上市公司对接，一批科技企业与境内外资本市场对接，启动科技企业境内外上市发展进程。交易所在技术与资本联动方面，提供的交易综合增值服务中，科技企业的股权交易当年同比增长 133%，拥有自主知识产权项目的交易量同比增长 46.2%。上海产权市场成为科技成果转化和科技企业融资发展的重要市场平台，持续推动科技企业在更大范围、更深层次、更高水平优化产权资本要素及创新要素配置，实现科技成果转化和做强、做大、做优科技企业目标。

16. 并购重组是科技企业健康成长的"高速公路"

纵览全球科技企业健康成长史，并购重组作为科技企业健康成长的"加速度"，可实现科技企业财富再造的几何级增长目标。科技企业在推动科技创新、成果转化和优化经营架构的过程中，可以通过并购重组布局构筑企业研发链、产业链、供应链；可以通过并购重组拓展市场空间，降低经营成本，扩大市场份额；可以通过并购重组整合创新资源，优化创新要素市场化配置，密切科学成果与工程技术对接，加快科技成果转化；可以通过并购重组优化科技成果转化经营模块，高效运作科技成果转化十大模式；可以通过并购重组强化科技企业人力资本管理；可以通过并购重组拓展科技企业融资渠道，增强科技企业发展资本动力；可以通过并购重组优化股权结构，落实科技企业发展战略管控。科技企业在实施并购重组计划过程中，应依据经营标的需求展开横向并购、纵向并购、混合并购、异地并购、杠杆收购等各类并购活动。交易所在企业并购交易中，应为各类企业提供咨询、信息、策划、包装、确权、托管、推介、交易、结算、数据等综合增值服务。并购重组是企业追赶超越、弯道超车、扬长避短，激发科技企业财富再造新动能，步入新一轮可持续发展的"高速公路"。

五、二〇〇三年

企业要实现可持续发展，要达到基业长青，优化企业股权全生命周期管理是关键。上海技术产权交易所聚焦科技企业股权全生命周期管理，服务企业增资扩股、企业并购、混改重组、风险（创业）投资、国资国企要素配置等，助力产权交易迈向新台阶、新境界、新高度。

上海联合产权交易所由上海产权交易所与上海技术产权交易所合并组建运行，是上海现代市场体系建设重要组成部分，也是上海要素市场和资本市场的重要一极，更是各类所有制企业产权流动、企业融资、规范交易、要素配置的产权资本市场平台。

17. 优化科技企业股权全生命周期管理

企业要实现可持续健康发展基业长青，优化企业股权全生命周期管理是关键。科技企业从诞生到发展，一般会经历初创期、创业期、成长期、成熟期和衰退期，科技企业在每个时期对股权管理与结构都有着不同的需求，科技企业股权全生命周期管理就应该适应这种需求，及时作出调整更新，延长成熟期，阻止衰退期，助力科技企业可持续性创新发展。按产权流动规律，企业产权一般 5~7 年或大或小会产生周期性流动，这是企业健康成长和基业长青的必然选择。产权的不流动或缓慢流动，都不利于各类生产要素的优化配置与企业可持续健康发展，实现基业长青。产权资本要素只有在流动中才能体现价值，才能实现保值与增值，才能吐故纳新、推陈出新达到要素优化配置境界。企业的创新结构决定着企业生命周期的长短，科技企业股权全生命周期管理应与科技成果转化全生命周期管理紧密结合，融为一体，应根据科技创新、成果转化、技术更新、人力资本、股权融资、管理优化、细化持股、拓展市场、资本充实、并购重组等需求，及时调整、流动、更新、配置、补充和完善。科技企业可从发展实际出发，制定企业股权全生命周期管理规划，确定实施计划。交易所要聚焦优化科技企业股权全生命周期管理主线，为科技企业的股权结构与产权结构在不同发展阶段，面临的股权和产权配置不同选择和优化需求，提供各类交易增值服务。

18. 上海技术产权交易所是风险投资进退的重要市场平台

风险投资是科技成果转化和科技企业在初创期、成长期阶段的催化剂与助推器，是科技成果转化和科技企业发展市场化导向的风向标，是优化科技成果转化和科技企业发展过程中创新要素及产权资本要素配置的资本杠杆。风险投资介入科技成果转化和科技企业发展，需要有进有退的市场平台，需要开放流动的市场平台，需要公平、公开、公正地规范交易市场平台，产权交易所就是风险投资进退的交易市场平台。多层次、多板块、多元化是资本市场基本特征，我国资本市场不仅有标准化资本市场，而且更有半标准化、非标准化产权资本市场，以满足各类企业在不同的发展阶段调整、流动、更新、配置、补充和完善产权资本要素结构性需求。上海技术产权交易所运行后，迎合了科技企业对多层次资本市场的呼唤，满足了风险（创业）投资的进退需求，创造了风险（创业）投资进退顺畅和有序规范的产权交易市场平台，为科技成果转化和科技企业发展提供了风险（创业）资本服务的"阳光雨露"交易市场平台，提供了创新要素和产权资本要素流动、交易与配置的市场平台。上海技术产权交易所运行以来，这类项目交投活跃，交易额突破300亿元，交易所成为风险（创业）投资进退的重要市场平台。

19. 上海技术产权交易所的成功发展，助力产权市场新实践、新内涵、新突破、新高度、新发展

服务国资国企改革发展、服务国企产权交易，这是产权交易所的重要职责和重要任务。交易所应当做好，必须做好。但交易所只做国企产权交易是不够的，交易所还要开展民企、外企的产权交易，要大力拓展各类所有制企业的成果转化、增资扩股、项目融资、企业并购、混改重组、企业融资、要素市场化配置等交易综合增值服务，这才是名副其实的产权交易所和产权资本市场。交易所只有在努力做好国企产权交易的同时，积极拓展各类所有制企业产权资本要素交易的广度、深度和高度，才能真正提升交易所市场化、资本化、产权化、金融化的交易运行能级，才能为国资国企改革发展、国企产权交易提供更高效、更专业、更广阔、更规范的要素市场化配置平台，才能成为服务于各类所有制企业产权资本要素流动、交易与配置的产权交易所，才能加快具有中国特色的半标准化、非标准化产权资本市场发展步伐。交易所要聚焦量大面广的国企产权交易，提升交易总量，也要聚焦各类所有制企业特别是民企与外企产权资本要素的各类交易，几何级地提升交易所市场化、资本化、产权化、金融化的交易运行能级，只有坚定不移、持之以恒地把握好这个方向，才能根本性、创造性、开拓性地拓展国企产权交易的市场化质量、资本化空间、产权化深度、金融化高度，充分激发产权交易所服务各类所有制企业产权资本要素市场化流动、交易与配置的产权资本市场总体功能。技术产权交易，以推动科技成果转化和科技企业成长为突破口，开展各类创新要素交易，在拓展和延伸产权交易所传统业务的同时，进一步赋予和丰富了产权交易所的新内涵、新空间、新视野、新思维和新高度，加快产权交易所转型发展，助力产权资本市场创新发展步伐。我国大量的非上市公司和科技企业及各类所有制企业，都需要具有中国创造、中国特色的产权资本市场为其提供产权资本要素流动、交易与配置的交易综合增值服务。上海技术产权交易所揭牌运行以来，成交金额突破 1000 亿元，得到各类企业和社会各界热烈赞誉，被誉为"科技板""四板市场""无板市场"的产权资本市场。信息集散功能、要素配置功能、价格发现功能、产权融资功能、价格结算功能、规范交易功能等市场效应以及资本市场基本功能更为显著、更为强劲、更为成熟，充分显示产权资本市场的产生与发展是中国特色资本市场的创新之举。上海技术产权交易所的成功发展，助力产权资本市场新实践、新内涵、新突破、新高度、新发展。

20. 上海产权市场迈向产权资本市场发展新台阶

2003 年 12 月 18 日，上海产权交易所与上海技术产权交易所合并组建上海联合产权交易所。这标志着上海产权市场迈向立足上海、服务全国、走向全球的产权资本市场新一轮发展的新台阶、新境界、新高度。上海联交所组建运行后，将服务国资国企改革发展，规范国企产权交易，开创央企产权交易新局面；服务科技创新和科技成果转化；服务各类所有制企业转型升级、创新发展；服务企业各类并购和混改重组；服务企业增资扩股、股权融资以及中小企业融资发展；服务物权、债权、股权、知识产权和产权资本要素的健康流动、规范交易与优化配置。交易所以"六个服务"为重点，为各类所有制企业的产权交易提供规范的市场化综合增值服务，保护各类投资主体平等的发展权益。上海联交所是上海现代市场体系重要组成部分，也是上海要素市场和资本市场的重要一极，更是各类所有制企业产权流动、企业融资、规范交易、要素配置的产权资本市场平台。

六、二〇〇四年

确立上海联交所运营的国际视野，以服务央企为突破口，运用信息化提升交易所市场化交易运行能级，推动生产要素在更大范围、更深层次、更高水平的市场空间实现优化配置。

21. 确立上海联交所运营的国际视野

上海联交所要立足上海、服务全国、面向国际，遵循国际资本市场基本规律，在国内和国际更大宽度、更大深度、更大高度的市场空间，为产权资本要素流动、交易与配置提供充满阳光的规范运作市场平台，推动产权在流动中体现价值，在流动中发现价格与买主，在流动中实现保值与增值，在流动中达到生产要素优化配置，培育与发展先进生产力。上海联交所要娴熟利用各种交易工具、资本杠杆、增值服务、网络网点，规范推动各地各类企业产权交易，紧扣国资国企改革发展与国企产权交易、科技创新与科技成果转化、各类所有制企业与科技企业发展、企业并购与混改重组、企业增资扩股与股权融资以及中小企业融资发展、产权资本要素流动以及交易与配置等"六大服务"重点，强化上海联交所交易市场化运营机制，提升交易和配置全国与全球生产要素的能力，把上海联交所推向市场化、信息化、规范化、国际化发展的新阶段、新境界、新高度。

22. 服务央企是上海联交所实施立足上海、服务全国、面向世界发展战略的突破口

继 2003 年 12 月国务院国资委、财政部 3 号令，即《企业国有产权转让管理暂行办法》发布后，2004 年 3 月 8 日，国务院国资委发布 195 号文，即《关于做好贯彻落实〈企业国有产权转让管理暂行办法〉有关工作的通知》，其中明确"暂将上海联合产权交易所、天津产权交易中心和北京产权交易所作为试点，负责发布中央企业的国有产权转让信息，并由其或其所在的区域性产权市场组织相关产权交易活动。"这对于上海联交所增强服务国资国企改革发展和央企及地方国企产权交易能力，提升上海联交所市场化交易运行质量与配置全球生产要素的能级，构筑立足上海、服务全国、面向世界的产权资本市场平台具有重要的战略意义。

上海联交所充分认识服务央企产权交易的重要性，及时在北京建立了上海联交所办事处，配备了几十名员工，形成了服务央企产权交易的工作机制。回顾 1978 年 12 月，党的十一届三中全会胜利召开，开启了改革开放伟大进程。30 多年过去，我国已基本完成生活资料和生产资料的商品化改革进程，始于 20 世纪 90 年代初的生产要素商品化进程也已进入改革深水区。产权作为生产要素这一特殊商品在生活资料、生产资料和生产要素三个商品化进程中起着牵一发而动全身的关键作用。产权交易所就是要为属于生产要素范畴的产权这一特殊商品提供流动、交易与配置的资本市场平台。中国特色、中国创造的产权交易所是我国步入改革开放后成功实施商品经济，继商品交易之后迅速发展起来的市场化流动、交易与配置生产要素及产权资本要素的重要载体和市场平台。产权交易的过程就是经济结构、市场结构、产业结构、产品结构、企业集群布局结构和企业治理结构优化的过程。中央企业具有体量大、层级多、链条长、市场广等特点，涉及产业齐全、门类繁多、地域广阔、科技领先、股权多元、影响力大、导向性强等特征。央企产权交易的市场化程度高，产权化、资本化、金融化的需求多，从事央企产权交易或从事央企产权管理及资本运作部门的工作人员只要认真学习、勤思勤干、努力工作，一般都会进步快，业务能力提高快。央企分布在境内外广阔地域，与地方国资、民资、外资都有着千丝万缕的联系，从事央企产权交易对于产权交易所市场化能级的提升极有动力、极为有利。服务央企，上海联交所"一踩油门"，产权交易业务触角就能延伸到境内外，立足上海、服务全国、面向世界的战略就能高效实施、落到实处。所以说，服务央企是上海联交所落实立足上海、服务全国、面向世界发展战略的突破口。央企产权资本要素对于各级国资、各种所有制企业产权流动、资本要素、经济结构、产业布局、生产力发展都具有强劲的导向性、带动性、集聚性。2003 年秋天，时任国资委主任李荣融同志在他的办公室热情鼓励上海联交所提升市场化交易运行能级，加快发展，服务好央企产权交易，服务好国资国企改革发展。产权资本市场与其他层次资本市场相比较，最大特点就是可以在生产要素的健康流动、规范交易与优化配置中，发挥更直接、更高效、更有力的推动作用。上海联交所要坚定不移地服务央企，服务国资国企改革发展，服务各类所有制企业产权资本要素的健康流动、规范交易与优化配置，提升交易所市场化、信息化、国际化、规范化交易运行能级。

2004 年 5 月 24 日下午，时任国务院总理温家宝同志在李荣融、周小川等同志陪同下视察上海联交所，对上海联交所工作给予充分肯定和鼓励。

23. 信息化是产权交易所跨越式发展的助推器

信息化应贯穿于产权交易所发展的全过程，信息化应成为产权交易所提升市场化交易运行能级的发动机，信息化应是产权交易所实现追赶超越、弯道超车跨越式发展的助推器。产权交易所的信息化建设是一项"永不消失""永无止境"的系统工程，呈现出三大重点：一是交易所信息化是优化信息集散功能的进程，信息集散功能是资本市场的基本属性，也是上海联交所的根本特征，交易所的信息点对面辐射能力取决于信息集散功能的强弱，交易所的成交率、融资率、竞价率、增值率的提升，都离不开信息集散功能强劲支撑，信息集散功能在交易所的功能集群中起着关键性、决定性、导向性作用；二是交易所信息化是优化各类交易工具的进程，交易所具有网络型、平台型、数据型、流量型的特征，信息化的导向与运用，能充分展现出线上线下相融合的各类交易工具富有生机与活力的交易运行能级，能推动交易所娴熟地运用各类交易工具与资本杠杆，在更大范围、更深层次、更高水平的市场空间，实现产权资本要素的健康流动、规范交易与优化配置；三是交易所信息化是优化交易流程、规则和制度的进程，信息化能够强化、细化、优化交易流程、规则和制度，使之能够用计算机语言和数据化导向予以充分表达、控制与实施，把降低交易成本、发现买主、发现市场、发现价格、提升价值、控制风险、规范交易、提高交易质量等产权资本要素健康流动、规范交易、保值增值、优化配置以及化解脆弱性、波动性、风险性与流动性难题的需求举措用信息化予以解决、落到实处，构筑防范产权交易风险的红绿灯预警处置机制，为产权健康流动、规范交易与优化配置提供信息化保障。

七、二○○五年

论产权资本市场的八大属性和六个服务经营战略方向。

24. 产权交易所应具备资本市场基本属性

中国创造、中国特色的产权交易所一般都起步于国企产权交易，有些产权交易所由于没有认识到产权交易所应具备资本市场基本属性的重要性，所以一直以来交易业务仍然停留在国企产权一般流转交易范围内，做而不大，没有发展，交易所的市场化运行能级很低，且面临着被取代、被淘汰、被合并的结局。也有些产权交易所在开展国企产权交易、做大交易总量的同时，拓展了国资、民资、外资等各类企业产权资本要素交易市场空间，把产权交易触角从一般流转延伸到企业融资、增资扩股、并购重组、公司混改、成果转化、技术交易、知识产权、金融资产等产权资本要素各个领域，这不仅提升了交易所市场化交易运行能级，增加了交易总量与交易收入，增强了交易所服务各类所有制企业产权流动、交易与配置的能力，而且又极大地为国企产权交易拓展了市场化、资本化、金融化的运作空间，提升资本运作水平、运作效率、运作效益与运作质量，推动交易所在服务产权资本要素流动、交易与配置过程中持续不断地培育、补充及完善资本市场基本属性。产权交易所属于半标准化、非标准化资本市场即产权资本市场，应构筑和具备资本市场的八大属性。

一是流动性。量大面广的非上市企业和各类所有制企业生产要素、产权资本要素、创新要素需要有序顺畅地流动，力求在流动中解决企业在发展进程中的各种需求，达到优化配置的境界。产权交易所要提供充足的流动性，满足各类企业产权流动、交易与配置的需求。首先，交易所要拓展投资人数据库市场空间，形成发现买主、发现价格、发现价值、发动交易市场机制。增强点对面的产权信息辐射力，充分运用信息集散功能，从更宽、更深、更高角度发动市场，激发交易源头，推动市场流动，提升交易所的进场率、挂牌率、竞价率、融资率、成交率、增值率，以充沛的流动性促进交易活跃。其次，交易所要娴熟地运用各类资本杠杆和交易工具，形成种类多、成本低、效率高、效益好、流动大、风控强的产权交易市场平台，优化覆盖产权资本要素"进、退、留、转"各个环节的市场流动性配置体系，推动包括物权、债权、股权、知识产权等在内的产权资本要素健康流动、规范交易与优化配置。最后，交易所要拓展直接融资和间接融资渠道，形成各类企业以增资扩股、企业并购、混改重组、投贷联动、并购贷款等30种方式拓展企业融资发展的绿色通道，交易所流动性的可持续增强，有利于活跃产权交易市场，有利于交易品种与制度创新，有利于提升交易所市场化运行的能级，有利于增强交易所核心竞争力，有利于交易所实现可持续发展战略目标。

二是配置性。产权交易所作为产权资本市场的平台，与其他类型的资本市场相比较，产权交易所服务着量大面广、产业齐全、门类繁多的各类所有制非上市公司与企业，对企业配置产权资本要素有着更直接、更有效、更专业的作用。产权交易所为企业优化配置生产要素的丰富交易实践，呈现出 3 个特点。其一是联动性。企业需要配置的生产要素包含产权资本要素与创新要素，产权资本要素主要包括涉及产权形态的系列要素，创新要素主要包括涉及科技创新形态的系列要素。企业在产权流动、交易与配置的过程中，表层看来只是一项或若干生产要素转让、配置，但往往会"一动而多动""牵一发而动全身"，如企业融资解决的是资本金问题，但运作协调精细的话，也会带动人力资本、技术、管理、市场、股权、物权、知识产权等要素的补充、调整与完善，各类要素市场化配置的联动性显著。其二是互补性。生产要素配置结构中互补性强，企业就是各类生产要素或产权资本要素的集合体，作为特殊商品的各类要素，在企业形成生机勃勃、富有活力的生产要素结构中，具有强有力的互补性，在产权资本要素的多元化交易中，企业并购交易虽然涉及的是股权流动，但可能也会弥补市场份额、工程技术、人力资本、企业资本结构等方面存在的短板。提升交易所市场化交易能级，有助于实现要素市场化配置互补性的最优化、最大化，形成"1 + 1 大于 2"的几何级财富放大效应。其三是导向性。产权流动是过程，应健康流动；产权交易是处置的方法，应规范交易；优化配置是生产要素或产权资本要素配置基本导向，也是产权流动基本方向，更是产权交易基本目标；生产要素配置的导向性是推动优化配置实现最优化、最大化。为此，交易所要强化产权信息点对面的辐射力，充分运用信息化优势，以网络化布点，构筑线上 + 线下的市场化增值服务平台，形成生产要素、产权资本要素、创新要素的跨地域、跨行业、跨所有制交易机制，推动生产要素在更大范围、更深层次、更高水平上的健康流动、规范交易和优化配置，满足各类企业可持续发展需求，追求各类企业优化配置生产要素的导向，达到生产要素优化配置的新高度、新水平和新境界。

三是可度量性。产权交易品种应具有可度量性的特征，只有具备可度量性，才会具有可交易性。物权、债权、股权、知识产权等产权资本要素，有些已具备可度量性，如股权、债权等，当然也具有可交易性。但有些不具备可度量性，如知识产权等，需要转化成具备可度量性，然后才会具有可交易性。交易所在设计交易品种、制度、工具时一定要充分研究可度量性与可交易性的转化、对接，这是形成交易所流动性的关键因素。环境能源类交易所的有些交易品种，属于无形资产类型，那就可用设计无形资产交易的思维、方法，去设计、建立交易品种、模型、模式、模块、流程。再如包括专利权、著作权、商标权在内的知识产权交易，就必须以流动是过程、交易是核心、配置是目标，深化研究。交易所要研究知识产权价值与价格形成规律，寻求可度量性与可交易性的结合点，选择价值与价格缓释渠道，灵活采用直接与间接融资渠道，精细化设计交易的度量、载体、方式、品种、路径、动力，拓展知识产权交易架构、模式、流量与流程，娴熟地实现可度量性向可交易性通道转化，形成包括知识产权质押融资在内的 N 种融资交易品种，运用各类交易工具和资本杠杆推动知识产权资源资产化、资产资本化、资本产权化、产权金融化的进程。交易所要注重交易度量性研究，探究可度量性向可交易性转化渠道，增强流动性动力，提升交易总量与质量，拓展服务各类企业生产要素健康流动、规范交易与优化配置的广度、深度与高度。

四是融资性。融资是资本市场核心功能，真正意义上的产权交易所应具备资本市场基本属性即融资性，这是交易所提升增值服务能力和市场化交易运行能级的需要，也是满足企业融资发展的需要，更是加快与深化产权资本市场发展的需要。交易所要拓展投资人数据库功能，形成企业融资推介撮合机制，发挥直接与间接融资渠道作用，充分运用各类资本杠杆与交易工具，采取增资扩股、企业并购、混改重组、投贷联动、并购贷款等 30 种融资模式，为各类企业融资发展提供产权交易综合服务，提高交易所融资交易比例，强化交易所融资能级、融资机制与融资属性。

五是低成本性。产权交易精细化程度越高、增值服务越好，集聚交易资源越多，交易流量就越大，交易成本就越低，交易质量趋向高。反之，产权交易粗放化，交易市场化程度就不会高，市场化交易量就不会大，只有指定进场交易量，交易成本就越高，交易质量就越低，这是交易所市场运行的基本规律。产权是稀缺和重要的经济资源、生产要素与战略资本，产权交易不能粗制滥造、粗放流转、低质交易，白白浪费产权这一稀缺和重要的生产要素集成。生产要素的落后配置形成落后生产力，一般配置形成一般生产力，先进配置形成先进生产力，产权交易就是要追求生产要素优化配置的广度、深度与高度，培育与发展先进生产力。交易所要聚精会神地增强产权交易增值服务能力，提升产权交易增值服务收入比例，拓展交易总量，降低交易成本，提高交易质量，优化交易所经营结构，为各类所有制企业产权资本要素的健康流动、保值增值、规范交易和优化配置提供市场化交易综合增值服务。交易所的信息化交易系统、增值服务能力、发现买主与价格机制、发动市场动力、优化配置能级、风险控制体系能激发产权交易新动能，集聚更多交易资源，放大交易总量，提高交易质量，降低交易成本，优化交易结构，在交易所对产权资本要素精耕细作、精益求精、增值服务、优化配置的过程中，实现产权交易效应的最优化，交易流量的最大化，交易成本的最低化，交易脆弱性的最小化。

六是盈利性。交易所作为具有平台型、流量型、数据型、网络型特征的企业，也拥有盈利性这一企业基本属性，更是具备资本市场基本属性。产权交易所的盈利性，充分展示了交易所增值服务能力，充分体现了交易所的存在价值与作用，充分标志了交易所的核心竞争力与综合实力。交易所要增强盈利性，应着重做好三方面工作。

其一，强化人力资本管理。交易所是轻资产、重人力资本管理的企业化运作市场平台，是"大脑"化企业，是"智力"化企业，是智慧财产类企业，人力资本就是交易所运行第一要素。拥有人力资本，没有交易所可以无中生有、有中生新。没有人力资本，有了交易所也会丢失交易所，有了交易品种也会丢失交易品种，有了交易工具也会丢失交易工具。交易所需要一批领军人物，能够熟悉、掌握、运用各类资本杠杆和交易工具，丰富与活跃以增资扩股、企业并购、混改重组、期权期股、项目融资、产权融资等30种企业融资方式展开各类资本运作，服务各类企业发展，娴熟推动以产权资本要素健康流动、规范交易与优化配置为重点的产权交易增值服务。交易所应采用培养与引进相结合的办法，配齐、配优、配强交易所人力资本核心即各方面领军人物，由领军人物带动交易所各方面交易经营团队建设，强化交易所人力资本管理，要注重培养与发挥领军人物带动性、激励性与稳定性。在带动性方面，交易所是产权资本市场重要平台，要提高市场化交易运行能级，增强交易所增值服务能力，构筑信息化交易平台，就必须培养与引进一批政治强、专业精、有能力、懂经营、带团队，具有资本运作、增值服务、要素配置实务操作能力的各类领军人物，并由领军人物组建、带动各类经营团队，推动交易所各类经营业务创新发展。交易所市场平台如同国际上各类资本市场一样，没有几十年、上百年的实践磨炼，是难以达到百炼成钢、走向成熟、获得成功的境界。交易所经营业务运作主要依靠人力资本，特别是领军人物带动。这与生产制造业企业又不相同，交易所有了各类领军人物，就能拓展交易经营新天地、新空间、新高地，领军人物不足、缺失、流失，就会导致已有的交易经营业务阵地丢失，被市场竞争浪潮所抛弃，新的交易经营空间也发展不了。所以，要充分发挥各类领军人物带动交易经营团队的作用，拓展交易所市场化交易空间，增强交易所增值服务、要素配置与资本运作能力，扩大交易流量，提升交易所盈利性和市场化交易运行能级。在激励性方面，要建立对领军人物的激励性，交易所的资本运作、增值服务型特点决定了领军人物的突出性、导向性和重要性。领军人物就是交易所发展的品牌、旗帜与动力，交易所要加强对领军人物的绩效考核，激励到位，约束到位，科学建立对领军人物的激励性，充分发挥领军人物对交易所经营发展的创造性、主动性与开拓性作用。在稳定性方面，要维护领军人物的稳定性，交易所的经营属性构筑周期长，具有"头脑工厂"、领军人物"单打独斗"的特点，所以维护人力资本和各类领军人物稳定性十分重要。交易所各类领军人物如果不稳定，这对交易所坚定可持续发展战略十分不利。交易所要注重人力资本管理，维护各类领军人物的稳定性，鼓励支持领军人物培养接班人，用不间断地培养、引进领军人物接班人的举措，确保交易所的品种创新、交易优化、制度建设、资本运作、要素配置、增值服务等交易经营业务板块基业长青，确保交易所核心经营骨干与各类领军人物不流失，确保交易所人力资本管理与核心竞争力不断增强。

其二，强化增值服务能力。交易所的盈利性强弱取决于增值服务能力，服务于产权交易的增值服务能力越强劲，交易收入就越大，交易所的盈利性就越强，反之则弱。要聚焦交易所"六个服务"经营方向，配齐、配优、配强各类善于增值服务领军人物，优化各类善于增值服务交易经营团队，构筑领先同业的增值服务业务板块，这就能落实强化交易所盈利性的组织保障。

其三，强化交易所经营核算分析制度。交易所盈利性是增值服务能力的综合反映，也是交易所存在价值与作用的重要体现。交易所要精细化展开交易经营运行态势和交易经营数据的采集、归类、统计、核算、分析工作，紧扣交易节点、趋势、特征，聚焦交易流量拐点与盈亏平衡点，精准、科学、全面地核算与分析每月交易所各类交易运行态势和增值服务、增值收入及交易运行成本综合指数，编制每月和每季度交易所运行态势专报与交易所经营核算分析报告，对交易所盈利性和交易经营运行趋势做出核算、分析、测算与预判，依据分析报告组织实施对各类领军人物与经营团队绩效考评工作，分配不搞"一刀切""大锅饭""平均主义"，提出增强盈利能力、提高盈利性、提升交易所核心竞争力的各项举措。

七是跨地域性。经济运行规律揭示，生产要素跨地域展开产权交易，能充分实现在更大范围、更深层次、更高水平的健康流动、规范交易与优化配置，有利于整合资源、形成合力，培育与发展先进生产力。生产要素具有稀缺性、重要性、战略性的特征，更应追求在广阔的地域空间实现市场化流动、交易与配置，争取产权资本要素在市场化优化配置过程中，获得几何级财富再造效应。交易所应具有立足当地、服务全国、面向世界的国际战略视野，以市场化、信息化、数据化、国际化为动力，加快跨地域开展产权交易的步伐，增强配置全球生产要素的能力，实现生产要素市场化配置最大化、最优化。

八是规范性。规范是产权交易所生命线，是交易所立身之本。交易所要研究把握产权资本市场的风险性、波动性与脆弱性，以信息化手段，采取科学智慧和坚定有力的举措，建设一整套覆盖产权交易主要环节与全流程的产权交易信息预警处置和监测系统，运用"红、黄、橙、绿"信号灯的形式对产权交易项目展开实时在线监控与处置，使电脑控制操作、控制流程、控制风险的"监控与处置网"落到实处，形成信息化风控流程，为交易所健康发展提供规范化保障。

交易所在发展过程中，要充分认识、把握和构筑产权资本市场的"八大属性"，这对于提高交易所增值服务能力、提升交易所市场化交易运行能级、坚定产权资本市场发展战略方向都具有十分重要的意义。

25. "六个服务"是产权交易所经营战略方向

应坚持"六个服务"经营战略方向。一是服务国资国企改革发展，提高企业国有产权交易的市场化运作总量、比例、能力和质量，实现国企产权交易健康流动、规范交易和优化配置；二是服务各类企业并购重组，运用各种资本杠杆和交易工具，在更大范围、更深层次、更高水平的市场空间优化配置生产要素，构筑产业链、供应链、研发链，形成企业集群布局；三是服务各类企业增资扩股、混改重组和中小企业融资发展，拓展企业直接和间接融资渠道；四是服务科技成果转化和知识产权与技术产权交易，密切与活跃科技和资本联动，加快科技成果转化为现实生产力步伐；五是服务科技企业资本运作和产权资本要素健康流动、规范交易与优化配置，推动资本技术化、资本人格化、股权多元化、分配要素化、要素市场化、经营国际化，激发科技企业创新发展动能；六是服务生产要素各类交易，开创性地拓展技术产权、知识产权、环境能源、文化产权、农村产权、数据要素、金融资产、智慧物流等增量资本与存量资本、有形资本与无形资本的各类交易，提升交易所优化配置全球生产要素以及创新要素的能力。交易所应该持之以恒、坚定不移地长期坚持上述"六个服务"经营战略方向不动摇、不放松、不懈怠、不放弃，经过几十年如一日持续不断可持续发展，就一定能够构筑"八大属性"、完善"八大模式"、拓展"六个服务"，达到产权资本市场创新发展的新天地、新高度、新境界。

八、二〇〇六年

上海联交所构筑"八大属性"，完善"八大模式"，拓展"六个服务"，强化交易所市场化运行能级，加快市场化、信息化、资本化、国际化建设进程。

26. 构筑产权交易网上高速公路，丰富和拓展"六个服务"平台化、流量化、数据化、网络化、市场化、多元化、国际化的经营内涵与空间

上海联交所聚焦"六个服务"经营战略方向，紧扣交易所"八大属性"与"八大模式"，充分运用信息数据科技，启动科技企业权益性投融资信息公示系统、联合国全球技术产权交易系统、产权交易网络竞价系统、产权交易网上高速公路等系统，集聚国内外各类企业、投资机构踊跃参与交易所产权交易活动，提升了产权交易的挂牌率、竞价率、增值率和成交率，丰富和拓展了"六个服务"平台化、流量化、数据化、网络化、市场化、多元化、国际化的资本内涵与国际空间，增强了上海联交所在国内外资本市场的影响力。我被伦敦金融城市长聘为荣誉顾问。联合国副秘书长素帕猜先生启动了联合国全球技术产权交易系统。全国十多个省市产权交易机构参与到上海联合产权交易所网络竞价交易系统运行。上海联交所"八大属性"与"八大模式"进一步健全与完善，"六个服务"经营战略落到实处。

27. 央企产权交易提升上海联交所市场化交易运行能级

上海联交所央企产权交易北京总部试运行一年后，于2006年3月全国"两会"期间在北京正式揭牌运营，时任上海市政协主席蒋以任同志出席揭牌仪式。央企产权交易涉及产业齐全、门类繁多、层次多级、地域广阔、资本多头、股权多元等特点，产权资本要素流动、交易、配置的市场化运作需求强劲。上海联交所构筑交易所"八大属性"和"八大模式"，坚定了"六个服务"经营战略方向，拓展了央企产权交易市场化运作空间，激发了提升央企产权交易总量与质量的新动能，推动了央企资本运作和改革发展，带动了各地国企和各类所有制企业产权资本要素的健康流动、规范交易与优化配置。上海联交所对央企产权交易北京总部实施交易流程规则对接到位、交易制度对接到位、交易系统对接到位、规范风控对接到位、人力资本对接到位、经营管理对接到位、行政管理对接到位、党建保障对接到位等八个对接到位行动计划，加快央企产权交易北京总部建设成为央企产权交易"信息中心""推介中心""融资中心""交易中心""服务中心"的步伐，提升上海联交所市场化交易运行能级。

28. 强化信息集散功能是产权交易所市场化建设关键

信息集散功能是资本市场基础性功能，也是产权交易所市场化建设的关键。交易所"点对面"的信息传播，有效地解决了市场中存在的"点对点"信息不对称问题，而"点对面"的信息化传播力度，则取决于交易所信息集散功能的强弱，信息集散功能强，点对面的信息传播力度则强，反之则弱。交易所要充分运用信息数据科技，注重信息集散功能建设，从买方与卖方需求考虑，以客户为中心，形成投资人信息库。交易所立足物权、债权、股权和知识产权，可建立上百种产权信息栏目库，动态地采集、筛选、确认、归类、运用、发布、推介、更新各类产权信息，形成动态滚动型的信息集散机制；遵循产权周期性流动规律，依据企业产权全生命周期管理特征，建立 60 种产权资本要素数据库；追寻交易趋势，归纳交易特点，提炼交易数据，形成交易指数，展开指数交易，活跃数据交易，探索 20 类产权数据交易指数；分析、判断、健全信息集散功能运作机制，完善交易所 10 类交易经营数据核算制度，强化、细化、优化信息集散功能；构筑以信息集散功能为核心的网上产权交易高速公路，运用 8 种产权交易信息化方式，通过线上线下融合运作，整合资源，合力推动，形成市场摸底、动态调整、路演推介、发动市场、发现买主、发现价格、竞价交易的市场化交易机制，实现产权资本要素各类交易在更广地域、更深层次、更高水平展开，达到产权健康流动、规范交易、优化配置的目标。

29. 以客户为中心，提高产权交易所增值服务能力

交易所要确立以客户为中心的理念，紧扣财富再造就是硬道理，适应企业产权全生命周期管理需要，在产权流动、交易与配置过程中，为企业提供优质的增值服务。纵览各类企业产权交易，都有着产权资本要素配置的不同需求：有的企业需要优化与重组企业经营架构和经营板块，构建产业链；有的企业需要降低生产成本，构建供应链；有的企业需要强化科技创新，构建科研研发链；有的企业需要并购重组，在企业开展产品经营，获取算数级利润增长的同时，展开企业并购重组，推动企业资本经营，获取企业财富几何级增长；有的企业需要优化产权布局，达到股权结构多元化；有的企业需要增资扩股，优化生产要素配置；有的企业需要产权融资，实现产权保值增值；有的企业需要科技创新，引入技术，推动技术资本化与资本人格化；有的企业需要扩大市场

空间，拓展市场份额；有的企业需要集聚人力资本，优化经营战略与经营管理。交易所应该聚焦客户对产权资本要素流动、交易、配置的各类需求，提高增值服务能力，有针对性地为各类企业产权资本要素流动、交易与配置提供咨询、策划、包装、推介、对接等高质高效综合增值服务，满足各类企业在创新与转型发展过程中，对企业资本运作和产权资本要素优化配置的需求。

九、二〇〇七年

论产权交易所会员制基本特征，市场价格发现功能与产权融资功能。

30. 会员制是上海联交所市场化交易运行能级的基本特征

产权交易所是资本市场平台，是平台型、流量型、数据型、网络型的企业化运行机构，会员制是交易所市场运行架构的组成部分，是交易所作为资本市场平台的基本特征。交易所的会员制安排，有利于集聚市场、整合资源、形成合力、激发产权交易新动能；有利于强化"点对面"信息辐射力，细化产权交易中介服务，优化信息集散能力；有利于提升产权资本要素交易总量与质量，拓展产权交易市场空间；有利于培育壮大产权交易中介机构，建设产权经纪人队伍，推动产权资本市场发展；有利于提高以交易所为核心和会员群做基础的产权交易增值服务能力；有利于发动市场与发动会员可持续性地增强交易所市场化交易运行能级。交易所实施会员制，对强化交易所资本市场基本功能，提升产权资本市场影响力、辐射力、带动力，培育与发展现代服务业集成商、金融服务集成商与金融企业集群，推动交易所专业化、市场化、资本化、产权化、金融化、国际化建设都具有重要战略意义。

31. 价格发现功能是产权交易所市场化交易运行能级的重要标志

价格发现功能是产权交易所市场化交易运行能级走向成熟的产物，价格发现功能的强弱一般取决于信息集散功能、发动市场与发现买主、交易工具与品种、会员队伍综合服务实力、线上线下一体化服务、增值服务能力等六个方面因素，这些因素都是交易所市场化交易运行能级的基础性指标。因此，价格发现功能是交易所市场化交易运行能级的重要标志。交易所应聚焦六个方面因素，并采取强化、细化、优化举措，推动交易所市场化交易运行能级的最大化、最优化，为企业提供强有力的增值服务，增强价格发现功能，充分发动市场、发现买主、发现价格，达到产权资本要素在流动、交易、配置过程中实现保值增值目标。交易所的"三大转变"即场外流动向场内流动转变，场内流动向公开挂牌交易转变，场内公开挂牌交易向竞价交易转变。其中向竞价交易转变具有转折性、突破性、革命性等重大意义，推动了交易所市场化转型发展，线上与线下相融合的 18 种各类竞价方式，形成了网络型多元动态竞价交易系统，强化了交易所价格发现功能，完善了交易所资本市场基本属性，优化了产权资本市场流动性。

32. 产权融资功能是产权交易所核心功能

融资功能是资本市场基本功能，也是产权交易所的核心功能和基本属性，更是产权资本市场运行能级的关键指标。交易所要针对企业各类融资需要，拓展直接和间接融资渠道，把 30 种融资工具娴熟地运用到增资扩股、企业并购、混改重组、项目融资等产权资本要素交易中，为各类企业提供更大、更有效、更快捷、更规范的融资空间，增强企业可持续发展的资本动力。产权融资功能的作用，不仅体现在能解决企业资本金不足，而且通过融资又能带动技术、管理、人才、市场等要素的流动、交易与配置，激发生产要素优化配置功能，培育与发展先进生产力。如并购贷款就是很好的融资工具，在解决企业融资发展的同时，又能推动生产要素优化配置，实现企业财富几何级增长。并购贷款的推出，是金融制度创新，是交易所品种创新，是市场化交易运行机制创新，是企业并购资本运作创新。产权融资功能对生产要素优化配置的带动作用显著，充分展现了交易所核心功能的地位。

十、二〇〇八年

论产权交易所的要素市场化配置功能，纵览上海联交所的规范交易功能、风险控制和并购重组交易。

33. 要素配置功能是产权交易所市场平台优势

产权资本市场作为半标准化、非标准化资本市场，面对着量大面广的非上市公司和各类企业生产要素市场化配置的多样化需求，可以运用各种交易工具和资本杠杆，在更大范围、更深层次、更高水平的市场空间优化配置生产要素，培育与发展先进生产力。多年来，产权交易所在技术资本化、资本人格化、分配要素化、股权多元化、要素市场化等配置方面的丰富交易实践，充分显示具有中国创造、中国特色的产权交易所，其市场平台的主要优势在于生产要素市场化配置功能强劲。交易所通过不断创新，紧扣科技成果、工程技术、人力资本、资本要素、经营管理、市场资源、数据要素等创新要素，已形成50多种生产要素市场化配置方法。在交易实践中，企业根据发展需要，通过交易所可以实现以产权换资本、换技术、换市场、换土地、换管理、换经营、换科技成果、换知识产权、换人力资本等各类生产要素交易；可以丰富与活跃存量资本、增量资本、有形资本、无形资本、科技资本、产业资本、金融资本、数据资本、人力资本等各类资本交易。上述充分展现产权资本市场的生产要素市场化配置功能的精准性、灵活性、配对性和有效性，为各类企业创新发展以及新科技、新经济、新模式、新业态、新金融提供创新资本新动力，实现生产要素优化配置目标。

34. 优化价款结算功能，拓展产权交易所的流动性

强化、细化、优化价款结算功能，对降低交易成本、提高交易效率、规避交易风险、扩大交易总量、提升交易质量以及拓展产权交易所的流动性具有重要意义。在产权市场的采集、筛选、确认、登记、托

管、信披、推介、询价、竞价、交易、结算、分红、结息、变更等各个环节中，价款结算功能起着牵一发而动全身的重要作用，是交易所流动性的助推器、发动机。交易所应持续地创新与优化价款结算功能，运用12 种价款结算模式，强化、细化、优化价款结算功能，消除交易流量脆弱性与风险性，增强交易流量的稳定性与成长性，拓展交易所的流动性。

35. 规范交易功能是产权交易所运行的生命线

从上海技术产权交易所到上海联交所，始终把规范交易功能作为交易所的生命线，紧抓不放，持之以恒。产权资本市场半标准化、非标准化的特征，决定了其特有的脆弱性、流动性、风险性、波动性、复杂性、挑战性。犹如世上没有两片相同的树叶一般，交易所每年交易的上千种、上万种案例也不尽相同，各显其色，这就给各类交易风控和规范带来了高难度、高风险、高要求。交易所要聚焦产权交易流量的脆弱性、波动性、风险性等特点，强化规范交易功能，充分运用信息数据化，构筑智能化"红、黄、橙、绿"信号灯风险预警系统与纠错处置系统。在产权交易全流程中，运用信息数据化进程就是强化风控体系的过程，就是细化交易流程、规则、制度的过程，就是优化产权交易模式的过程。交易所多年来敢于创新、勇于实践、善于总结、精于完善，从"六个服务""六大功能"以及"八大模式"中，梳理出 100 个交易与监管的难点、节点和要点，明确风控和规范交易的重点风口与关口，运用信息数据化的方法，通过交易流程、规则、制度的优化，全面的、精准的、高效的横向到边、纵向到底地落实风控与规范交易举措，确保规范交易功能运作到位、效能到位、作用到位，坚守和维护交易所规范运行的生命线。

36. 并购重组交易是优化企业生产要素市场化配置的资本杠杆

在全球科技经济一体化发展的大趋势下，企业并购重组日益活跃，并购金融、科技金融、文化金融、能源金融、物流金融、绿色金融、碳金融等新金融业态交投兴旺。交易所要充分运用各类交易工具和资本杠杆，为企业提供并购重组的交易增值服务，这是产权交易所市场化交易运行能级、增值服务能力和核心竞争力的重要标志。企业在可持续发展过程中，产生出优化生产要素市场化配置的资本运作需求，并购重组就是满足企业资本运作需求的一种选择，企业可根据资本运作需求，对种类繁多的并购重组模式做出精准选择。并购重组主要分为横向并购、纵向并购、混合并购、异地并购、跨国并购、杠杆收购等，每一类并购模式可呈现出多元化、复杂化、特色化的市场运作空间。交易所运用并购重组交易增值服务，可以促进企业降低生产成本、提高经营效率、增强经济效益，从而优化产业链；可以高质、高效、低成本地形成供应链；可以集聚创新要素，构筑科技创新研发链；可以扩充资本金，推动股权结构多元化，实现企业融资发展；可以引进技术，推动技术资本化、资本人格化与科技成果转化；可以实施管理要素持股，聚集经营管理人才，优化人力资本管理；可以整合资源，用股权换市场，拓展市场份额；可以形成合力，运用市场化招商引资十大模式，布局、培育与发展科技企业集群、战略性产业集群、先进制造业集群、应急产业集群、科技产业集成商、现代服务集成商、研发集成商等；可以优化企业生产要素配置，培育与发展先进生产力。交易所要拓展直接与间接融资渠道，运用并购贷款与各类金融工具，增强企业并购重组的资本动力，丰富、活跃与服务各类企业并购重组交易。2008 年 11 月，上海联交所与欧美跨国公司翰威特公司签署企业海外并购服务合作协议。12 月，上海联交所获得联合国南南合作发展局颁发的"全球南南发展博览会特别嘉奖"。12 月 25 日，上海联交所分别与中国工商银行上海分行、上海银行签署"并购贷款"合作协议，并购贷款授信额度达 100 亿元，后又与中国农业银行达成合作协议。并购贷款不仅是金融产品创新，也是金融制度创新，更是交易所服务并购重组交易的增值服务创新。

十一、二〇〇九年

论产权交易所"六大功能",分析产权交易所与公共资源交易中心的异同。

37. 并购贷款促进企业并购重组,迈入生产要素优化配置新境界

继中国工商银行上海分行、上海银行之后,上海联交所又与中国农业银行、中国银行、交通银行、中信银行、宁波银行、华夏银行、浦发银行、招商银行等达成并购贷款合作协议。法国外贸银行首席运营官到访上海联交所,双方交流合作意向。并购贷款的实施,推动各类企业市场化、开放性的并购重组活跃展开,一是以新旧产能替代转化为特点的并购重组活跃,各类企业转型发展,积极应对产能过剩与经济下行压力,争取转型发展成功。二是以跨所有制、跨行业、跨地区为特点的并购重组交易活跃,各类企业在国际金融危机背景下,活跃并购重组,迎接挑战,抢抓机遇,迎难而上,敢于发展。三是以科技创新为导向、科技成果转化为特点的并购重组活跃,各类企业集聚创新要素,展开丰富多彩的科技企业并购重组,追求创新要素配置最大化、最优化,培育与发展先进生产力。并购贷款促使企业并购重组迈入生产要素优化配置新境界,企业生动和丰富的并购重组实践显示,生产要素落后配置形成落后生产力,一般配置形成一般生产力,先进配置形成先进生产力。市场化、开放性的企业并购重组交易活动,加速生产要素在更宽领域、更深层次、更高水平的市场空间实现市场化的优化配置,培育与发展先进生产力。

38. 运用产权交易工具,拓展半标准化、非标准化、基础性、权益性生产要素市场化配置的市场平台

我们把企业一般需要的生产要素分为两类:一是把涉及产权范畴的生产要素内容称为产权资本要素,二是把涉及科技创新的生产要素内容称为创新要素。由此可见,生产要素概念范畴最大,接下来分为产

权资本要素与创新要素。要素市场，一般由资本市场、金融市场与单要素市场（如人才市场、土地市场）三大部分组成。其中，资本市场由股票市场和产权资本市场两大部分组成，股票市场具有标准化特征，产权资本市场具有半标准化、非标准化特征，两个市场形成平行运行、互为补充的关系。

生产要素包含存量资本、增量资本、有形资本、无形资本、科技资本、产业资本、金融资本、数据资本、人力资本等要素。新科技、新经济、新模式、新业态、新金融的蓬勃兴起与发展，呼唤着基础性、权益性生产要素市场化配置的新市场平台，产权交易所要精准、灵活、有效、规范地运用产权交易工具，拓展知识产权、技术产权、环境能源、文化产权、农村产权、数据要素、智慧物流等基础性、权益性、资本化生产要素市场化配置的新市场平台，构筑各类生产要素市场化配置更大、更深、更高的市场空间，开创产权资本市场多元化、多层次、多板块交易新局面。2009 年 6 月，经市政府批准，上海文化产权交易所揭牌运行。8 月，上海环境能源交易所在全国率先揭牌运营。11 月，在联合国南南合作局的支持下，南南全球技术产权交易所在上海揭牌运行。

39. "六大功能"是产权交易所提升增值服务能力的基本功能

信息集散功能、价格发现功能、产权融资功能、要素配置功能、价款结算功能、规范交易功能等"六大功能"是资本市场的基本特征，也是产权资本市场和产权交易所的基本功能，更是交易所提升增值服务能力的基本动力。充分发挥产权交易所"六大功能"，能满足各类企业资本运作和生产要素市场化健康流动、规范交易、优化配置的多样化需求，展现出产权资本市场对生产要素市场化配置的蓬勃活力与强劲动力。交易所的"六大功能"建设具有长期性、连续性、探索性、战略性的特点，正所谓"百年建市"，坚持十年、二十年、五十年乃至更长时间必会成功建成。"六大功能"建成，对交易所优化"八大模式"，构筑"八大属性"，坚持"六个服务"，以及提升增值服务能力，增强市场化交易运行能级和确立产权资本市场发展地位都具有重大战略意义。

40. 产权交易所与公共资源交易中心的异同

现在有些地方创造条件把产权交易所与公共资源交易中心的牌子挂在一起，这对产权交易所来说能整合资源，能增加业务流量，能拓展市场空间。如果这就是"同"的话，那我们就议一下"异"。公共资源交易中心作为各级政府指定的阳光采购招标服务平台，不参与股权融资与股权交易服务，不参与产权融资与产权交易服务，不属于生产要素市场化配置平台，也不是金融市场平台和资本市场平台。产权交易所能做公共资源交易中心的业务，但公共资源交易中心却不能做、不会做产权交易所的产权融资、产权交易、股权融资、股权交易、增资扩股、企业并购、混改重组、技术入股、管理入股、期权期股、无形资产交易、技术产权交易、知识产权交易等生产要素核心交易业务。因此，公共资源交易中心不具备以融资为核心功能的资本市场"八大模式""八大属性""六大功能"，也不具备产权交易所"六个服务"的经营战略方向。公共资源交易中心不属于要素市场范畴，替代不了产权交易所的基本属性、基本功能、基本作用与基本地位。产权交易所是半标准化、非标准化的产权资本市场，是与标准化资本市场平行运行，并形成完整的资本市场体系。产权交易所要坚定不移、持之以恒地把握产权资本市场发展定位，构筑"八大属性"、优化"八大模式"、强化"六大功能"、坚持"六个服务"，把"八八六六"建设体系为特征的产权交易所自身建设与发展，不断推向产权资本市场创新发展的新阶段、新境界、新高度，为各类企业生产要素健康流动、规范交易与优化配置提供高效、优质的增值服务。

十二、二〇一〇年

论产权交易所的"八八六六"建设体系，推动交易所由数量型向质量型、效益型、平台型、流量型、数据型、网络型的创新发展，加快交易所迈向产权资本市场的战略定位步伐。

41. 产权交易所不能只做企业国有产权交易

企业国有产权交易事关国资国企改革发展大业，随着企业国有产权交易的市场化程度与要求越来越高，产权交易所要主动针对企业国有产权交易的新要求、新特点、新情况，创造性地完成企业国有产权交易的各项任务，为国资国企改革发展提供产权资本市场平台的坚强保障。但产权交易所不能只做企业国有产权交易，而不开展其他交易业务，不能因为企业国有产权是按指定与规定进场交易，就朝南坐，衙门作风，守着国有产权"一亩三分地"，只做国有产权交易。如果长期只做国有产权交易，交易所的增值服务能力就提不高，市场化交易运行能级就提不高，交易所核心竞争力就提不高。如此下去，就会直接影响企业国有产权市场化交易的流量与质量，阻碍企业国有产权市场化、开放化交易能力的提升，产权交易所的发展之路就会越走越窄，市场空间就会越来越小，被其他机构特别是公共资源交易中心合并与替代的可能性就会越来越大。所以，产权交易所要坚持"六个服务"经营战略方向不动摇，在积极开展企业国有产权交易的同时，构筑"八大属性"，优化"八大模式"，强化"六大功能"，把交易所的经营触角延伸到各类所有制企业产权资本要素的流动、交易与配置过程中去，拓展各类生产要素市场化配置的广度、深度与高度，提升增值服务能力，增强交易所市场化交易运行能级。交易所的增值服务能力和核心竞争力的增强，对深化国资国企改革发展，提高企业国有产权市场化交易的流量与质量，优化国企生产要素市场化配置的效率与效益，保护各类企业投融资平等的发展权益，确保各类所有制企业生产要素市场化的健康流动、规范交易、优化配置都具有十分重要的意义。

42. 从数量型转向质量型是产权交易所转型发展的关键

资本市场在国际上已有百年历史，经过长期发展才走向相对成熟。而中国特色的产权资本市场才20多年发展历程，作为新兴的资本市场，任重道远。我国产权交易所尚处于初创期，尽管已有几十年发展史，且交易总量提升很快，但产权交易所的交易内容仍存在粗放、单一、低效等问题，增值服务能力不强、市场化交易运行能级不高、交易流量狭窄、市场服务面不广等因素，严重制约了交易所的转型发展。如果只顾眼前，只挑眼下容易做的国企产权交易等传统交易业务做，虽然短期内能获得一定交易量，甚至形成交易量冲高态势，但长期来看，交易量增长有限，流动性不足，流量趋减、质量下行、能级降低、平台衰退、亏损倒闭是大概率的结果。所以，交易所要从长期发展战略考虑，要从交易所的产权资本市场发展战略定位出发，坚定不移、着眼当前、放眼长远、持之以恒地构筑"八大属性"，优化"八大模式"，坚持"六个服务"，强化"六大功能"，紧抓不放几十年如一日，注重交易所质量型、效益型、平台型、流量型、数据型、网络型、集成型、战略型的创新发展。摒弃只追求挂牌率、成交率，不注重竞价率、融资率、增值率；摒弃只追求服务单一所有制企业，不注重拓展服务各类所有制企业的市场空间；摒弃只追求交易流量，不注重交易质量；摒弃只追求一般交易服务，不注重交易增值服务等数量型发展模式。交易所应在拓展各类所有制企业资本运作和产权资本要素流动、交易、配置的市场空间中，培育精耕细作的增值服务能力，实现交易所发展由数量型向质量型的转变。这样不仅能够激发交易流量增长的新动能，拓展交易流量的源头与空间，而且更能提升交易所的增值服务能力，提高交易所市场化交易运行能级，增强交易所要素市场化配置综合实力和核心竞争力，推动交易所的交易流量与质量达到新水平、新高度与新境界。

43. 创新是产权交易所转型发展的不竭动力

创新是资本市场的永恒主题，也是产权交易所转型发展的不竭动力。特别是半标准化、非标准化的产权资本市场，面对着量大面广的非上市公司和各类企业生产要素市场化配置的多样化需求，更需要交易所持之以恒地创新，创新与优化交易工具和资本杠杆，提升交易增值服务能力，满足各类企业生产要素市场化配置的需求。因为国企产权交易按规定是要指定进产权交易所交易，所以有些交易所长期只做国企产权交易，养成了衙门作风，滋生了官僚习气，从而放松了在市场化增值服务能力上下功夫的需求，久而久之，交易所的市场化棱角容易被磨灭，市场化运行能力容易被减弱，具有被其他行政化机构合并的可能，最终脱离产权资本市场的发展定位与运行轨道。因此，产权交易所要坚持产权资本市场的发展战略定位与方向，就必须实现"三个转变"，从"坐商"向"行商"转变；从卖方市场向买方与卖方市场并重转变；从单纯的产权要素流转型市场向融资型、并购型、要素市场化配置型为特征的产权资本市场转变。交易所应通过可持续创新，不断提高以挂牌率、融资率、并购率、竞价率、增值率、成交率为标志的精耕细作增值服务市场化运行能力，满足国资国企改革发展需要，满足各类所有制企业资本运作和产权资本要素流动、交易与配置的需求，满足各类投资者的需求，满足各类权益性生产要素市场化配置的需求。

交易所要明确创新的重点方向，一是坚持交易所"六个服务"的经营战略方向，充分开展交易模式创新，特别要强化交易品种创新和交易制度创新，以股权交易带动物权、债权和知识产权交易，以央企产权交易带动非公经济产权交易，以存量资本带动增量资本交易，以有形资本带动无形资本交易，以本地资本带动异地资本交易，以国内资本带动国外资本交易。二是坚持交易所信息数据化创新，抓紧"网上产权交易高速公路"建设，提升线上线下相融合的市场化产权交易增值服务能力。三是坚持交易所市场化交易增值服务创新，产权资本要素是稀缺经济资源、战略要素、特殊商品和关键性生产要素，交易所对各类产权资本要素的流动、交易与配置更要精耕细作，不能粗制滥造，要在不断创新中培育与提升交易所市场化交易增值服务能力。四是坚持交易所"八大模式""六大功能"的创新，做强、做细、做优市场化交易平台运行体系，推动产权资本要素交易上下游服务链建设，整合资源，形成合力，为各类企业创造性地提供增资扩股、企业并购、混改重组、期权股权、成果转化、技术入股、产权融资等全方位产权资本要素市场化配置增值服务，加快交易所迈向产权资本市场的战略定位和发展方向的步伐。

十三、二〇一一年

论产权交易所的平台型特征，推动科技成果转化要素市场化配置平台建设，培育与发展科技成果转化服务集成商。

44. 平台型是产权交易所重要特征

交易所是公开、公平、公正的产权交易市场平台，是生产要素市场化配置的要素市场平台，是产权资本市场平台。作为产权资本市场平台型企业的产权交易所，其平台型特征主要体现在"四个具有"方面。

一是交易所具有"八大属性"，体现了资本市场平台的基本属性，涉及产权运作范畴的各类生产要素的市场化流动、交易与配置都可以在交易所平台上规范展开。二是交易所具有"八大模式"，体现了资本市场交易平台基本运行机制，交易所一般实行会员制，集各类会员之合力，规范展开产权资本要素各类交易。三是交易所具有"六个服务"的发展方向基本战略定位，体现了产权资本市场基本经营方向，交易所集聚投资商、咨询商、律师事务所、评估商、会计师事务所和金融机构等，为国资国企改革发展、企业国有产权交易以及各类企业增资扩股、企业并购、混改重组、企业融资、成果转化、技术入股、技术交易、知识产权交易等产权资本要素交易提供增值服务，充分发挥交易所的国资国企改革发展、科技创新、成果转化、各类企业融资、资本运作、产权融资、价值管理、要素配置等产权资本要素保值增值总服务集成商能力。四是交易所具有"六大功能"，体现了产权资本市场基本功能，交易所要运用信息数据化，推动"六大功能"建设，强化"六大功能"。要构筑网上产权交易高速公路，形成线上线下一体化运行的网络化、智能化、数据化交易体系，充分释放数字化"六大功能"，为产权资本要素市场化配置提供产权资本市场功能保障。交易所要聚焦"八大属性""八大模式""六个服务""六大功能"等各方面要件，持之以恒，坚持不懈地推动基本定位、基本性质、基本机制、基本功能的建设、完善与强化，突出营造产权交易所平台型的重要特征，这对于加强交易所的产权资本市场发展战略定位，提升交易所增值服务能力和市场化交易运行能级都具有积极的推动作用。

45. 产权交易所是促进科技成果转化的要素市场化配置平台

交易所要聚焦科技成果转化"十大模式"，优化科技成果转化全生命周期管理，遵循科技成果转化基本规律，研究科技成果转化各类模式的结构变化、必要条件与内在需求，把握科技成果转化的基本路径，充分发挥促进科技成果转化的要素市场化配置平台作用。交易所"三管齐下"为科技成果转化提供要素市场化配置平台的增值服务。

一是构筑科技成果转化"十大服务链"，形成科学家、企业家、投资家、金融家互动机制，密切科技资本、产业资本、金融资本的联动机制，推动技术资本化、资本人格化、股权多元化、分配要素化、要素市场化，各方合力促进科技成果转化为现实生产力，营造有利于科技成果转化的生产要素、产权资本要素、创新要素健康流动、规范交易、优化配置的市场环境。二是构筑网络化线上线下相融合的科技成果转化服务体系，运用信息化、数据化、智能化构筑科技成果转化数据库，推动科技成果转化"十大模式"的信息化、数据化、智能化、网络化，整合资源、形成合力、有限目标、重点突破，加快科技成果转化为现实生产力步伐，营造市场化、资本化、产权化、金融化、信息化、数据化、智能化、国际化高度融合地推进科技成果转化的要素市场化配置平台。三是构筑交易所科技成果转化服务总集成商平台运行机制，聚焦财富再造就是硬道理，紧扣科技成果转化全生命周期管理的特点，结合科技企业和科技成果转化各类需求，从科技、工程、资本、市场、人力、管理、经营、价值、设备、法律、政策等方面提供科技成果转化系统集成服务。密切科技与资本联动，密切科技成果与工程技术联动，密切科技与市场联动，密切科技成果与人力资本联动，是科技成果转化总服务集成商的重中之重。交易所要培育、发展、支持和运用各类科技成果转化服务集成商，布局科技企业集群，为科技成果转化提供增值服务和各类创新要素流动、交易、配置的市场平台。

46. 中国企业国有产权交易机构协会成立，是全国产权交易界创新发展的大事

2011 年 2 月，中国企业国有产权交易机构协会成立，这是国务院国资委组建和直管的行业协会，是全国产权行业部分领军人物在井冈山座谈会后，全国行业机构共同努力的结果，是全国产权界创新发展的大事。中国企业国有产权交易机构协会成立后，要推动全国产权交易机构从粗放型发展转变为质量型发展、规模型发展转变为规范型发展、外延型发展转变为功能型发展，大力提升产权交易机构市场化交易运行能级，这对于充分发挥产权市场在生产要素市场化配置中的作用，更好地服务于国资国企改革发展，服务于各类企业并购与混改重组，服务于企业增资扩股与中小企业融资发展，服务于科技成果转化和知识产权及技术产权交易，服务于科技创新与科技企业发展，服务于生产要素、产权资本要素、创新要素的健康流动、规范交易、优化配置等都具有十分重要的意义。

十四、二〇一二年

论产权交易所的数据型、流量型、网络型发展和战略管控，培育和发展数据要素交易市场。

47. 数据型、流量型、网络型交易所是产权交易所创新发展的重要方向

在推动产权交易所平台型建设的同时，要注重塑造交易所流量型、数据型、网络型，这些都是当今全球交易所集群的显著特征。各地交易所每年都有上百、上千、上万亿交易流量，形成源源不断的产权资本要素的信息流、资本流、人才流、科技流、并购流、商品流、产业流、资金流、物质流、管理流、数据流等要素流，通过高频、高质、高效的要素市场化交易，实现了对包括物权、债权、股权和知识产权在内的各类有形、无形、存量、增量的产权资本要素所有权、财产权、经营权、处置权、使用权的保护与使用，提升了产权资本市场要素优化配置能级，培育与发展先进生产力。产权交易所给经济社会带来什么贡献和作用，不能仅从各交易所的税收多少来评价，更要从流量经济学角度，分析交易所带来的生产要素、产权资本要素以及创新要素流量和流量经济效益与社会效益，特别要从优化经济结构的视角，关注生产要素市场优化配置形成先进生产力的财富再造效应。从流量经济学视角分析，交易所从生产要素流量中提炼出来的50类交易指数，能够从多维度反映产业集群、企业集群与经济运行态势，形成经济运行流量晴雨表，如通过产权资本市场采集、筛选、挖掘、策划、包装、发布、解读、咨询、研发、交易、配置，以区域、行业或地名命名，可以引导宏观经济运行与微观经济运行，强化国内外市场、科技、经济、产业发展趋势的话语权，培育与推动指数经济、数字经济与数据要素交易市场的蓬勃发展。首先，交易所基于丰富的生产要素流动、交易和配置的流量，可以发布各类指数，以地方名、产业名、行业名、种类名、单位名命名指数与指数集群均可，当各类指数形成系统化集群，交易所可设计和择机展开多达上百种的指数交易与数据交易，从而有利于全面地、精准地、科学地、高效地充分反映各类生产要素流动、交易、配置的状况和态势。各地交易所每年产生上百亿、上千亿、上万亿的生产要素交易流量，能归纳、分类、提炼出丰富的交易指数与数据交易指数集群，为培育数据要素交易市场提供丰富的数据要素流，激发数据要素交易市场发展的新动能。其次，在全球数字经济已经启动的大背景下，拥有丰富的生产要素流动、交易、配置流量的交易所可以研发、模拟、推动指数交易与数据交易。数据交易、数据制造、数据科技、数据金融是数字经济的核心要素，数据交易是数字经济发展牵一发而动全身的战略制高点，交易所大有作为。最后，产权资本市场拥有充沛丰富的生产要素、产权资本要素、创新要素流动、交易和配置的流量，涉及各类所有制资本、涉及有形资本和无形资本、涉及存量资本和增量资本、涉及各个产业和科技领域、涉及各个地域和境外各地等，具有培育和发展生产要素数据交易市场的优势，交易所可以依靠充沛、丰富的生产要素流动、交易、配置的流量，研发、挖掘与提炼数据信息，归纳交易指数、挖掘数据要素、优化数据结构、拓展数据集群、提升数据价值、强化数据产权、推动数据交易、创造数据财富、发展数字经济，促进交易所流量型、数据型、网络型、平台型特征形成，提升交易所市场增值服务能力、市场化交易运行能级和核心竞争力。

48. 网络型是产权交易所发展的市场特征

在全球数字经济启动之际，网络型已成为全球各类交易所的标配。从全球主要交易所的发展态势看，各类交易所一般都具有网络型市场特征，这是由交易流量越大、成本越低、成交率越高的交易效应所决定的。产权交易所是半标准化、非标准化的产权资本市场，更需要充分运用网络化布局、网络化运行机制与网络化交易工具，形成交易所网络型市场特征。交易所网络型市场特征的形成，有利于丰富与活跃生产要素、产权资本要素、创新要素的流动、交易和配置；有利于整合资源、形成合力、发动市场；有利于发现买主、发现价格、发现价值；有利于产权资本要素保值、增值；有利于提升成交率、增值率、竞价率和降低交易成本；有利于各类交易的风控体系建设。交易所推进网络型进程，就是丰富产权资本市场网络化内涵的进程，就是拓展产权资本市场网络化空间的进程，就是实现交易所的交易流程、规则、制度网络化和信息化的进程，就是推进交易所交易工具网络化的进程，就是营造交易所风控架构网络化的进程，就是提升交易所增值服务能力的进程，就是增强交易所市场化交易运行能级的进程，就是加快数字化、网络化、智能化产权交易高速公路建设的进程，就是提高交易所核心竞争力的进程。

49. 战略管控是产权交易所可持续性健康发展的关键要素

产权交易所的可持续性健康发展离不开发展战略的正确制定，也离不开正确战略的引导，更离不开坚定不移、持之以恒的高效战略管控。战略具有纲领性、导向性、长期性、可操作性、可持续性的特点，战略管控是交易所可持续性健康发展的关键要素。全球成熟的交易所一般都有近百年发展历史，而我国一些产权交易所只有二十多年历史，任重道远。交易所的发展战略应具有长期性、稳定性、可持续性，绝不能短期多变，呈现不确定性、不连续性、不稳定性，战略波动性、短期性不利于交易所可持续健康发展。交易所的"八大属性""八大模式""六个服务""六大功能"等也不会短期内就能完全达标，而是需要一代又一代产权人几十年如一日地坚定不移、持之以恒、敢于实践、勇于探索的努力奋斗，才可能实施到位、获得成功，到达胜利的彼岸。所以，交易所要坚持"六个服务"的经营发展战略方向，几十年如一日地持续推动交易所"八大属性""八大模式""六大功能"建设，构筑平台型、流量型、数据型、网络型为特征的产权交易所，确立由点到面、由浅入深、由近涉远、由粗及细的交易所市场化、信息化、数字化、规范化、国际化可持续性发展战略管控到位。

十五、二〇一三年

"六个服务"带动六大变化，交易所"八八六六"建设体系成效初现，为联合国南南合作发挥产权资本市场积极作用。

50. "六个服务"带动六大变化

上海联交所坚持"六个服务"经营发展战略方向多年不动摇，丰富与拓展了产权资本市场的内涵与外延，收获了"六大变化"。一是交易流量由算术级增长转变为几何级增长，核心交易指标一路向好，处于全国领先地位，在更广、更深、更高的市场空间，推动各类生产要素健康流动、规范交易、优化配置；二是交易品种由单一转变为多元，交易所从原来单一的股份和有限公司产权交易转变为物权、债权、股权、知识产权等多元化的各类产权资本要素交易，产权资本要素资源资产化、资产资本化、资本产权化、产权金融化、要素市场化的交易机制日益丰富、日益活跃、日益深化；三是交易主体从单一所有制资本转变为各类所有制资本，"推动流转、防止流失、市场配置、发现价值"的服务理念，在保护和规范国企产权交易，提升国企产权交易质量的同时，更是有效地带动了各类所有制产权资本要素进交易所交易，增强了交易所服务各类所有制产权资本要素流动、交易与配置的能力，各类产权资本要素以产权换市场、换资金、换技术、换管理、换人力资本等多种类型的权益性生产要素交易日益丰富与活跃，交易所的产权资本要素健康流动、规范交易、优化配置的功能显著展现；四是交易领域从制造业转变为一、二、三等各类产业，拓展到第三产业各个领域，推动新旧动能转化、产业升级、结构优化、转型发展，先进制造业、现代服务业、高新技术产业、战略性新兴产业与金融产业成为交易热点；五是交易范围从上海转变为全国与全球，交易所不断升级更新，增强网络报价、询价、竞价和动态竞价功能，构筑网上产权交易高速公路，按价值规律引导产权资本要素实现跨地区、跨行业、跨所有制的流动、交易与配置。2013 年，上海联交所异地并购比上年增长 48%，交易所项目涉及全国 29 个省市，涉及境外 20 多个国家和地区；六是交易方式从协议转让转变为多元化动态竞价交易系统，公开挂牌、公开竞价、混改重组、开门改制、增资扩股、企业并购、成果转化、技术交易、物权流转、债权处置等产权资本要素交易日益丰富与活跃。交易所市场化交易运行能级日益增强，"八大属性""八大模式""六个服务""六大功能"日益强化、日益细化、日益优化。

51. 交易所实践与理论，丰富产权资本市场内涵

交易所敢于创新、勇于实践、善于发展、充满活力的产权资本要素交易活动，不断丰富产权资本市场理论与内涵，从而进一步指导产权交易生动实践，这种从实践到理论，从理论又到实践的双向良性循环，对中国创造、中国特色的产权资本市场蓬勃发展起到了积极推动作用。这不仅体现在对国资国企改革发展、科技创新、成果转化、企业并购、增资扩股、混改重组和生产要素市场化配置等方面的推动作用，而且对充实资本市场体系，丰富中国特色产权经济理论与实践都具有积极意义。上海联交所被确定为中国浦东干部学院现场教学点，由上海联交所承担的《中国产权市场建设与发展》课程被中国浦东干部学院、中国井冈山干部学院、中国延安干部学院联合评为十大精品课程之一。交易所十多年以来通过中央党校、中国浦东干部学院、中科院、上海市委党校、复旦大学、交通大学、同济大学、上海大学等高校，以中青年干部班、司局级领导干部班、驻外使节干部班、地级市领导干部班、央企领导干部班、国家部委中青年干部班、联合国南南合作培训班、各地国企领导干部班、科技创新领导干部班、企业并购干部班、知识产权领导研究班、混改重组干部研究班、增资扩股干部研究班、两院院士学习班等形式，为全国各地和联合国系统提供培训达数千人次。生动活泼的教学课程、案例分析、主题研讨涉及产权资本市场的各类生产要素、产权资本要素、创新要素等流动、交易与配置，以及"八大属性""八大模式""六个服务""六大功能"等的建设、拓展与完善，使学员们在热烈的教学互动中受到启示与教育，提升了对产权资本市场的认识，增强了产权资本市场的影响力、带动力、辐射力。上海联交所的生产要素健康流动、规范交易与优化配置市场平台的生动教学和理论内涵，受到学员们广泛好评。

52. 南南合作从"输血机制"走向"造血机制"

"南南合作"，即发展中国家间的经济技术合作。发展中国家地理

位置大多位于南半球和北半球的南部，因而发展中国家间的经济技术合作被称为"南南合作"。南南全球技术产权交易所（简称"SS－GATE"）是联合国为推动南南合作而专门设立的生产要素市场配置平台。SS－GATE 自组建以来，在推动南南、南北国家之间技术转移、产业转移与经济技术合作方面取得了卓越成效，得到了联合国南南合作有关国家政府及发展中国家企业的认可。作为首个总部在中国的联合国全球项目机构，SS－GATE 开创了以"技术＋资本"的"造血机制"运行新模式，推动发展中国家经济可持续增长，引发全球范围广泛重视。

2006 年 5 月 18 日，在联合国南南合作特设局与上海联交所共同主办的"联合国南南全球技术与资本合作论坛"上，联合国南南合作特设局倡议向发展中国家推广中国产业与技术转移的成功经验，以"技术＋资本"的"造血机制"取代原来的"资金＋物质"的"输血机制"。同年 10 月 18 日，联合国南南合作特设局在上海举办第二次南南合作"技术＋资本"论坛，通过了南南全球技术产权交易所可行性论证方案。2007 年 8 月，在中国商务部的支持下，上海联交所与联合国南南合作特设局正式签署了 SS－GATE 项目启动文件，宣布联合国首个总部设立在中国的联合国全球项目 SS－GATE 启动。2008 年 11 月，SS－GATE 在联合国项目基础上正式设立法人实体，国家科技部领导和上海市政府领导共同为 SS－GATE 成立揭牌。同年 12 月 9 日，联合国 77 国集团要员代表团及上海市政府领导在上海 SS－GATE 总部交易大厅共同见证交易系统启动运行。SS－GATE 作为联合国的跨国投资促进机构正式运营，SS－GATE"技术＋资本"的"造血机制"创新模式开创了南南合作新途径。2010 年 2 月，联合国大会通过 64－222 决议，认定 SS－GATE 成为联合国南南合作的三大平台和支柱之一，这是联合国大会首次对位于中国的联合国项目给予官方认可。2010 年 10 月，77 国集团的 17 国驻联合国大使集体拜访 SS－GATE 总部，高度评价表彰

SS - GATE 在推动南南合作方面的杰出贡献。2011 年 8 月，联合国秘书长潘基文做 A/66/229/联大报告中三次提及 SS - GATE，表彰 SS - GATE 在推动南南合作方面的积极作用。2012 年 6 月，联合国大会主席纳赛尔和联合国开发计划署署长海伦·克拉克授予 SS - GATE 气候变化可持续发展杰出贡献奖。2013 年 12 月在肯尼亚联合国分部，联合国南南合作办公室授予上海联交所总裁、南南全球技术产权交易所理事长蔡敏勇先生南南合作杰出贡献奖。SS - GATE 为南南合作提供服务涉及 45 个国家、53 个工作站，形成"技术 + 资本"的中小企业服务模式与系统。"授人以鱼，不如授人以渔"，"造血机制"型的南南合作新发展模式，使中国特色产权交易方式首次成功走出国门，走向世界，运用到联合国南南合作发展之中，在发展中国家的产业转移、技术转移和中小企业成长进程中发挥了积极作用。

十六、二〇一四年

交易所要坚定实施和完善"八八六六"建设体系，构筑平台型、流量型、数据型、网络型、控股型交易所集团，实现产权资本市场的新发展、新境界、新高度。

53. 打造企业国有产权交易的要素市场化配置平台

交易所是国企产权交易公开、公平、公正与规范的市场平台，是服务国资国企改革发展，提供增值服务的市场平台，是国有企业产权资本要素健康流动、规范交易与优化配置的市场平台。交易所要牢牢聚焦"三个平台"作用，在提升国有企业产权规范交易水平方面下功夫，在提升企业国有产权市场化交易程度方面下功夫，在提升国有企业产权资本要素流动、交易与配置的增值服务能力方面下功夫。通过"三个平台"与"三个功夫"，把交易所打造成企业国有产权靠得住、信得过、用得上的健康流动、规范交易、优化配置的市场平台，为国资国企改革发展提供要素市场化配置平台的坚强保障。

54. 培育与发展科技创新服务集成商

交易所在为科技创新要素交易服务中，对培育与发展科技创新服务集成商深感重要。要对标国际一流的科技创新服务集成商，研究与推广我国科技创新服务集成商新模式，这对于成功实施科技创新战略、推动科技成果转化、促进科技企业发展、加快科技企业集群布局与发展，以及壮大高科技产业及战略性新兴产业都具有重要战略意义。交易所在运用科技成果转化十大模式，十大服务链以及科技产业新型招商引资十大渠道展开各类交易中，要结合国内外科技创新丰富实践，对培育与发展工业创新研发集成商、科创工程技术集成商、科创设备集成商、科技创新应用系统集成商、科技投资服务集成商、科技数字化服务集成商、科创咨询服务集成商、科技中介服务集成商及科技创新服务集成商等新模式作深刻研究，这对于培育与发展科技服务类集成商、丰富与活跃科技创新要素交易、优化创新要素配置，加快科技成果转化与科技产业集群蓬勃发展都具有积极推动作用。

55. 控股型是产权交易所集团创新发展的助推器

交易所集团作为股权结构多元化的企业，应选择控股型企业的组织架构与经营架构，这样有利于交易所拓展资本运营的广度、深度与高度。展望全球各类交易机构的发展趋势，这就是一部同业并购的发展史。多年来，全国各地产权交易所蓬勃发展，各类交易所都已步入重新洗牌和新一轮并购重组的关键时期。随着我国改革开放不断深化、政府职能转变、企业税费降低、营商环境优化、要素市场化配置效率提升、产权资本要素市场化配置比例提高、跨所有制交易活跃、跨地域交易增大、跨行业交易加速，能适应"三跨"特点的控股型产权交易所集团必然应运而生。控股型交易所集团可择机选择动能充沛、潜能很大、基础扎实、资源丰富、市场广阔的交易所标的，精准地运用资本控股、管理控股、技术控股、信息化控股、经营承包、租赁经营等多种控股经营方式，做大、做强、做优控股型产权交易所集团，造就具有中国特色的国际化控股型产权交易所集团。

56. 市场化是产权交易所发展永恒主题

产权是一个国家、地区的关键生产要素与稀缺的发展战略资本，产权只有在流动中才能体现价值，才能发现价值，才能发现价格，才能保值增值，才能实现产权资本要素的优化配置，培育与发展先进生产力。产权交易所就是产权流动、交易与配置的市场平台，市场化是交易所发展永恒主题，交易所要坚定实施和完善"八大属性""八大模式""六个服务""六大功能"，构筑平台型、流量型、数据型、网络型、控股型产权交易所集团，不动摇、不懈怠、不放松地提升交易所增值服务能力和市场化交易运行能级，拓展产权交易市场化的空间广度、内涵深度、配置高度，充分运用各类交易工具和资本杠杆，推动各类企业的生产要素、产权资本要素、创新要素的健康流动、规范交易、优化配置，实现产权资本市场的新发展、新境界、新高度。

57. 坚定不移、持之以恒推进"六个服务"

"六个服务"是产权交易所经营战略方向，也是交易所基本功能的具体展现，更是交易所市场化交易运行能级的重要标志。上海联交所组建以来，坚持"六个服务"经营战略方向不动摇、不懈怠、不放松，已取得显著成效。一是服务国资国企改革发展，提升企业国有产权交易市场化程度与能力，国企产权交易的信息中心、推介中心、流转中心、定价中心、竞价中心、融资中心、配置中心和数据中心的功能不断增强；二是服务各类企业并购，提升企业市场化、开放性并购交易的市场平台功能，推动各类企业横向并购、纵向并购、混合并购、异地并购、杠杆并购和跨国并购，支持企业混改重组，鼓励各类企业在更广、更深和更高的市场空间优化配置生产要素，发展先进生产力；三是服务各类企业增资扩股和中小企业融资发展，提升交易所融资功能，拓展企业直接和间接融资渠道，扩大投贷联动、投债联动、投担联动、投信联动、投保联动的交易效应，盘活存量资本，拓展增量资本，活跃融资交易；四是服务科技成果转化和知识产权及技术产权交易，密切科技与资本联动机制，构筑推动科技成果转化的要素市场化配置平台；五是服务科技企业资本运作和产权资本要素优化配置，促进技术资本化、资本人格化、分配要素化、股权多元化、要素市场化、经营国际化，激发科技企业发展新动能；六是服务各类生产要素市场化流动、交易与配置，按照"应进必进，能进则进"的导向，以产权交易方式，拓展各类基础性、权益性生产要素交易市场平台，培育产权资本要素数据交易功能，推进网上产权交易高速公路建设，加快市场化、信息化、数字化、智能化、规范化、国际化发展步伐，强化要素市场化配置，培育与发展先进生产力。交易所要坚定不移、持之以恒、奋发有为、敢争一流，推进"六个服务"，坚持"六个服务"经营战略方向，这对于强化、细化、优化交易所"八大属性""八大模式""六大功能"，构筑交易所平台型、流量型、数据型、网络型、控股型的特征，提高交易所增值服务能力，提升交易所市场化、数字化、国际化的交易运行能级和核心竞争力，推动我国产权资本市场可持续健康发展都具有重要战略意义。

第二编

中国产权市场
建设与发展

1. 对我国产权市场建设的若干思考^①

（2004 年）

2004 年 9 月党的十六届四中全会通过的《中共中央关于加强党的执政能力建设的决定》指出，提高党的执政能力，就是要"把握社会主义市场经济的内在要求和运行特点，自觉遵循客观规律，充分发挥社会主义制度的优越性和市场机制的作用，不断提高领导经济工作的水平"。资本市场是市场经济的重要组成部分，党要发展市场经济，提升执政能力，一个重要工作就是要大力发展资本市场。产权市场是资本市场的重要平台，大力发展产权市场，推动国资和民资产权资本要素有序流动、规范交易与优化配置，可以促进我党执政兴国能力的提高。

一、产权的概念及其溯源

（一）产权的概念

西方经济学家对产权的研究始于 20 世纪 30 年代，彼时，全球正面临着严重的经济危机，资源的稀缺性与要素的配置性更引发各方关注。到了 20 世纪 60 年代，由于受到西方各国的广泛重视，产权的理论和法律方面的研究发展很快，并且形成了多种产权学派。目前，产权的研究

---

① 作于 2004 年 11 月。标题为编者所加，原标题为"通过推动我国产权市场的发展提高驾驭市场经济的能力"。

已趋于成熟，产权的概念被广泛使用，比如，华盛顿大学巴泽尔教授在《产权的经济分析》一书中对产权的概念作了精辟阐述，指出"个人对资产的产权由消费这些资产、从这些资产中取得收入和让渡这些资产的权利或权力构成。运用资产取得收入和让渡资产需要通过交换；交换是权利的互相转让"。根据巴泽尔教授的观点，产权是消费资产或从资产交换中收益的一组权利，资产的所有者必须依靠产权的交换和流转实现资产的保值增值。

（二）产权制度起源于罗马法

从历史上看，罗马法是商品生产社会第一部世界性法律，它不仅完善地体现了简单商品生产的一切本质的法律关系，而且还包含着资本主义时期商品生产的大多数法律体系。罗马法包括人法、物权法和诉讼法。其中，物权法是罗马法的核心，它对物权的法律规定蕴含了现代产权制度的若干要素，如对物权的强化、物权的结构性以及产权的流动性等。从法律渊源上看，现代国家的产权制度大多是在借鉴罗马物权法的基础上建立起来的。因而，罗马物权法可以被看作现代产权制度的法律源头。

（三）两种基本的产权制度体系

产权既然体现了与资产相关联的人们之间的一种法律关系，这种法律关系就需要制度加以维持。不管在发达国家或是在发展中国家，产权制度都是客观存在的，一般都是通过法律加以明确的，只是在产权的可交易性和产权交易市场发展方面存在着差异。目前，产权制度主要分为美英法系和大陆法系两种，比如，美国财产法不强调财产所有权，而是强调财产权中不同的利益。因为美国财产权中的各种权利（对财产的占有、使用、收益和处置）往往是分离的，财产所有者可以交换整体或部分权利来实现收益。在以法国为代表的大陆法系强调财产所有权，强调所有权包括对财产的占有、使用、收益和处置等各项权能的完整性。我国的法律制度基本采用了大陆法系，长期以来把产权等同于所有权，造成了对产权理论的误解。到了20世纪80年代，我国进入从计划经济转型为市场经济的时期，产权概念开始被逐步使用。

二、产权制度是基本的经济制度

（一）产权是现代经济的基本属性

现代经济的重要特征是技术进步加快与经济全球化。技术进步加快与经济全球化对发展中国家是一把"双刃剑"，一方面促进了经济增长，另一方面造成大量的生产资料相对剩余，财产所有者面临财产损失的巨大风险。比如，计算机生产的摩尔定律等。为了规避风险，资产所有者必须选择各种形式经营资产，让资产逐步退出技术层面较低的生产组合，继而在较高技术层次实现较高的生产组合，通过资产经营实现资产的增值保值。新制度经济学认为，产权是对经济品的一组权利，包括占有、使用、收益、处置的权利。产权虽然以财产所有权为基础，但与所有权概念相比，产权是与资产的经营性相联系的。党的十六届三中全会通过的《中共中央关于完善社会主义市场经济体制若干问题的决定》指出："产权是所有制的核心和主要内容"。产权是现代经济基本属性的概念，在我国已成共识。

（二）产权制度是经济发展的重要保证

信息通信技术的快速发展，大大缩短了技术发明的周期，科学技术创新更加普遍，科技经济一体化发展态势日益明显，自主知识产权等无形资产已成为经济发展最重要的战略资本。无形资产的开发、保护和使用与一个国家的经济可持续发展有着直接的关系，必须依靠产权制度实现科技与资本的对接，实现科技创新的价值最大化，实现科技成果产业化，实现科技与经济的紧密结合，充分发挥产权界定科技创新成果归属的功能、科技创新成果商品化规范约束功能、科技创新激励功能，现代产权制度是经济可持续发展的重要制度保证。

（三）产权制度是降低经济运行成本的重要机制

巴泽尔教授认为，产权的概念与交易成本概念密切相关，他把交易成本定义为与转让、获取和保护产权有关的成本。他指出，为了使资产的产权完全，或者被完整地界定，资产所有者和对它有潜在兴趣的其他个人必须对有价值的各种特性有充分的认识。有了充分的认识，资产产权转让就便于实现。产权理论奠基人科斯也说，产权的清晰界定和足够低的交易成本是实现产权市场交易的先决条件。2003年10月党的十六届三中全会提出的建立健全现代产权制度就是要清晰界定产权，并按流转顺畅的要求建立有效的产权市场交易机制，降低经济运行的成本，提高经济运行的效率，优化要素市场配置。

三、现代产权制度与产权市场建设

（一）产权市场是现代产权制度建设的内在要求

产权的价值最大化是通过产权流动体现，经产权交易实现的，产权交易以产权市场为基础条件。现代产权制度要求产权清晰，产权清晰的一个重要指标是产权的可转让性，只有具备转让条件的资产才称得上产权清晰。现代产权制度要求产权流转顺畅，就是要通过建立产权交易市场，提供产权健康流动平台，降低产权交易成本，提高产权交易效率，以发展成熟的产权交易市场体系，实现生产要素更大范围的合理配置与优化配置，最终达到产权流转顺畅的目的。

（二）产权市场是实现资产保值增值的重要途径

在技术进步比较缓慢的时代，资产的保值增值主要依靠生产来实现，通过建立稳定投入产出模型获得资产的收益。而在科技进步加快的今天，资产必须适应科技的变化，在适应科技变化的过程中实现资产收益的最大化。这种资产的收益模式是与产权交易市场运行紧密关联的，充分体现在注重产品经营的同时，注重资本经营的趋势。产权交易市场为科技与资本对接，为各类产权在更高的技术层面组合配置提供了高效、低成本的产权资本市场平台。

（三）产权市场是实现科技经济一体化发展的重要基础条件

科技经济一体化发展和经济全球化是当代经济的一个重要特征。跨国经济近年来发展迅猛。根据《2003 年世界投资报告》，目前有大约 64000 家跨国公司控制着全球约 870000 家子公司，其销售额达到近 18 万亿美元，是 2002 年世界出口额的两倍以上。外国子公司创造的增加值达到 3.4 万亿美元，占世界国内生产总值的十分之一。跨国公司要成功实施市场全球定位、要素全球配置、生产全球布点、产品全球销售、收益全球获取的战略，必须依靠要素市场的建设与发展。为了吸引国际并购和技术转移，我国产权市场的建设与发展越来越受到各方重视。

四、我国产权市场发展的历程回顾

近 20 多年来，我们一直在改革开放中发展现代市场经济体系，一直在寻求解决中国经济中深层次的非市场化问题的办法。社会各界有"改到深处是产权"之说，产权制度改革这一中国经济体制改革的核心问题，随着党的十六届三中全会《中共中央关于完善社会主义市场经济体制若干问题的决定》发布，获得了突破性进展。我国产权市场的发展，从 20 世纪 80 年代初兴起至今，大致可以分为三个阶段。

（一）起步阶段（1984—1991 年）

1984 年 10 月，党的十二届三中全会通过了《中共中央关于经济体制改革的决定》，国有企业改革被列为中国经济体制改革的中心环节。武汉、上海、北京、南京、沈阳、成都、郑州等地也先后发生了多起企业并购，大多数发生在同一地区、同一行业或同一部门。

1987 年 10 月，党的十三大明确提出：小型国有企业产权可以有偿转让给集体或个人。

1988 年 5 月，武汉市率先成立了中国第一家企业产权交易机构——武汉市企业兼并市场事务所，并制定了相应的运作规则。此后，南京、保定、福州、成都、深圳等地也相继成立企业产权转让市场或产权交易机构。

（二）探索阶段（1992—1998 年）

1992 年春，邓小平发表了南方谈话，"为盘活国有资产存量服务"，推动了产权市场的发展。1994 年 4 月，上海成立了上海城乡产权交易所，以郊区（县）的集体企业产权交易为试点起步。1996 年 3 月，上海重组上海产权交易所，把国有企业产权引入产权市场"公开、公平、公正"地转让交易，当年交易金额达 39.98 亿元。沈阳、广州、深圳、杭州、南京、无锡、南通等地的产权市场也有较大的发展。

（三）发展阶段（1999 年至今）

1999 年 9 月，党的十五届四中全会通过了《中共中央关于国有企业改革和发展若干重大问题的决定》，重申国有企业改革的方向是建立"产权明晰、权责明确、政企分开、管理科学"的现代企业制度，为产权流动奠定了基础。同时，科教兴国战略促进了技术产权交易活跃，上海于 1999 年率先在全国组建了上海技术产权交易所，带动了产权交易量与交易质量的迅速提升。

五、产权市场当前发展的主要任务

（一）强化四大功能

信息集散功能。产权市场作为交易的场所，汇集了众多的产权出让方和受让方的供求信息、各类数据以及各种政策法律法规信息，为交易各方提供点对面的信息服务，并保证信息的权威性、及时性、集散性和公开性。

价格发现功能。由于产权交易标的的复杂性和多样性，产权价格的确定不能像普通商品那样简单。产权市场通过交易标的挂牌上市，引进竞价机制，真实地体现产权价值，反映产权的市场价格。

要素配置功能。产权交易本身就是要素配置的过程，更是经济结构、产业结构、产权结构、产品结构优化的过程。要有优化要素配置意识，更主动地贴近经济建设，服务经济建设。要把高新技术、科技成果等知识产权引入产权市场，要把当地稀缺的经济资源和生产要素引入产权市场，要密切科技与资本对接，使产权市场成为科技经济一体化发展的重要支撑平台。

增值服务功能。产权交易并不只是签订协议那么简单，而是牵涉如政策咨询、资本运作、资产评估、价格协商、并购策划、交易方案等多方面的内容，需要产权市场提供完善的中介集成服务和增值服务。

（二）服务四大领域

国际并购重组。目前国际兼并重组活动是跨国公司实现企业几何级发展战略的重要手段和方式，国际并购重组的过程就是以全球要素市场配置为视野,选择和进行生产要素的重新配置。这些并购活动的动机主要取决于国外市场前景和并购重组的成本,尤其是制度性成本。国际并购重组需要依托一个容量庞大、资本流动性强、股权高度分散的产权资本要素市场。

国有经济战略性调整。国务院国资委、财政部联合发布了《企业国有产权转让管理暂行办法》,对国有产权转让的全过程从制度上进行了规范,逐步将国有资本集中到关系国家安全和国民经济命脉的重要行业和关键领域,而从一般的竞争性行业退出,产权市场已经成为国有产权进退流转的主渠道。

科技成果产业化。科教兴国已经成为国家战略,科学技术和人才已经成为最重要的战略资本。一个国家的生存和发展,综合国力的竞争越来越突出地表现在和科学技术、人力资本、智力资本紧密相连的无形资产的开发、保护和使用上。产权市场可以发挥自身优势,促进科技与经济的紧密结合,加快科技成果转化为生产力的步伐。

民营经济的壮大。民营企业近年来发展迅速,2002年民营经济的增加值在国内生产总值中所占比重约为48.5%。江苏、广东、浙江、上海、北京和山东6个省市,民营企业最集中,占全国的60%,表明民营经济越发达的地区,经济增长率就越快。民营经济在产权制度改革中已经取得先发优势。

(三) 把握四大发展趋势

现代化。首先是交易方式现代化,要求产权市场不断对交易品种、交易系统、交易工具和交易服务进行创新,在我国国情的基础上与国际接轨,如采用"杠杆收购"(简称"LBO")方式等。其次是配置设施的现代化与信息化,加强产权市场通信、数据、服务系统的计算机化。最后是产权交易市场环境现代化,表现在政府行为更加符合现代经济社会的特性,产权交易方面的法律法规也更加符合现代市场经济体系要求等。

规范化。首先，产权交易制度化要求产权交易市场建立一套完整、严格的制度以保证交易的具体运作。要建立以自愿登记、确权界定、资产评估、公开竞价、规范交易等为内容的严格程序，在产权交易方式、交易内容、交易程序、交易中介、交易结算等方面形成一套适合规范化要求的制度，并严格按照制度规定操作。其次，产权交易应进一步法制化。在西方发达国家，产权交易的政策法规已经相当完备。如在英国，1965 年就制定了强化兼并管理的反垄断与兼并条例。美国也通过了反托拉斯法和司法部制定的兼并准则。欧共体也颁布了有关兼并控制的条例，发达国家的经验对我国产权交易立法是一个借鉴。我国制定具有中国特色的规范、权威、适应市场经济发展需要的《产权交易法》势在必行。

一体化。生产要素的区域性和全球性市场配置是不可逆转的趋势，产权市场必须顺应科技经济一体化发展潮流，向全国产权市场一体化联动方向发展。在全国统一的市场发展格局中，任何一个地区，任何一个产权市场平台的地位和作用，都是在发展中逐步形成的，只有更积极主动才能取得先发优势。同时，发展的过程可以是五彩缤纷的，过程并不十分重要，关键是采用什么方式才能尽快地推动产权市场健康发展起来，满足生产要素市场配置的需求，发展先进生产力。

国际化。自进入 20 世纪 90 年代以来，国际竞争日趋激烈，要融入国际市场，光靠传统的贸易手段是不够的。因此需要通过产权交易的国际化，推动国内企业走出国门并购重组，或吸引国外投资者收购中国企业，实现以资本输出带动产品输出，以货物贸易带动服务贸易，从而加强我国企业的国际竞争力。同时吸收国外先进技术与管理，促进我国的经济健康发展，加强我国的国际竞争力。产权交易国际化趋势主要表现为：交易对象的国际化、交易信息的国际化、交易规则的国际化、交易市场的国际化。

六、对我国产权市场建设的若干思考

（一）树立科学的发展观，启动全国产权市场的统一进程

产权市场的繁荣，需要全国各个地区的共同努力，要有发展全国统一产权市场的战略眼光。目前我国的产权交易机构都是由地方政府出面组织的，一省（市）多家机构并存的情况多有存在，机构规模比较小，向周围辐射的力度有限，而且产权交易的规则都是各地根据本身的实际情况制定的。交易规则、体系建设、平台构建、监管措施等缺乏统一性、先进性、开放性，导致生产要素跨地区、跨行业、跨所有制流动交易和配置的作用无法充分发挥，影响产权市场的健康快速发展。全国产权市场的联动并走向统一，有利于降低交易成本，提升交易效率与效益，提高交易质量，强化产权市场优化配置生产要素的能力。

（二）开展业务创新，提高市场效率

一些产权市场基本采用"信息服务、撮合成交"的单一业务模式，一般为当地的项目方与投资方服务。由于产权市场交易主体和市场信息集散程度不够，交易双方的信息极其不对称，相关的专业服务很不到位，导致无法形成有效的市场竞价机制，买卖双方往往要通过长时间的接触、谈判才能达成交易，这大大降低了产权交易的效率，增加了交易成本。因此，要勇于业务创新，提高增值服务能力，发挥产权市场的价值与价格发现功能和要素配置功能。

（三）规范市场行为，健全监管模式

产权交易具有非证券化、非连续性等特征，交易的品种、方式和过程千变万化，而且不断在创新，这对监管提出了更高要求。我国产权交

易目前没有统一的规范，有些交易规则也不够完善，要抓紧研究制定全国统一的产权交易规则，建立有效的全过程监管模式。

（四）积极拓展市场增值服务领域

我国的产权市场肩负着服务国企改革、促进民营经济发展、引进国际市场科技与资本、促进科技成果转化和产业化、优化企业生产要素市场配置等历史重任，从目前的实践来看，产权市场在这几个方面的功能都具有很大提升空间。因此，要关心社会经济发展的热点和难点问题，要把产权市场作为解决当前经济问题的一种有效治理手段。聚集产权资本要素的稀缺性、关键性与战略性，提升产权市场增值服务能力，拓展产权市场增值服务的广度、深度与高度，深度服务与支持各类企业可持续性健康发展，培育先进生产力。

（五）与银行、保险、证券等金融机构协调发展

我国目前的资本市场基本上分为证券化资本市场与产权资本市场，产权市场发展相对缓慢，有些产权交易机构定位不准，把交易所推向"大型超市"运行轨道，严重制约了其在交易手段、交易品种、交易制度等方面的创新，导致产权市场功能无法充分体现和发挥。随着形势的发展，这种局面应该很快就会改变。建立多元化资本市场是当前我国一项重要的发展战略任务，在发展产权资本市场的同时，不仅要考虑与证券市场的协调发展，也要重视发挥银行、保险等金融机构在产权交易活动中的积极作用，以更大力度、更高水平、更远视野推动产权资本市场的新发展、新作为、新进步，谱写中国特色产权资本市场健康成长新篇章。

2. 产权市场是规范国企改制的重要平台[①]

(2005 年)

国企改制需要公开、公平、公正的市场平台，也需要发现买主、发现价格、发现价值和规范交易的市场平台，更需要产权资本要素流动、交易、配置的市场平台。

一、在现代经济发展过程中，产权交易已经成为继商品交易之后迅速发展起来的市场配置要素资源的主要形式

产权交易是继商品交易之后迅速发展起来的市场配置要素资源的主要形式。产权交易的过程就是社会经济结构、产业结构、产品结构和企业治理结构的优化过程。产权交易市场与其他资本市场相比，最大特点就是可以在要素资源优化配置中发挥更重要的作用，产权交易已经成为现代要素资源配置的主要形式。

21 世纪，知识经济初见端倪，科技创新和自主知识产权已经成为创造财富最重要的资本。我国已经制定了科教兴国的发展战略，其中实现科技成果产业化是战略实施的关键。通过十多年的科技成果转化实践，我们可以看到，科技成果产业化实现的主要方式，就是通过产权交

[①] 作于 2005 年 9 月。原载于福建产权交易网，2006 - 12 - 04，https：//www.fjcqjy.com/html/xwzx/94N4VQZ37D0V94P5081R.shtml。

易促成科技成果与创业资本、风险资本、产业资本"联姻"，通过产权交易实现对科技要素资源与其他要素资源的优化配置。

当前，跨国并购已经取代国际贸易成为经济全球化的主要动力。《世界投资报告2004》表明，目前全球以远距离移动资源为基础的投资和贸易正逐步受到限制和收缩，跨国并购直接推动利用现代金融、资本运作和知识技术手段对地区要素资源的重新配置，促成经济结构的优化和降低地区经济发展的商务成本，尤其随着经济的不断发展，先进国家的市场、资本、技术、管理、经营团队等要素已经成为发展中国家经济持续增长的稀缺资源和关键要素，这种优化和配置的效应将直接推动经济增长。产权市场正在成为跨国并购交易的重要平台。

发展混合所有制经济是实现国有经济战略性调整的重要措施。1998年到2003年，国有及国有控股企业户数从23.8万户减少到15万户，减少了40%；实现利润从213.7亿元提高到4951.2亿元，增长了22.2倍。完善国有资本合理流动的机制，推动国有资本更多地投向关系国家安全和国民经济命脉的重要行业和关键领域，发展混合所有制经济，需要运用产权市场。

在我国多元化资本市场发展中，产权市场充分发挥了要素资源优化配置功能。证券交易市场形态最初形成于商品经济时代，通过证券的上市、交易和结算等市场功能，解决企业发展的投融资问题。1790年，费城成立证券交易所后，美国证券业快速发展，从东海岸到西海岸，最多时曾超过100家交易所。经过200多年的探索和发展，到1998年才整合为5家。由于上市门槛高，我国上市公司仅1300家左右，证券市场远远不能满足4700多家未上市股份公司和20万家非股份制企业的投融资需求。1988年武汉市企业兼并市场事务所成立至今，我国产权市场经历10多年的发展历程。《中国产权市场统计年鉴2004》提供的资料表明，2003年，全国产权市场进行了21571宗产权交易，至少有4.3万家企业通过产权市场进行了并购重组活动。产权市场显示出强劲的要素资源优化配置功能。

发展产权市场，利用产权市场各类产权资本要素的有序流动、交易与配置，优化经济结构，是党提高驾驭经济能力的重要方面。2003 年 10 月，党的十六届三中全会《中共中央关于完善社会主义市场经济体制若干问题的决定》强调，要建立健全归属清晰、权责明确、保护严格、流转顺畅的现代产权制度。2004 年 9 月，党的十六届四中全会《中共中央关于加强党的执政能力建设的决定》指出，提高党的执政能力，就是要"把握社会主义市场经济的内在要求和运行特点，自觉遵循客观规律，充分发挥社会主义制度的优越性和市场机制的作用，不断提高领导经济工作的水平"。资本市场是市场经济的重要组成部分，党要"提高领导经济工作的水平"，一个重要方面就是要大力发展资本市场。作为资本市场的重要组成部分，产权资本市场是我国经济发展的重要要素资源配置平台。大力发展产权市场，推动国资、民资、外资产权资本要素有序流动、交易与配置，有利于我国经济结构的优化。

现代市场经济的根本出路在于生产要素的资本化、产权化。尽管存在不少阻力，现有产权制度还有许多地方需要完善，但产权市场已经在制度创新和完善过程中找到了发展方向，拓展了发展路径。我国产权市场经过 10 多年的努力，进入一个全面创新发展的新阶段，成为我国各类企业要素资源市场配置、国资有序流动、国企规范改制、产业结构调整的重要平台。

二、产权市场在规范国企改制和国资有序流动中发挥了重要作用

对国资国企而言，产权市场是其发展壮大的天然的资本孵化器和推进器，推动了国企的制度创新、机制创新、经营创新、科技创新、产业创新、产品创新、市场创新和人才创新。产权市场可以为国资国企提

供有效的产权资本要素流通与配置渠道，这在当前主板市场不能完全满足国资国企改革和各类企业发展需求的情况下尤为重要。产权市场可以促进国企的规范改制，为国企改革提供制度动力、市场动力和资本动力。产权交易的过程就是体制机制创新的过程，交易加快了国企产权的多元化，引入了战略投资者、发展新动能和市场新思维，促进了国有企业干部制度的改革。产权市场还可以运用并购重组交易，提升国资国企的科技创新含量，促进国企的科技创新。

以上海为例，自1993年7月成立市国资委以来，上海在国资国企改革中按照中央的统一部署，大胆创新，稳步推进，把握住了发展机遇，找准了切入点和突破口，取得了较好的资本经营效果。上海进行了农工商整体改制，完成了中国上海外经（集团）有限公司、上海工业投资（集团）有限公司、上海汽车集团与广西柳州五菱、美国通用汽车公司等企业集团的资产重组工作，指导、规范外资购并上海梅林正广和饮用水有限公司部分产权的工作，组建卫生系统国有资产投资公司和申康公司，通过债务剥离、资产托管和资产置换等多种方式实施了东海股份及农商社、双鹿、商业网点、永久等上市公司的重组工作，百联集团、锦江国际集团大手笔并购重组，地产、大盛、盛融等投资公司组建，促进了国有资本从"裂变"向"聚变"的转变。

1994年，上海城乡产权交易所成立以来，伴随着上海国资国企改革、科教兴市、金融中心建设，上海产权市场从无到有、从有到新、从小到大、从大到强走过了十多年的规范和发展之路，取得了长足进步。

上海国资国企改革走过了十年的发展历程，上海产权市场也走过了十年的创新历程。应该说，上海国资国企改革的每一步都与产权市场有着密不可分的关系。

国务院国资委成立后，产权市场发展进入一个新的阶段，主要发挥了四个方面的作用。

（一）国有资产有序流动的平台功能

国有资产的有序流动要体现市场的价值，不但不能流失，更要通过投资、运行、流动、交易与配置实现保值增值。这个目标的实现，不是一个企业的买卖和运作，而是整个系统的调整和要素资源的优化配置。上海目前国资总量有近六千亿元，占全国国有资产总值的十分之一，连续十多年国资的增值率都在8%以上，基本上跟国民生产总值增长同向同步，这是很强劲的财富再造机制。十多年来，上海产权交易市场积极发挥融资平台的作用，为国资加注科技含量与资本动力，盘活了数千亿元国有存量资产，拓展了增量，成为上海国资国企调整的一个重要市场平台。

（二）科技与国有资本间的联结功能

科技与产权的一体化已经成为现代产权的重要发展趋势之一。上海产权市场抓住产权科技化、技术产权化这一现代产权核心，活跃知识产权交易，做好国家"863"项目交易的促进工作，推动科技成果转化，积极推进和融入全国性的技术产权大市场建设，探索提升国有产权科技含量的新路径，成为上海科技与国有资本有效结合的主要通道。

（三）外资引入国资国企的通道功能

全球产业和技术的转移带来大量的企业产权和股权的流动，处在产业结构调整过程中的发达国家力求占领产业先机，必然会将制造业向外输送和转移。通过产权市场，上海国企抓住机遇，完善相关承接配套措施，引入了大量的外资与技术。上海产权市场已成为国际资本、产业、技术进入中国国资领域的一个重要通道。

（四）市场价格的发现功能

产权交易市场的核心功能是价格发现。上海产权市场运用国际资本市场通行方式，构筑交易体系，通过"公开、公平、公正、竞价、有序"，保证各方机会均等，按规范程序组织交易，使国资真实价格得到市场准确反映，确保了国资在流动中的保值增值。

企业国有产权进场交易，规范转让，具有"八个有利于"：有利于实现企业投资主体多元化，发展混合所有制经济；有利于企业突出主业，剥离辅业，实现做大做强主业的目标；有利于企业拓展市场份额；有利于企业实现产权价值，确保产权在流动中保值增值；有利于企业形成开放型创新体系，实现科技创新目标；有利于企业实施"引进来，走出去"战略，促进国内外资本联动；有利于企业人力资本市场化和国际化；有利于企业经营体制和机制创新。

三、产权市场应在规范国企改制和国资有序流动中发挥更大的作用

（一）继续推动产权市场成为规范国企改制和国资有序流动的主战场

当前，我国的资本市场还不成熟。证券市场企业上市门槛很高，上市公司数目仅数千家，远远不能满足全国几十万家国有企业的投融资需求。产权资本市场作为我国资本市场的一个重要组成部分，门槛低，约束条件少，操作灵活，流动性强，要素配置能力与融资量大。重要的是，产权市场整体或部分交易产权的过程就是股权多元化的过程，机制创新的过程，产权交易之时，就是国资国企改革之机，二者紧密度高于目前的证券市场。

规范国企改制、推动国资国企规范有序流动，一方面要加大证券市场的融资力度，积极推动股权分置；另一方面要大力发展产权市场，拓展增值服务的广度、深度与高度，发挥产权市场的主导作用。

（二）积极通过增量持股进场交易规范国企改制

国家有关部门正在制定上市公司高管激励的"规范意见"，将出台公司高管增量持股的政策规定，这将大大促进国有企业规范改制工作。国有企业增量持股应该如何进行、进不进场、怎么进场，直接关系到这项工作能否抓出实效、抓出规范，进产权市场交易是实施增量持股方案的最佳选择。

第一，进场交易可以有效化解各种矛盾和风险，确保增量持股政策规范平稳推进。股权激励在国企改制中遇到的主要问题和风险有四个：一是操作风险，操作过程不透明，操作程序不规范；二是道德风险，容易出现国资委、财政部、监察委和工商总局四部委去年查出的"自买自卖、暗箱操作、虚假评估、转嫁风险"等问题；三是舆论风险，因为查出了问题，引起社会高度关注，舆论逆动引发叫停压力；四是定价风险，既有评估方法的不一致、不科学、不合理，也有规定的不明确和其他人为因素。

进产权市场交易可以规避这四大风险。通过进场挂牌，市场询价，将增量持股的决策、操作规范化，透明化，实现"三公"，预防腐败，增强信用，增强社会舆论的信心。

第二，进场交易可以为高管增量持股系好安全带，通过规范运作使之获得社会的认可。增量持股场外交易虽然操作相对简单，但对高管层来说存在定价社会认可度低、股权合法性差的风险，容易引起法律纠纷，不少案例形成负能量。进场交易可以为增量持股加系安全带，使操作全过程社会化、合法化与规范化，避免司法风险。

第三，进场交易可以推动国企干部制度的改革，进一步完善竞争上岗机制。国企干部制度改革是国企改制的一道重要关隘，其核心是按照现代市场经济的要求市场化选聘高管人员，将管理人员的利益与企业效益紧密结合起来。增量持股是一次大胆的冲关之举。增量持股场外交易与其本意有不协调之处，容易增加高管层的行政意识，而非市场意识。而将增量持股置于场内交易，有利于高管层将利益、责任、权力结合在一起，增强市场意识，也有利于企业在市场上发现人才，引进优秀经营团队，拓展职业经理人制度实施空间，是推动国企干部制度改革迈出市场化、资本化、产权化的关键一步。

（三）从战略高度发展全国性产权交易中心，为国企改制和国资有序流动构建现代化、金融化、国际化的运作平台

国资作为一种资本，有着资本本来的综合属性，单一、封闭、分割、区域性的产权市场并不能满足国资有序流动与国企生产要素市场配置的所有需求。国资国企需要产权资本市场的综合性配套支持，产权市场也需要借助国资国企的流动、交易与配置发展成为综合性产权资本市场，二者相辅相成，是一种天然的共生共长关系。

当前，产权市场正处于大变局、大调整、大发展之际，这正是产权市场发展到一定程度的多向变动表现。但地方割据的管理模式束缚了这一转变过程，影响了国资国企产权资本要素市场化运作的效率。要想改变这种局面，就必须从战略高度出发，通过行政和市场双向运作，下大气力整合统一全国的产权市场。统一的产权市场比分割的市场好，开放的产权市场比封闭的市场好，全国性的产权市场比区域性的市场好。要推动生产要素向资本雄厚、配套齐全、流动性强、市场活力、人才较多、规范度高的全国性产权交易市场集中与配置。

（四）规范产权市场，为国企改制打好基础

产权市场的发展与规范有序运作成正比，与违规无序成反比。产权市场急需提升市场运行能级，这种提升能级建立在规范的基础之上。上海产权市场在这方面做了大量的工作。

一是制定了一系列配套文件，形成了完整的制度系统，实现与国务

院国资委和财政部 3 号令《企业国有产权转让管理暂行办法》的全方位对接，为国企规范改制打好了制度基础。

3 号令颁布后，上海市政府制定了《上海市产权交易市场管理办法》（即"36 号令"），上海联交所先后制定和修订了 16 项有关交易规则、业务流程等方面的规范性文件，涉及 60 多项管理制度。这些制度覆盖了产权交易流程的各个环节和本所内部管理的各个方面，形成了完整的产权交易制度框架体系，为国企改制打好了规范的制度基础。

二是瞄准国际成熟资本市场框架，高标准构筑经纪人队伍、交易平台和监管机构相对分离又管理统一的市场系统，为国企规范改制建好监管通道。

产权资本市场建设的一个基本要件就是经纪人、交易平台和监管机构的相对分离。西方成熟资本市场如此，我国证券市场也是如此。作为多元化资本市场的一个平台，上海产权市场从 1994 年成立伊始，就坚持按照国际成熟资本市场的框架构建市场运行体系，从体制上确保国有产权和其他各类产权公开、公正、公平交易。经过十多年的探索，已经初步形成了一套较为完善的市场规范运行系统。

上海产权市场由上海市产权交易管理办公室监管，后者扮演"裁判员"的角色，上海联交所提供"运动场所"，经纪会员则扮演"运动员"的角色。三层分立，各自分工，职责明确，以制度建设确保市场的公开、公平、公正。

三是运用现代网络技术，构建交易、预警两个信息网络，为国企规范改制打好了信息化基础。

上海联交所选用国际先进的网络架构，构建产权交易整体运行平台，由本地与异地两条纵向并行的网络干线构成，每条网络干线由三个节点支撑，两条网络干线之间横贯着三条平行关联带，构成一个纵横相错，"井"字形的产权交易系统网络体系。

目前，我国产权市场正在发生四个重要转变。

一是我国现代市场经济体系的发展逻辑表明，生活资料商品化、生产资料商品化正向生产要素商品化市场体系转变。全社会从完善现代市场经济体系、推动产业结构调整的角度，重新认识产权市场，视产权为所有制的核心，为产权市场的大发展奠定了认识和理论基础。发展产权交易市场，大力促进各类产权的合理有序健康流动，已经成为社会各界的共识。

二是产权市场正由一般性要素市场向综合性资本市场转变。在制度创新和完善过程中，产权市场以其特有的规范、灵活、方便、丰富、实用等特点，在国企改制、增资扩股、企业并购、混改重组、技术产权、知识产权、要素配置、环境能源、文化产权、外资引进、民资发展、科技创新中发挥了主力军的作用，成为覆盖各个领域、横跨所有产业的综合性资本市场，即产权资本市场。

三是产权市场正由地方性市场向全国性产权交易中心市场转变。资本流动的本性要求产权在全国乃至全球范围内流动，产权交易机构应一改以往相互隔离、相互竞争划地为牢的状况，结成区域产权共同体，在合作中求发展，在发展中求合作，自觉将本机构的利益与区域共同市场相结合，形成区域合作、互利共赢的新局面。产权市场也随之由地方性市场逐渐向全国性市场过渡，破除分割、破除封闭、破除区域，全国性产权交易中心市场正逐步形成。

四是产权市场正由全国性市场向国际性产权交易中心市场转变。我国产权市场在这些新的转变过程中实现了新发展，这种新发展不仅表现在市场交易的数量上，更体现在市场运行的质量上。市场交易对象已经从单一企业产权转让，发展到包括物权、债权、股权和知识产权等各类产权在内的并购重组；市场交易主体已经从单一企业国有产权转让，发展到国资、民资、外资等各类投资者进场交易，产权资本要素规范转让，共融共进；市场交易方式已经从单一协议转让，发展到可供不同类型项目选择的多种联动竞价交易方式；市场交易领域已经从单一制造业转让，发展到文化、农业、卫生、体育、金融、现代物流、现代服务等产业。

这些新发展表明，产权市场正在成为我国国企规范改制、国资有序流动、产业结构优化调整和生产要素优化配置的产权资本市场平台。

3. 产权市场是产业结构升级、要素资源优化配置的重要平台[1]

——在江西的主旨演讲

（2008 年）

今年是我国改革开放三十年，素有市场经济、改革开放"晴雨表"之称的产权市场，也走过了二十年的历程。借江西省产权交易所成立五周年座谈会之际，我就产权市场发展历程谈三点想法和体会。

一、江西省产权交易所的发展历程，也是我国产权市场发展的一个缩影

从江西省产权市场的五年发展历程来看，取得了很大成绩，获得了很多经验，我感到，至少有以下三个方面的经验值得汲取和借鉴。

（一）坚持规范发展，树立自觉接受监管的意识

规范是产权市场发展的生命线。江西省产权交易所（简称"江西所"）的健康发展得益于省委省政府的高度重视，得益于相关部门的大力支持和指导，也得益于江西所多年坚持在规范中发展、在发展中规

---

[1]　2008 年 4 月 26 日，经江西省政府批准，江西省发展和改革委员会在南昌召开《江西省产权交易管理办法》实施五周年暨江西省产权交易所成立五周年座谈会，作者以长江流域产权交易共同市场理事长身份在会上作主旨演讲。

范，牢固树立自觉接受监管的意识。

（二）坚持科学发展，率先实现全省产权市场统一

产权市场是资本市场的重要组成部分，也是现代市场经济体系的重要内容。产权市场具有区域性、融合性、系统性、统一性。在设计省产权交易所方案之初，江西省政府就明确提出要建设集中统一的产权市场，在有关部门的积极推动和各交易机构的共同努力下，江西省率先实现了全省产权市场的统一，为长江流域产权交易共同市场及区域性市场的融合发展创造了宝贵的经验。

（三）坚持创新发展，提升产权市场服务功能

江西所十分注重创新发展业务。在萍乡钢厂整体转让项目中，成功引入国有"金股"概念。既成功引入了投资人，又有效维护了国有资产权益。这个交易项目在中国国际工业博览会上获得了首届"产权交易最佳策划奖"金奖。还有抚州汽运项目等，采用两段竞价和综合竞价方式，在全国较早开展股权质押业务。正是这些持续不断的创新，提升了江西省产权市场的增值服务功能，促进了产权交易的蓬勃发展。

可以说，江西所的发展历程，也是我国产权市场发展的一个缩影。从1988年5月武汉市成立我国第一家产权交易机构——武汉市企业兼并市场事务所至今，中国产权市场已走过了20年的历程。尤其是党的十六届三中全会以来，随着国务院国资委和财政部《企业国有产权转让管理暂行办法》（即"3号令"）的颁布、国资国企改革的深化、资本市场的发展，我国产权市场建设取得了令人瞩目的成就，产权市场在中国多层次资本市场建设和经济发展中的功能和地位越来越重要和凸显。

二、产权市场成为我国产业结构调整升级、各类要素资源优化配置、各类企业并购重组的重要平台

（一）各类企业产权通过进入产权市场交易，在流动中体现了价值，在流动中实现了保值增值，在流动中达到了优化配置

2004 年 2 月，3 号令实施后，产权交易市场逐步形成了一套科学合理的定价、挂牌、竞价、鉴证制度。这套制度对各类市场主体一视同仁，包含了对企业国有产权转让的特别规定，其价格发现机制和发现买主机制更加合理、更加完善、更加科学。产权市场在实现产权交易公开、公平、公正的同时，各类企业产权资本要素在流动中体现了价值，在流动中实现了保值增值，在流动中达到了优化配置。

（二）各类企业集群通过进入产权市场交易，开展并购重组、实施产业升级、实现做强做优

纵观历史，资本市场就是在创新中不断发展的。可以说，中国产权市场是国资国企改革的一个重要探索，也是具有中国特色的多元化资本市场的创新发展。经过这些年的发展，现在的产权市场已经从专为国有企业改制服务的市场平台，转变成一个具有中国特色的企业并购重组交易特征的产权资本市场，各类企业集群要改制、融资、优化股东结构和收购企业产权，除了上国内主板和海外上市外，更多地可以通过产权市场进行各种交易，做强做优；投资主体也纷纷依托产权市场实现资本运作，推动产业升级，产权市场在我国产业结构调整中正发挥着越来越重要的作用。尤其是当前企业并购重组风潮席卷全球，在中国企业并购热潮中，产权交易市场发挥了巨大的推动作用，产权市场已成为企业并购重组的重要市场平台。

（三）产权市场正在成为我国多元化资本市场体系中不可或缺的重要组成部分

2007 年 10 月，党的十七大报告明确提出要优化资本市场结构，多渠道提高直接融资比重。企业在不同发展阶段，需要不同层次的公开与非公开的权益性资本市场给予企业不同规模的资本支持，需要有一板、二板、三板、四板和五板这样一些市场层次，其中，主板就是证券市场，而大部分非上市股份公司、国有企业、有限责任公司、独资企业、外资企业、民营企业和合伙制企业的产权转让、公司混改、并购重组、项目融资、增资扩股则是在产权市场运作和体现出来的。产权市场发展 20 年来，大大拓展了资本市场投融资服务领域，实现了半标准与非标准包括物权、债权、股权、知识产权的全覆盖，满足了各类中小型、创新型、科技型企业的融资需求，成为非上市企业的一个重要的综合性融资平台，成为我国资本市场体系的有机组成部分。

三、继承与创新相结合，进一步加强合作，共同谱写产权市场发展新辉煌、新篇章

置身中国经济突飞猛进、多元化资本市场全面推进的今天，产权市场机遇与挑战并存，一方面，发展机会无限、空间无限。另一方面，着眼于产权市场的稳步持续健康发展，着眼于促进区域生产要素流动，实现区域性经济要素资源最优化配置，面临的挑战不容忽视。

第一，发展产权市场要注重创新，但同时更要加强风险防范。

产权市场的发展历史告诉我们，产权市场要发展，要创新，但必须以规范为前提，规范是产权市场发展的生命线。产权交易的半标准、非标准特征及其面对的诸多市场风险，更要求我们必须立足于服务国资国企改革发展、服务区域经济又好又快发展的战略高度，积极探索建立

责权分明、相互制约、规章健全、运作有序的产权市场风险防范和内外联动的监管机制。

第二，发展产权市场要走战略协同、区域合作、互利共赢的道路。

走战略协同、区域合作、互利共赢的道路，是产权市场发展历程中一条值得认真总结并继承发扬的重要经验。在产权市场低谷阶段，我们长江流域产权交易共同市场各成员单位始终团结联合在一起。从机构间的经验交流到共同运作项目，再到交易规则的逐步融合；从省内市场的逐步整合到市场能级的稳步提升，再到去年明确提出：共同市场以信息化建设为抓手，以建成中国特色的企业并购市场为愿景，实施"一个战略、两项计划、三个机构、四个发展"。可以说，产权市场的联合发展走过了一条由浅入深、由点到面的成长轨迹。这次长江流域产权交易共同市场会议的主题，就是全力推进战略实施，共同研究推出拥有共同市场成员共识的网络电子竞价规则。接下来，我们还要共同发布信息、共同开拓业务、共同制定规则，开展更加全面、广泛的合作。

战略协同、区域合作、互利共赢，符合市场发展的一般规律，正在成为产权市场及各交易机构发展的必由之路。通过战略协同，各交易机构实现资源共享、提升产权市场运行能级；通过区域合作，有利于各区域产业结构调整升级，也有利于增强产权市场的整体服务功能。同时通过在合作中求互利，在互利中谋共赢，有利于各地区以最低的成本实现要素资源优化配置，促进区域经济持续快速增长。

让我们携手共进，加快产权市场信息化、规范化、国际化和资本化的建设步伐，努力开创产权交易机构区域合作、互利共赢的新局面，共同谱写产权市场发展新辉煌、新篇章！

4. 中国产权交易市场发展新空间^①

——在上海私募股权投资基金与
产权市场发展研讨会上的演讲
(2008 年)

一、中国私募股权投资充满机遇

私募股权投资（Private Equity Investment）是当今世界讨论最热烈的话题。近 30 年来，以黑石、KKR、凯雷、贝恩、阿波罗、德州太平洋、高盛、美林等公司为代表的数千家私募股权投资公司正在快速改变着全球商业和经济发展模式。据 Dealogic 的市场研究报告称，2006 年全球私募股权投资基金的总投资额为 7380 亿美元，比 2005 年增长了一倍，从资本市场上募集资金达到 2150 亿美元，成为仅次于银行贷款和 IPO 的重要融资手段。私募股权投资规模庞大，资金来源和投资领域广泛，参与机构多样化，以特有方式策划着一起起惊心动魄的并购，以充满挑战和极富诱惑的收益吸引无数顶尖人才加盟。不得不承认，私募股权投资已成为当今世界最激动人心的活动之一。

同样是在这 30 年间，正在崛起的社会主义中国也在快速改变着全球商业和经济发展模式，沿着中国特色社会主义道路阔步前进。2007

---

① 2008 年 1 月 8 日，由上海联合产权交易所和解放日报报业集团联合主办的"私募股权投资基金与产权市场发展研讨会"在上海联交所召开。作者在研讨会上作主旨演讲，此为演讲稿。

年底，中国外汇储备超过 1.5 万亿美元，是新中国成立初期的 1 万倍。当今世界，没有哪个发达国家不与中国发生贸易往来，没有几家跨国公司不到中国开拓市场，没有多少家庭拒绝中国制造。自 2007 年以来，长期处于"地下"或"半地下"状态的中国私募股权投资活动逐渐升温。据清科公司统计，2008 年 1—11 月，105 家私募股权投资机构在中国大陆地区参与投资 170 个项目，整体投资规模 124.86 亿美元，约占全球私募股权投资总额的 1.5%。党的十七大报告指出要"发展各类金融市场，形成多种所有制和多种经营形式、结构合理、功能完善、高效安全的现代金融体系。……优化资本市场结构，多渠道提高直接融资比重。……深化投资体制改革"；要"拓展对外开放广度和深度，……扩大开放领域，优化开放结构，提高开放质量"。这些都是非常积极的信号。种种迹象表明，今后几年将是私募股权投资公司在中国大陆投资活动的最佳时期。

二、中国产权交易市场充满机遇

产权交易市场是中国很有发展潜力的资本市场，也是一个充满机遇的市场。产权交易市场是中国经济体制改革和现代市场经济发展的创新产物，是国资国企改革的重要探索，是中国创造、中国特色。产权交易市场萌发于 20 世纪 80 年代中后期，20 年探索、发展过来，道路并非一帆风顺。但是，产权交易市场具有中国特色和中国创造的特点，扎根于中国由计划经济转向市场经济的现实国情，迎合中国完善基本经济制度和建设中国特色社会主义市场经济的内在需求，具有强大的生命力。多年来，产权交易市场不仅市场规模不断扩大，而且其内涵也发生了质的变化，由起初专门为国有企业改制服务的机构发展成为一个值得发达国家资本市场借鉴、富有中国特色的产权资本市场，成为中国建设资本市场体系的有机组成部分，成为目前中国最大的非上市企业并购重组的资本市场平台。

产权交易市场成立之初，规则制度欠缺、交易内容单一、服务手段落后，几乎没有市场化定价功能。全国产权交易市场经十余年探索发展，虽有成效，但步履蹒跚。党的十六大召开后，产权交易市场步入新的发展阶段。党的十六大提出要在更大程度上发挥市场在资源配置中的基础性作用，发展产权、土地、劳动力和技术等市场。党的十六届三中全会把对产权的认识提到新高度，指出建立现代产权制度是完善基本经济制度的内在要求和构建现代企业制度的重要基础，要健全产权交易规则和监管制度，推动产权有序流转，保障所有市场主体的平等法律地位和发展权利。接着，国务院国资委和财政部联合发布《企业国有产权转让管理暂行办法》（3 号令）等一系列法令规章，各地政府也出台了一系列法规条例，产权交易市场逐步形成了一套比较合理的进场、挂牌、信披、定价、竞价、交易、结算、鉴证制度。产权交易市场的市场运行能级有了很大的提高，步入了创新发展新阶段。产权交易市场充满机遇，也蕴含挑战，是一座非常值得私募股权投资机构前来探查挖掘的市场宝库。

三、上海产权交易市场是国内私募股权投融资活动的重要平台

1999 年 12 月，上海实施"科技兴国"和"科技兴市"战略，成立了上海技术产权交易所。2003 年 12 月 18 日，上海产权交易所和上海技术产权交易所合并组建成立上海联合产权交易所（以下简称"上海联交所"），目前是全国交易规模大、信息平台发达、规则制度完善、服务手段先进、社会影响广泛的产权交易机构。上海联交所作为国务院国资委选定的从事中央企业国有产权转让的四家试点产权交易机构之一，先后为 100 多家中央企业主辅分离、资产结构调整、收购整合要素资源

提供市场化增值服务。

上海是全国经济、金融、贸易中心，也是全国资本市场体系最健全、机构投资者最集中的地方。上海产权交易市场更是私募股权投资活动最频繁的平台之一。私募股权投资机构关注上海联交所发布的各类挂牌项目信息，根据不同投资领域、投资类别等进行分类检索，找到合意的收购目标，到上海联交所查阅咨询更为详细的项目信息，由上海联交所及其会员单位牵线搭桥，对拟收购项目进行尽职调查，包括组织有关中介机构对项目进行财务审计和资产评估等。收购意向明确后，私募股权投资机构按有关规定通过产权经纪公司向上海联交所递交举牌申请书，通过意向受让人资格确认后，即可进行协议或竞价受让。私募股权投资机构同样可以通过上海联交所顺利实现退出。如上海一家创业投资公司以 70.69 万美元投资一家高科技企业的股权（19.18%），5 年后通过上海联交所转让股权，以 333 万美元的丰厚回报成功退出，年平均投资回报率达到 36.3%。这样的案例还有很多，上海联交所已成为私募股权投资进入和退出的重要市场平台。

四、产权交易市场发展为私募股权投资创造新空间

（一）产权交易市场发展为私募股权投资创造新空间

我国要按照党的十七大报告所确定的基本路线，继续高举中国特色社会主义伟大旗帜，坚定不移地走建设中国特色社会主义道路。中国产权交易市场要立足基本国情，按照完善社会主义市场经济体制和建立健全现代市场体系的内在要求，坚持规范化、市场化发展，产权交易市场要发展成为具有中国特色的企业并购重组资本市场，为私募股权投资创造更为有利的市场条件、开辟更加广阔的市场空间。产权交易市场将继续成为中国非上市公司股权流转的主战场，因而将继续成为私

募股权投资活动的主战场；产权交易市场将继续成为中国国企改革和国资调整的主平台，引领私募股权投资参与和分享中国改革开放和经济发展最新成果；产权交易市场将继续不断推出交易新品种，开辟业务新领地，与私募股权投资公司携手开发市场新宝藏。

（二）上海产权交易市场为私募股权投资活动创造更加有利的市场环境

中国的私募股权投资正处于发展关键期，产权交易市场也在发生着一场深刻变革。二者发展在某种意义上是一种唇亡齿寒的关系：私募股权投资需要一个项目、信息集散的公开运作平台，产权交易市场需要借私募投资基金之力加速非上市公司股权流转。

上海产权交易市场始终重视支持与发展私募股权投资业务，将其视为产权市场今后是否能保持可持续发展和实现新跃升的关键环节之一。上海联交所和国内外私募股权公司的合作是互利双赢的，具有很大的发展空间。因此，今年我们将在进一步巩固现有服务优势的基础上，酝酿推出一系列支持私募股权投资活动的重大举措。如有计划地吸纳私募股权投资机构成为上海联交所的特别会员，为它们提供更多更好的增值服务；由上海联交所牵头、部分投资机构参与，组建适应产权交易业务发展的产权投资基金；探索建立上海产权交易市场做市商制度，促进各类产权有序流转，等等。上海联交所为私募股权投资活动大开绿灯，打造一个私募股权投资在中国活动最公开、最高效、最规范、最具有影响力的市场平台。

上海联交所愿与私募股权投资公司加强合作，共同发展，为科技企业、成长性企业和科技成果转化提供可持续性发展资本动力，培育与发展先进生产力。

5. 促进私募股权投资基金与产权市场融合[①]

——在厦门"中国产权市场发展论坛"上的演讲

(2008 年)

随着私募股权投资基金在中国大地蓬勃兴起,在中国资本市场建设中扮演着越来越重要角色的产权市场面临着新的发展机遇。二者的充分结合,将促进中国资本市场新一轮的创新发展,推动生产要素资源在更大范围、更深层次、更宽领域的优化配置,培育与形成先进生产力。

产权市场已经成为各类权益性产权资本要素交易平台,国企改革发展调整的重要平台,中小企业拓展直接融资的重要渠道,大量科技创新项目的汇聚场所。而私募股权投资基金作为最具活力的资本,通过资本与人本的结合,能够大幅提升创新型企业发展价值,形成先进生产力。

目前制约我国私募股权投资基金发展的主要问题是缺乏强劲集散能力的信息发布平台和规范完善的退出渠道,而中国产权市场的发展,却恰恰可以解决这些障碍。

在中国产权市场经过 20 年发展的大背景下,上海产权市场正在成

---

① 原载于《上海国资》,2008 年第 9 期,第 85 页。2008 年 9 月 9 日,"中国产权市场发展论坛"在厦门召开,上海联合产权交易所总裁蔡敏勇发表主题演讲。

为企业并购重组的重要平台和各类资本投资活跃的大舞台，在企业并购重组、增资扩股、产业结构调整、中小企业融资发展中正发挥着越来越重要的作用。其中，私募股权投资基金也在其中扮演了重要角色。

产权市场的信息化带动了规范化、市场化和国际化建设，产权市场正处在重要的转型期，已成为我国资本市场重要的组成部分。转型发展过程中的产权市场，经过 20 年的发展，在信息披露、交易规则、要素配置、资本进退、监管制度等方面日趋规范，在促进私募股权投资基金与企业对接上具有比较优势，有利于实现市场多赢。

具体而言，一是产权市场可以助推私募股权投资基金与中小企业投融资有效对接，有助于缓解中小企业的融资难；二是有助于产权市场争取更大的可持续发展空间，成为私募股权交易的新平台；三是这种对接也会直接或间接推动私募股权投资基金行业的发展；四是可以拓宽民间资本多元化投资渠道，优化企业生产要素配置。

从上海产权市场的运行态势分析，这二者的融合具有现实的可行性。首先，产权市场可以为私募股权投资基金提供充足的项目来源；其次，产权市场的转型为私募股权投资基金发展创造了资本进退顺畅的市场条件。

产权交易所交易品种的多样性和庞大的投融资信息库，满足了私募股权投资的信息需求。目前，全国的产权交易机构，承载了中央和地方数万家企业物权、股权、债权和知识产权的有序流转、规范交易和优化配置的任务，这对于亟须寻找投资项目的私募投资机构来说是极大的机会。私募股权投资基金完全可以利用产权市场现有的信息库，集中对多个项目进行比较，从而将资本投入最具有投资潜力的项目中，提高投资效率。而在实现资本退出时，也可利用产权交易市场寻找买家，或者利用交易机构的产权经纪人代理撮合卖出股权。产权市场的公开性、公平性与公正性能够杜绝"暗箱操作"，为私募股权资本的进入和退出提供合法合规的有效渠道，为实现资本的保值增值提供规范的市场环境的坚强保障。

私募股权投资基金与中国产权市场的融合，有利于中国产权市场可持续发展；有利于私募股权投资基金在我国的规范、活跃和发展；有利于企业拓宽直接融资渠道，增强企业可持续发展资本动力；有利于企业价值的提升；有利于企业并购重组的市场化、国际化；有利于生产要素资源在更广范围、更深层次、更高水平实现优化配置，争取中国产权资本市场新的发展。

6. 新形势下产权市场"六化"建设①

（2010 年）

中国产权市场历经 20 年的发展，在制度规范及业务创新方面均取得了长足进步。在深化国资国企改革、实现国有产权有序流转、确保国资保值增值、服务企业并购、推进企业增资扩股和混改重组、支持中小企业融资发展、倡导科技自主创新、优化生产要素资源配置、实现科技经济一体化健康发展、推动反腐倡廉建设等方面均起到了积极的推进作用。

"十一五"以来，我国产权市场在规范创新中不断成长和壮大，已成为一个战略性行业，成为我国资本市场的重要组成部分。它的发展应纳入中国多元化资本市场的总体规划，实现与其他资本市场的协调发展。在目前全球经济不景气的大背景下，如何对我国产权市场的发展进行战略定位，以及如何更好更快地实现产权市场的科学发展是亟待解决的问题。

一、全面把握历史发展机遇，共谋中国产权市场发展大局

党的十七大报告在全面部署经济建设时，把加快转变经济发展方

---

① 原载于曹和平主编：《中国产权市场发展报告（2009—2010）》，北京：社会科学文献出版社，2010 年，第 59 – 68 页。

式、完善社会主义市场经济体制作为实现未来经济发展目标的关键。中国产权市场的发展要以科学发展观为统领，紧紧把握经济发展方式转变、产业结构优化升级、区域经济协调发展和国资国企深化改革进程中的重大历史机遇，充分发挥产权市场在经济转型创新发展过程中的重要作用，不断强化产权市场在产权流转、资本集聚和要素配置等方面的基本功能。

（一）经济发展方式转变引领着产权市场发展的新方向

金融是推动科技创新的资本助推器，金融杠杆具有激活创新活力、优化要素资源配置的强劲功能，产权市场就是运用金融杠杆，实现资源资产化、资产资本化、资本产权化、产权金融化，提高我国科技自主创新能力的重要资本市场平台。

一方面，以"绿色低碳、融合发展"为特征的现代服务经济、创新经济、绿色经济已经成为新经济发展的新趋势。大力发展战略性新兴产业、加快发展生产性服务业、积极推进传统产业技术改造，推动低碳经济，实现绿色发展成为时代的必然选择。另一方面，产权市场在发展新金融、新科技、新经济、新业态、新模式、新产业等方面具有巨大创新创业探索空间。必须要不断创新产权市场的运营模式、交易模式和服务模式，积极大胆地开展碳金融和绿色金融探索，发展环境能源交易，大力发展国际节能技术、新能源技术及各类技术产权交易，不断提高为科技企业融资服务的空间、能力和水平。

（二）产业结构优化升级中内生着产权市场发展的新动力

历经了30多年高速发展的中国经济，已然走到了迫切需要调整产业结构、发展高附加值产业，构建创新型绿色经济体系的历史新阶段。

产业结构调整归根结底是不同种类企业的市场洗牌与整合优化，形成新经济企业集群和新产业企业集群，实质是推动产业领域的高新化、产业结构的高质化、产业技术的高端化发展。回顾30多年改革发展进程，我们在推动生活资源商品化、生产资料商品化和生产要素商品化方面已经取得了伟大成就，产权市场就是伴随着生产要素商品化进程应运而生，具有发现市场、发现买主、发现价格和优化要素资源配置功能。人类社会历史发展实践证明，要素资源配置的方式决定着生产力水平高低。在我国深化改革开放，实现科学发展的大背景下，产权市场的生产要素资源优化配置功能，必将在我国产业结构优化进程中发挥积极作用。

一方面，产权市场是促进产业结构调整的重要市场平台。多年产权交易实践证明，以产权换技术、以产权换融资、以产权换市场、以产权换经营管理团队、以产权换改制等方式的多种形式产权交易，使产权市场优化生产要素资源配置功能不断增强。通过产权市场，有效益、有科技、有竞争力、市场成长性好的企业得到资本支持而成长壮大；成长性差、没有效益的企业无法得到资本支持而受到抑制或者被淘汰。这种市场优胜劣汰作用最终带来了产业结构不断优化的结果。另一方面，我国区域产业结构调整对产业转移有着迫切的需求。不同地区间呈现技术与产业梯度转移的现象，技术与产业转移对于区域产业结构调整将起到越来越重要的作用。中国产权市场要紧紧抓住这一有利的历史性时机，充分发挥产权市场在加快各类要素资源优化配置，特别是跨地区、跨行业、跨所有制或上下游企业间并购重组中的市场平台作用，加快促进技术与产业的有序转移，推动我国各区域产业结构的优化升级。

（三）区域合作协调发展中蕴藏着产权市场发展的新契机

近几年来，国务院先后批准通过了《关于支持福建省加快建设海峡西岸经济区的若干意见》《江苏沿海地区发展规划》《关中—天水经济区发展规划》《长江三角洲地区区域规划》等20多个区域发展规划。这表明我国区域经济发展已经呈现"多头并进，均衡发展"的新局面。

一方面，随着国家支持力度的不断加强，跨区域并购的需求必然加大，跨区域经济资源与要素流动步伐必将加快，各类要素资源将按照区域发展的定位而流动、调整、聚集、配置。这为中国产权市场下一步的发展创造了难得的机遇。我们要深刻领会和把握国家出台的"十大产业振兴规划"，研究借鉴美国历次并购浪潮的启示，通过产权交易，活跃各类并购重组，发展先进生产力。另一方面，我们要积极参与到为这些市场需求提供有效增值服务中去，充分发挥产权市场在服务跨区域、跨行业、跨所有制的产权流动和各类企业融资需求中的桥梁纽带作用。运用横向并购、纵向并购、混合并购等多种并购形式，活跃产权交易，优化各类生产要素资源配置。各地产权机构都应紧紧抓住当前并购重组的历史性战略机遇期，提高产权市场的增值服务水平，在服务中提升产权市场的功能，在服务中寻求产权市场新的发展机遇，在服务中不断发展壮大产权市场运行能级。

（四）国资国企深化改革中凸显产权市场发展的新空间

随着我国产业结构调整的进一步加快，产权市场在加快各类生产要素资源优化配置中的基础性作用必将更加显著，突出表现在两个方面：第一，将继续成为企业国有产权交易的重要市场平台，促进国有资本市场化配置，有利于国有经济布局和产业结构的战略性调整；第二，将成为我国广大中小企业的投融资平台，根据"36条"的要求，促进组合国有资本、民间资本，开展跨地区、跨行业、跨所有制的企业并购重组。

一方面，国家在出台的"十大产业振兴规划"中多次提出要通过资本市场的并购重组整合来提高中国经济的运行效率，落实国家"调结构"的战略规划。因此在我国经济稳步复苏阶段，国内企业并购重组行为在政策支持下仍然会大量发生。另一方面，产权市场要不断深化国资国企改革，创造有利于非公经济的发展环境，增进企业发展活力。

产权市场要充分发挥为各地国资国企改革发展服务的功能，大力推动央企与地方各类企业的并购重组，更多地采取开放式和市场化的方式，不断提高规范服务水平，为中央企业和地方企业并购重组提供最为规范、最为专业、最为便捷的增值服务。

二、全面把握基础性权益性战略定位，共融中国产权市场发展大势

产权市场不是大卖场，也不是大超市，更不是招投标采购中心，而是产权资本市场、要素市场、资本市场重要一极。中国产权市场是一个与证券市场平行的相对独立、相互依存、长期共存的半标准化和非标准化的基础性权益性资本市场，具有投融资、信息集散、发现价格、价值管理、规范交易、要素配置和风险定价的基本功能。在正确认识功能定位和属性定位的基础上，产权市场发展的战略方向就应该是基础性权益性的产权资本市场。

（一）功能定位

产权资本市场是我国多元化资本市场的重要组成部分。产权资本市场是我国社会主义初级阶段基本经济制度的需要，符合中国特色社会主义市场经济发展方向。把产权资本市场视为现代市场经济体系的一个重要组成部分，更是建设我国多元化资本市场的战略需要。

首先，产权资本市场是我国资本市场的一个重要组成部分。产权资本市场具有资本市场的一般特征，突出表现在三大功能，即投融资功能、要素资源配置功能和风险定价功能。投融资功能、要素资源配置功能和风险定价功能是资本市场区别于其他市场的主要标志，产权资本市场在发展过程中具备了这三项基本功能。

其次，产权资本市场是多元化资本市场的重要组成部分，这是由我

国国情决定的。在社会主义初级阶段，坚持毫不动摇地发展公有制和非公有制经济就必然会产生不同所有制属性的企业产权资本要素资源流动、组合、配置的需求。党的十六大和十六届三中全会明确提出要发展产权市场，把产权市场视为现代市场经济体系的一个重要组成部分。

最后，产权资本市场也是提升要素资源配置效率，建设我国多元化资本市场的需要。中国特色社会主义市场经济就是要充分发挥市场在要素资源配置中的主体地位和基础性作用。国务院《关于鼓励和引导民间投资健康发展的若干意见》（简称"36条"）、国务院国资委和财政部发布的3号令及其他配套文件的出台，都为促进产权规范合理流转作出了重要的制度安排，有力地推动了我国产权市场的规范健康发展。产权市场要进一步增强作为产权资本市场配置各类生产要素资源的功能，构建包括并购重组、企业融资、增资扩股、企业混改、知识产权、技术产权、文化产权、节能减排、智慧物流等在内的多层次产权资本市场体系。

（二）市场定位

产权市场是半标准化和非标准化的基础性、权益性资本市场，也称为产权资本市场或产权交易市场。我国的资本市场包括两个系列：一是标准化的资本市场，即股票市场；二是半标准化和非标准化的基础性、权益性资本市场，即产权资本市场，它是资本市场的另一个重要系列。区分两个市场的根本特征是交易类别的不同：股票市场的交易类别是标准化的股票，产权市场的交易类别是半标准化和非标准化的产权，包括物权、债权、股权、知识产权等。

首先是交易非公众股份有限公司股权和有限责任公司的产权，其标准化程度和流动性介于标准化和非标准化产权之间，称为"半标准化"的产权市场。非公众有限公司股权和产权，可以按一定比例或一定数量转让，公司可以方便地以增资扩股的方式募集新的资金和资本，因而标准化程度比非标准化要高，产权流转效率也相对较高，可称为"半标准化"市场。其次是交易非公司制企业的产权和单项的物权、债权或知识产权等，其标准化程度较低，量大面广，呈基础性特征，具有基础性特征的"非标准化"产权资本市场。非标准化产权拆分受转让股东意愿制约，难以固定尺度，因此产权标准化程度低，流转起来慢。

（三）目标定位

在产权交易所发展战略研究的过程中，我们不断加深了对产权市场发展战略定位的正确认识，提出了产权市场是"基础性、权益性产权资本市场"的创新性观点，"基础性"地认识使我们更加自觉地从产权基础面着手，拓展增值服务空间，重视制度建设，规范市场行为，由基础面展开，全方位防范市场风险；"权益性"的认识则指导了产权市场的业务领域拓展，把企业国有产权规范交易的成熟办法、成功经验和流动、交易与配置系统成功地复制到其他权益性产权资本要素交易方向。

一是产权市场的基础性特点是由产权市场发展现状决定的。一方面产权市场是我国改革开放中发展起来的一个具有中国特色的全新的产权资本市场，还处于基础性的市场层面与发展阶段。我国的产权资本市场无论与国际资本市场发展程度相比，还是从国内市场本身需求来看，产权市场的运行结构和直接融资的能力都有很大的差距。另一方面产权市场在国资国企改革中发挥着基础性的作用。这几年来，产权市场已成为服务国资国企改革、促进企业并购重组和优化生产要素资源配置的重要市场平台。再一方面相对于股票市场标准化股票而言，产权市场半标准化和非标准化产权具有基础性的性质。

二是产权市场的权益性特点是由产权市场的本质属性决定的。一方面产权价值实现的关键在于所有权、经营权、使用权、收益权、处置权、租赁权、让渡权等权益组合的交易流转。产权具有经济性、融资性、可分性、配置性、增值性、流动性等特征，产权只有在流转中才能实现权益的保值增值最优化和权益优化配置的最大化。产权是所有制的核心和主要内容，包括物权、债权、股权和知识产权等。另一方面从产权经济学理论中权益性的观点来看，产权市场具有巨大的业务拓展空间。只要有权益的需求就会有交易，就会有财富再造市场机遇。自国际金融危机以来，以绿色经济、数字经济、低碳经济为特征的新科技革命正在成为推动经济复苏的新动力。产权市场积极创新发展，敏锐地捕捉到新的市场发展机遇、发展领域、发展空间，近年来各地多个交易机构都相继开展了技术产权交易、环境能源交易、排污权交易、文化产权交易、数据要素交易、智慧物流交易等新的业务探索。上海把技术产权交易首次拓展到南南合作等国际技术转移市场空间，推动产权市场国际化进程。

三、全面把握"六化建设"方向，共创中国产权市场发展大业

当前，在后危机背景下，国内外经济都处于大转型、大洗牌、大调整的阶段。中国产权市场已经处在一个大变革、大转型、大发展的关键时期。我们产权界的各位同仁必须要团结起来，迎难而上，集思广益，群策群力，善于创新，敢于发展，紧紧把握当前我国产权市场创新发展的战略机遇，积极探索紧密型合作新机制，重点围绕产权市场"制度化、程序化、规范化、信息化、市场化和国际化"的发展战略方向，着力"六化建设"，加大"六个力度"，实现"六大发展"。努力打造符合资本市场运行发展规律，具有中国特色社会主义市场经济体制特征又能与国际现代市场经济体系接轨的产权资本市场。

（一）以制度化建设为基础，加大全国产权市场交易规则统一力度

实现产权市场健康发展的关键在于制度安排，规范和科学的制度才能保证市场的高效运行。产权市场交易规则也需要根据市场发展变化不断调整和完善。3号令及其配套文件的发布，已经推动建立起了一套在全国范围内相对统一、科学合理、规范有序的企业国有产权交易制度。一方面，我们要以中央企业产权交易试点机构联合统一交易规则实施为契机，加大在全国产权交易机构实施统一交易规则的力度。对照统一交易规则的要求，全面梳理并完善各地的制度，把法律、法规、政策转化为覆盖企业国有产权交易全过程的规范化制度体系。另一方面，要把这套制度体系创造性地移植到新的专业交易平台中去。如环境能源交易、技术产权交易、文化产权交易、数据要素交易、智慧物流交易等新型平台，促进新型要素交易市场的制度化建设。

（二）以程序化建设为规范保障，加大与监测系统对接力度

协调发展产权交易机构要不断提高风险防范意识，加大与国资委监测系统的对接力度，不断优化信息披露程序和业务审核程序，自觉、主动地接受国资委的监督。一方面，不断推动产权市场程序化建设，使各地机构在交易环节中的职责更加清晰，程序更加规范，流程更加高效，监管更加有效，形成相互监督制约机制。产权交易机构可以参照《关于建立中央企业国有产权转让信息联合发布制度有关事项的通知》的各项要求，联合制定全国性的《交易项目审核标准及程序管理细则》《意向受让人资格确认实施细则》等交易细则。另一方面，产权交易机构也要根据自身情况，细化机构内的程序化建设，强化内控管理机制，优化程序结构。

（三）以规范化建设为核心，加大内控机制建设力度

在实现可持续经济发展和向现代市场经济制度转轨期，由于制度建设的相对滞后，容易滋生各类贪污腐败行为。各地产权交易机构一定要牢固树立"规范是产权市场的生命线"的观念，用思想教育、制度、程序、系统和自律机制，确保产权市场规范运行。产权交易市场是各种利益博弈的场所，处在各种社会矛盾的风口浪尖。一方面，产权交易机构要注重完善纠纷协调机制，注重维护产权市场规范化运行的整体形象。要形成及时总结、推广行业规范化建设经验的良性互动发展机制。对于疑难复杂项目，产权交易机构同行业可以组织行业专家委员会进行联审，不断提高全行业处置疑难项目的能力和水平。另一方面，整个行业要建立利益协调机制，全国产权交易机构行业协会可以在这方面发挥积极作用。进一步强化廉洁从业、诚信执业机制，制定全行业从业人员廉洁从业、诚信执业的相关制度，加大全行业反腐倡廉、信用体系建设力度，预防从业人员受贿、索贿和行贿情况的发生。

（四）以信息化建设为手段，加大网络系统创新发展力度

实现创新发展信息化是资本市场发展的动力，也是产权市场不断发展壮大的动力源。产权交易机构要充分利用网络信息技术，进一步强化用电脑控制操作、用电脑控制流程、用电脑控制风险的科学管理模式。一方面，不断提高信息资源利用和管理能力，加大软硬件投入，确保统一版交易系统安全稳定运行。优化系统设计理念，提高系统服务效率，丰富系统服务手段，确保市场化增值服务的有效实施。另一方面，要善于利用新型的网络服务手段，不断创新业务拓展模式。使产权市场的信息传播集散渠道更加通畅、覆盖面更加广泛，市场化增值服务方式更加丰富多样。

通过大力推动"共同市场并购网"建设和运行，不断增强长江流

域产权交易共同市场项目资源、投资人信息资源的互动共享能力，以信息化带动制度化、程序化和规范化建设，为各区域经济的协调发展提供更加专业、规范、便捷的投融资服务。

（五）以市场化建设为目标，加大增值服务力度，实现产权交易机构高效发展

产权交易机构要不断提升挖掘项目资源和投资人资源的能力，加大市场发动和项目推介力度。一方面，我们要发挥产权市场的整体优势，探索建立项目联合发布、联合推介、联合竞价新机制，不断提高产权交易效率。推动产权交易项目市场化运作，不断创新服务买方市场的新的合作模式，做大买方市场，不断提高产权市场平台的"挂牌率、成交率、竞价率和增值率"，加快产权交易市场化发展速度。另一方面，以市场化为主目标，推动产权调整主体由国有企业为主转变为国企、外企、民企等各类所有制企业齐头并进，不断拓展产权资本市场服务范围和服务功能，创新产权市场交易品种。进一步增强产权市场作为资本市场配置各类生产要素的功能，构建包括产权交易、股权托管、科技企业融资等在内的，涉及物权、股权、债权、技术和知识产权投融资服务的产权资本市场体系。

（六）以国际化建设为方向，加大全球"技术＋资本"合作力度

随着全球科技经济一体化发展趋势日益深化和我国改革开放的不断深入，全球性的技术转移和产业转移蓬勃展开，产权市场多元化、国际化发展需求不断凸显。一方面，要鼓励开展多种形式的国际交流与合作，加强与国际资本市场的交流与合作，在全球性生产要素资源优化配置浪潮中，推动产权市场的国际化进程。要鼓励以国际化的视野来加快

产权交易工具和品种的创新，建立国际化交易市场平台，推动全球"技术＋资本"的新科技、新经济、新金融合作，构筑科技经济一体化发展的"造血机制"，形成产权市场多元化、国际化发展新格局。另一方面，以国际化为大方向，进一步扩大产权市场作为新科技、新经济、新金融"加工器"和"助推器"的作用范围，推动中国产权资本市场与国际资本市场全面接轨。借鉴国际资本市场发展经验和发展规律，利用好国际资本市场投融资有效渠道，大力发展海外和具有外资背景会员，扩充跨国分支机构，加强国际并购增值服务功能，使产权资本市场成为国际资本进退中国市场的重要平台。

综上所述，着力"六化"建设，实现中国产权市场又好又快发展，这对于产权界人士来说任重道远。当前，我们要做到六个正确处理，一是正确处理规范和发展关系，没有规范就没有发展，规范是产权市场的生命线；二是正确处理规模和质量关系，不要没有质量的规模，摒弃"搬砖头"式的规模，追求有市场化运行质量的规模，重视抓市场化运行能级的提升，重心放在提高竞价率、增值率等市场化指标上；三是正确处理产权机构公益性和效益性关系，追求公益和效益统一，追求社会效益和经济效益统一；四是正确处理创新拓展和社会责任关系，既要有的放矢创新拓展新的专业交易平台，又要做到拓展一个成功运行一个，不打无把握之仗，各产权交易机构都要对产权市场发展整体形象负起社会责任；五是正确处理竞争和合作关系，各机构要加强团结，不搞恶意竞争，要讲大局、讲合作、讲联动，合作是市场发展的永恒主题；六是正确处理反腐倡廉和机构建设关系，产权机构是反腐倡廉的重要平台，诚信、廉洁、反腐败是产权交易机构的一项根本性、系统性、复杂性、艰巨性和长期性的重要任务，各地产权交易机构都要紧抓不放，常抓不懈，一抓到底，切实维护产权市场公开、公平、公正的阳光、透明、干净、诚信的市场形象，坚决维护各类投资主体的平等合法发展权益。

新一轮科技创新、产业结构调整和区域经济多极化发展为产权市场提供了难得的发展机遇。让我们携起手来，从更宽领域、更大范围和更深层次提高产权市场增值服务能力，全心全意为广大的客户提供高效优质规范的增值服务，服务国资国企的改革发展、服务企业并购、服务企业增资扩股和混改重组、服务中小企业发展、服务科技创新、服务生产要素资源优化配置，加大产权市场的制度化、程序化、规范化、信息化、市场化和国际化建设力度，坚持倡导"规范、诚信、廉洁、团结"的行业风尚，达成共识，形成合力，一起开创中国产权市场规范、创新、持续和科学发展的新局面，为中国产权资本市场新发展作出新贡献！

7. 从上海置信电气案例
看资本市场的变迁整合作用①
(2008 年)

在产权交易创新实践中，上海联交所碰到了一些需要哲理性思辨才能进一步解决的问题。比如产权交易概念，我们到底是在交易"产"还是在交易"权"？在英美语义中，"产权"（property rights）是一个法律意义上的复合概念，指一个人对某个标的财产的控制权或者对其未来收入流的索取权。法律意义上的产权不是用来交易的，而是为交易提供清晰边界以利交易（trade）的。因而，在发达经济体中，可交易的产权是法产权的对应物（俗称标的物）。但标的物如果是资本品的话，只有具匀质标准化（homogeneous）形态的衍生物（derivatives）才有利于交易。而这是证券化后的股票和债券及其再行衍生后的产品综合而成的证券市场。

这样一来，我们又一次碰到了当年佛学由西天东渐时中国古代思想家遇到的类似难题，比如"名"与"实"的关系，"器"与"道"的关系，"色"与"空"的关系，"法"与"相"的关系。人类思想史的大碰撞是有轮回特质的，当年那些根本概念的突破，改变了中国人自秦汉以来思考世界的方向，引起社会和经济的巨大变迁。

同样，当我们今天在产权市场上于资本品交易中碰到"西学东渐"

① 原载于《上海国资》，2008 年第 9 期，第 85 页。2008 年 9 月 9 日，"中国产权市场发展论坛"在厦门召开，上海联合产权交易所总裁蔡敏勇发表主题演讲。

为我们带来理解资本品交易世界的概念冲突时，用自身民族的思考结合西方的启迪来创新概念范畴的思维，是资本品交易中中国软实力崛起的又一次机遇。上海置信电气从概念创意到成长壮大，为我们提供了切入这一过程的哲理轮回视角。

一、形而上之相器与经济之相器

（一）形而上学之相器：从哲学到物理学

当年"色空"概念和"法相"概念传入中国后，无疑丰富了中国人春秋秦汉年间成熟的道器观。因为道和器的抽象不是以涵盖自在之物和身边万物之间的所有一般和个别的关系为目标的。当称身边的万物为器时，那么万物分类后的一般与个别，比如水果之于苹果的关系是不是次一等的道和器的关系？如果是，世界上就有很多种道和器的一般和个别的关系了。多种道和器的关系中是不是还有最大或者最重要的道和器的关系呢？中国版式的道器论需要完善，西域传来的"色"与"空"的关系，最一般的一般和个别的关系与"法和相"的关系帮助中国人进了一步。法虽然不像器那么可直感，但绝不像"空"那个最一般在思维上不可捉摸。法和相具有制度意义："The rule of games"，即游戏规则。正是在这种意义上，我们来思辨"产"不可变形但"权"可变形的交易制度问题。为此，我们避开制度研究中的中西方语言差别，从"相与器"的关系上来讨论产权流转问题。

相的概念虽然来自佛学思辨，但在物理学中得到严格定义，是指一个处于热力学平衡状态的物质系统。该系统可以由若干个均匀可分的有边界的部分组成，这些均匀可分的部分之间存在一定的差别，叫作"相"。不同部分之间可以发生的转变，叫"相变"。

器的概念虽然来自中国哲学，但在生物学中得到样本性的观感直觉。在生物体中，器官具有特别的意义。器官是一个稳定性强，可以自我平衡、自我保障的相对独立的高级系统。对生物体来说，一个器官提供了一种功能，多种器官、多种功能的配合，使其能够生存。

相器结合起来，抛开古今哲学语义的繁复，可以成为功能个别与功能一般的指标概念。我们更愿意称其为"相"与"相器"（相的器）。相更像是制度矩阵，器是制度个体。

再扩展开来，我们把经济体系中各经济单元之间相应连接形成的相应固化的某种结构，叫作"经济相器"。经济相器具有五个特征：一是不同的联结会产生不同的结果；二是每一级相器都有高中低三种状态；三是每一级相器都可能升级、降级或崩溃；四是任何相器共存；五是相器的升级可能是数个下一级相器的相加或在原相器基础上增加新的要素。

（二）经济之相器：置信案例

上海置信电气案例提供了一个经济相器变化后可跨制度市场交易的案例。1997 年，董事长徐锦鑫先生准备在非晶体合金变压器上投资，上海电力设备研究所已多年在非晶体变压器上技术投资。前者属于股标投资市场，后者属于知识产权专利，当时尚不存在有效市场。怎样才能将投资市场与不存在有效市场的专利资本品结合起来呢？产权交易起了决定性的作用。股标投资人愿意出 500 万元，而该资本品在市场上无有效参考价格条件下要价 5000 万元。显然，当时的投资市场资本量与专利评估所需资本量不可能实现二者的组合。交易所的一个创新做法是，先不动专利评估（相器），而是将其转化为股权（相器），即在质押股权意义上将 5000 万元分为十份，在股权上一次投资一份（500 万元）。但是，让投资人投资 480 万元。在总量为 980 万元中占控股地位（51%）。在物理相器上，专利技术是一次投入到生产过程中；在产权相器上，是拟分多至十次投入到治理结构中，而控股权保证了在生产上专利产品共享，但在股权上可控制。从而将原来两个无法整合的市场通过产权相器变化整合在了一起。

二、物理学之逻辑相器与产权流之制度相器——一个理论模型

相器系统的数学模型通常是一个微分方程，如果对这些微分方程求解，就可以获得相对的输入量（或称为作用函数）和输出量（或称为响应）。一个相器系统的数学模型可以假设成多种形式。

在推导相器系统数学模型的过程中，需要在模型的简化性和分析结果的准确性之间做出折中考虑。分析结果的准确程度，主要取决于数学模型对给定相器系统的近似程度，相器系统的一些固有的物理特性需要忽略。特别是当采用线性集中参数数学模型（常微分方程）时，需要忽略掉物理系统中存在着的一定非线性因素和分布函数（导致偏微分方程的因素）。这种简化的数学模型称为线性相器系统，非简化的称为非线性相器系统。

微分方程是一个一阶常数系数线性方法的系统。当自由度为 1，只用一个变量 y 就可以描述整个系统的状态。若把变量 y 当作时间 t 的函数，就可以描述这个相器系统在时间过程中演化的运动状态。假设相器系统本身的特征不受外界影响，不受外力（驱动函数）作用，其微分方程可以写成下面的形式：

$$\frac{dy}{dt} + ky = 0 \tag{1}$$

其中，k 是一个常数。当 y 不随着时间 t 变化时，dy/dt 等于 0，根据方程（1）必有 $y = 0$。因此，这个相器系统的平稳状态，或者称为平衡状态，就相当于 $y = 0$ 时的状态。

方程（1）的解是：

$$y = y_0 e^{-kt} \qquad (2)$$

其中，y_0 是 y 的初始值，也就是：

$$y(0) = y_0 \qquad (3)$$

这样，y_0 就是相器系统离开平衡状态的初始扰动。对于正的 k 值和负的 k 值，图 1 中给出了相器系统在零时刻后的运动状态。我们可以看到，在 $k>0$ 的情况下，随着时间的增大 y 值逐渐减小。当时间趋于无穷大时，$y \to 0$。对于 $k>0$ 的情况，相器系统的初始扰动最终会逐渐消失至 0，这时相器系统是稳定的。在 $k<0$ 的情况下，y 的值则会随着时间的增加而增大，且不管初始扰动多么小，系统的运动状态都会逐渐增加到非常大的数值，也就是说，一旦这个相器系统受到一个小扰动，它都不能回到平衡状态上去了。这样的相器系统是不稳定的。

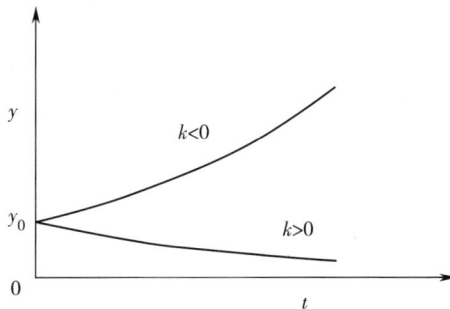

图 1　系数 k 对一阶相器系统的稳定性的影响

对于阶数更高的相器系统来说，微分方程里含有更高阶的导数。n 阶相器系统的微分方程形式为：

$$\frac{d^n y}{dt^n} + a_{n-1} \frac{d^{n-1} y}{dt^{n-1}} + \mathrm{L} + a_0 y = 0 \qquad (4)$$

各个系数 a_{n-1}，L，a_0 为实数。方程（4）的解一般可以写成：

$$y = \sum_{i=1}^{n} y_0^{(i)} \mathrm{e}^{\alpha_i t} \sin(\beta_i t + \varphi_i) \qquad (5)$$

其中，α_i，β_i 是实数，和系数 a_{n-1}，L，a_0 有关。φ_i 称为相角，也和系

数 a_{n-1}，L，a_0 有关。从方程（5）来看，当所有的 α_i 都是负数时，相器系统的运动是稳定的。如果其中的某一个 α_i 是正数的话，相器系统的扰动就会随着时间推移变得越来越大，系统变得不稳定。

线性定常系数的输入—输出关系，可以借用控制理论中的传递函数 $F(s)$ 来表示，其中 s 为复变数。传递函数的概念适用于线性定常系统，也可以扩充到非线性系统。线性定常系统的传递函数，可以定义为初始条件为零时输出量（响应函数）的拉普拉斯变换与输入量（驱动函数）的拉普拉斯变换的比。传递函数是一种以相器系统参数表示的线性定常系统的输入量和输出量的关系式，它表达了相器系统本身的特征，与输入量或驱动函数无关。传递函数包含着联系输入量与输出量必需的单位，但是它不能表明系统的物理结构。也就是说，许多物理性质不相同的相器系统，可以具有相同的传递函数。

假设有一个线性的定常相器系统，它的微分方程是：

$$
\begin{aligned}
& a_0 y^{(n)} + a_1 y^{(n-1)} \mathrm{L} + a_{n-1} y' + a_n y \\
& = b_0 x^{(m)} + b_1 x^{(m-1)} \mathrm{L} + b_{m-1} x' + b_m x \qquad (n \geq m)
\end{aligned}
\tag{6}
$$

其中，y 是相器系统的输出量，x 是相器系统的输入量。当初始条件为零时，对方程（6）两端做拉普拉斯变换，可以得到该相器系统的传递函数：

$$
G(s) = \frac{Y(s)}{X(s)} = \frac{b_0 s^m + b_1 s^{m-1} \mathrm{L} + b_{m-1} s + b_m}{a_0 s^n + a_1 s^{n-1} \mathrm{L} + a_{n-1} s + a_n}
\tag{7}
$$

根据传递函数的概念，可以使用以 s 为变量的代数方程来表示相器系统的动态特征。传递函数分母中 s 的最高阶数，等于输出量最高阶导数的阶数。如果 s 的最高阶数等于 n，这个相器系统就称为 n 阶相器系统。一个相器系统如有 m 个输入量和 n 个输出量，可以将 m 个输入量视作一个向量的 m 个分量，将这个向量视做输入向量。同样，也可以将 n 个输出量看作一个具有 n 个分量的向量。联系输出向量的拉普拉斯变换与输入向量的拉普拉斯变换的矩阵，叫作输出向量与输入向量之间的传递矩阵。

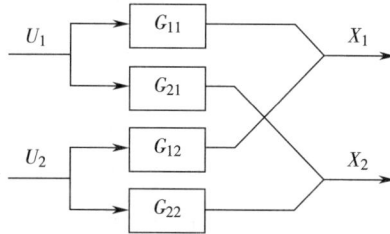

图2　多输入—输出相器系统

具有多输入量和多输出量的相器系统，叫作多变量相器系统。图2表示一个多输入—多输出相器系统，U 和 X 分别表示输入和输出。这个相器系统的输出量和输入量之间有下面的关系：

$$X_1(s) = G_{11}(s)U_1(s) + G_{12}(s)U_2(s)$$
$$X_2(s) = G_{21}(s)U_1(s) + G_{22}(s)U_2(s) \tag{8}$$

其中，G_{ij} 是第 i 个输出量和第 j 个输入量之间的传递函数。利用向量和矩阵的表示方法，可以将公式（8）写成：

$$\begin{bmatrix} X_1(s) \\ X_2(s) \end{bmatrix} = \begin{bmatrix} G_{11}(s) & G_{12}(S) \\ G_{21}(s) & G_{22}(S) \end{bmatrix} \begin{bmatrix} U_1(s) \\ U_2(s) \end{bmatrix} \tag{9}$$

推广到 m 个输入量和 n 个输出量的情况，线性相器系统的作用关系可以表示为：

$$\begin{bmatrix} X_1(s) \\ X_2(s) \\ M \\ X_n(s) \end{bmatrix} = \begin{bmatrix} G_{11}(s) & G_{12}(s) & L & G_{1m}(s) \\ G_{21}(s) & G_{22}(s) & L & G_{2m}(s) \\ M & M & O & M \\ G_{n1}(s) & G_{n2}(s) & M & G_{nm}(s) \end{bmatrix} \begin{bmatrix} U_1(s) \\ U_2(s) \\ M \\ U_m(s) \end{bmatrix} \tag{10}$$

方程（10）可以写成：

$$X(s) = G(s)U(s) \tag{11}$$

其中

$$X(s) = \begin{bmatrix} X_1(s) \\ X_2(s) \\ M \\ X_n(s) \end{bmatrix}, \quad U(s) = \begin{bmatrix} U_1(s) \\ U_2(s) \\ M \\ U_m(s) \end{bmatrix}, \quad G(s) = \begin{bmatrix} G_{11}(s) & G_{12}(s) & L & G_{1m}(s) \\ G_{21}(s) & G_{22}(s) & L & G_{2m}(s) \\ M & M & O & M \\ G_{n1}(s) & G_{n2}(s) & M & G_{nm}(s) \end{bmatrix}$$

$X(s)$ 是输出向量的拉普拉斯变换，$U(s)$ 是输入向量的拉普拉斯变换，而 $G(s)$ 则是 $X(s)$ 和 $U(s)$ 之间的传递矩阵。

三、相结构变化的经济效果——一个案例分析

（一）案例回顾：置信电气的变迁

1997 年，徐锦鑫先生与拥有非晶合金变压器技术的原上海电力设备研究所专家合作，成立了上海置信实业有限责任公司，注册资本 980 万元，实现了资本与技术的第一次对接。

1999 年 12 月，通过交易所产权交易，公司增资扩股，注册资本由 980 万元增加到 5000 万元。置信实业有限责任公司将其从美国 GE 公司引进，经二次开发的非晶合金变压器技术及持有的上海置信变压器有限公司 75% 的股权投入公司，同时吸收上海置信电气工程安装有限公司等 3 家公司入股。

2000 年 7 月，再经由上海技术产权交易所产权交易，公司将部分股权转让给上海电力实业总公司、上海国有资产经营有限公司等 11 家法人和 3 位自然人，股东增至 17 家。2000 年 9 月 27 日，经上海市人民政府同意，公司以经审计的 2000 年 6 月 30 日的账面净资产 5483 万元人民币进行 1:1 折股，整体变更设立股份有限公司，更名为上海置信电气股份有限公司。

2003 年 9 月，公司在上海 A 股市场公开发行股票 2500 万股。至 2008 年底，经过数次增资扩股，已发展成为拥有 412 亿股、总市值近

80 亿元、总资产 17 亿元、营业利润 25 亿元、净利润 15 亿元的大型上市公司。

（二）案例分析：产权流动过程中的相结构变化过程

置信电气的快速发展，是资本与技术的相结构变化的结果，是一个典型的相器通过不断相变引发结构调整，导致整体结构大幅优化扩张的案例。

第一次相变：形成简单相器——技术变资本

非晶合金变压器技术是一个相对独立的潜在资源，因为机制的原因，无法变相成为现实要素，长期被束之高阁。徐锦鑫先生通过产权市场做了两个关键动作，使之变相成为资本相器的重要组成部分。第一步，技术资本化，将这项技术提交给上海新成立的高新技术成果转化中心进行项目认定，成为上海高新技术转化第一号项目，有了基本的价格，具备了价值外化的前提，实现了初级相变。第二步，资本人格化，将认定后的科技转化技术作价入股，以股权的方式实现二级相变。通过相变，技术变成了资本，与另一部分资本金结成一种新的相器结构。

第二次相变：增资扩股，引入国际技术和资本，产权规模成倍放大

非晶合金变压器技术在国际上主要为 GE 公司掌握。当初徐锦鑫先生在美国首次向 GE 公司寻求技术支持，被强硬拒绝。无奈之下，回国找到上海研究所的专家。这项成果转化项目技术产业化后，打破了 GE 公司的国际垄断，迫使其放下身段，与置信公司谈判。结果，双方分割市场，GE 提供二次开发的非晶合金变压器新技术。在吸收新技术的基础上，置信电气公司及时并吸纳 3 家公司入股，资产规模扩大了 5 倍。这是一次新的相跃过程：技术得到升级，市场从国内扩大到世界，产权规模放大了 5 倍。

第三次相变：产权多元化，企业性质发生变化

中小企业发展到一定阶段就会出现产权结构瓶颈，需要在产权多

元化、所有权与经营权相对分离方面相变，置信电气也不例外。这一过程发生在公司成立后的第 3 年。企业进行了资产重组，上海电力实业总公司、上海国有资产经营有限公司等 11 家法人以股权转让方式成为股东，股东增至 17 家。这次相变产生了三个结果：一是企业性质由少数人"合伙"形式向"股份公司"转变，产权由非标、半标形式转为全标；二是企业内部管理机制发生重大变化，成立了股东大会、董事会和监事会，实行董事会授权下的总经理负责制；三是产权实现了多元化，除了原有的民资外，还出现了国资。

第四次相变：上市，潜标产权蜕变为公开化的标准化产权，公司成为公众公司

2003 年 9 月，公司在上海 A 股市场公开发行股票。这一行为产生了三个结果：一是潜标产权蜕变为公开化的标准化产权，产权相器结构发生突变；二是产权所有人从 17 个定向投资人猛增为难以计数的社会公众投资人，产权性质发生突变；三是产权流动速度大幅提高。

经过六年四次相变，置信电气从 500 万元资本的民营小企业蜕变为社会知名的公众公司，至 2008 年底，已发展成为拥有 412 亿股、总市值近 80 亿元、总资产 17 亿元、营业利润 25 亿元、净利润 15 亿元的大型上市公司。

参考文献

刘孟骧. 法相唯识：佛教形而上学的概念金字塔 ［J］. 中山大学学报（社会科学版），1999（6）：84 - 90.

8. 浅论产权资本市场①

（2018 年）

　　交易机构是现代市场经济体系的要素市场化配置平台，也是现代市场经济的动力引擎，为新经济、新科技、新金融迭代升级和蓬勃发展提供了源源不断的资本动力。纵观我国改革开放四十年，全国产权资本市场从最初的企业国有产权转让，逐步拓展到股权、债权、物权、知识产权等现代产权制度所涉及各类要素的有序流转和优化配置，走过从无到有、从小到大、从单一到多元的发展历程，展现出旺盛的生命力和创造力。各省级人民政府正式批复成立的门类众多的交易机构，也大多与本省的产权交易机构有着直接或间接的股权联系。因此，各省产权交易机构，已经成为产权资本市场的核心与代表。

　　当前，在全球经济不确定性因素增多和全球贸易摩擦频繁的关键时期，各产权交易机构要深入学习贯彻习近平新时代中国特色社会主义思想，研究中国特色产权资本市场的内涵与外延，归纳提炼产权资本市场的定位、作用、功能、运作和发展趋势，这对于推进我国现代市场体系健康发展具有重要意义。

一、产权资本市场的定位

　　产权资本市场是由产权交易机构组成的市场体系，是生产要素健

---

　　① 原载于刘闻主编：《中国产权市场发展报告（2009—2010）大产权　全要素　泛金融——非标资本市场探索与实践》，广州：南方日报出版社，2018 年，第 59 - 68 页。

康流动、规范交易与优化配置的市场平台。改革开放之初，在党的十一届三中全会精神指引下，我国经济体制改革逐步深入，必然要求生产要素实现市场化配置，实现生产要素向企业资产，再向企业资本的转化。比如，从产权经济学角度看，企业产权的重要表现形式"股权"一般是五到七年流转一次，由此而带动企业产权的结构优化和要素重新市场配置。生产要素作为特殊商品，它在企业全生命周期管理中需要流动，流动是企业产权的内在机制和本质属性所要求的。因此，企业产权需要发现买主，需要发现价格，需要体现价值，需要优化配置，需要保值增值，更需要适应生产要素流转顺畅的产权资本市场平台，而各地产权交易机构就在改革开放的大潮中应运而生，实现了跨地域合作联动，形成了覆盖我国全部省份及大部分市、县，服务于生产要素流动、交易与配置的产权交易机构集群，承担了非证券化资本交易的资本市场功能。

二、产权资本市场的作用

产权资本市场在服务国资国企改革发展、促进各类企业生产要素有序流动与配置、拓宽投融资渠道、助力实体经济发展等方面发挥了重要作用，尤其是产权市场在推动国有资本公开交易、国有资本有序进退、国有资本保值增值等方面发挥了程序监督、市场配置、价格发现等重要作用，已成为国资监管中极为重要、不可或缺的组成部分。特别是党的十八届三中全会以后，2015 年 8 月，中共中央、国务院印发了《关于深化国有企业改革的指导意见》（简称"中发 22 号文件"）首次明确产权市场与证券市场同为国有资本形态转换的交易市场；2016 年 7 月，国务院国资委、财政部发布了《企业国有资产交易监督管理办法》（简称"32 号令"）明确要求企业产权转让、企业增资、企业资产转让等国有资产交易行为，须在依法设立的产权交易机构公开进行。这标志着我国产权资本市场在政策制度层面上得到国家明确支持。可以预见，未来产权资本市场的内涵与外延将极大丰富，资本市场功能将不断完善。

三、产权资本市场的基本属性

产权资本市场应具备以下八大基本属性。

一是流动性。产权资本市场属于非证券化市场，服务对象主要是数量众多的非上市企业，因此，产权交易机构要以产权或要素的增值服务能力为核心，从规则、流程和制度等主要环节入手，拓展交易渠道，丰富交易内容，降低交易成本，提高交易效率，深化、细化和优化涉及市场流动性的制度体系，通过有节奏地掌控"进、退、留、转"，切实提高生产要素的流动性。

二是配置性。经济学原理认为，市场交易一般存在点对点的信息不对称问题，影响了生产要素配置的效率和质量。因此，产权交易机构要加强市场之间的联动和合作，形成跨地域、跨所有制、跨行业地开展市场交易的机制，拓展生产要素市场化优化配置范围。产权资本市场要珍惜和关注生产要素稀缺性的特点，要把精耕细作贯穿于产权交易全过程，通过要素市场优化配置，满足生产力在市场中追逐要素先进配置方式的内在需求。

三是可度量性。产权资本市场的交易标的都应具有可度量性。如狭义的产权概念，就是由物权、债权、股权和知识产权等构成。这些产权概念形成的交易标的本身就具有可度量性，比如，股权就是股东每股权益的度量单位。所以，产权交易机构要对交易品种的可度量性特征进行研究，有针对性地提出交易品种、交易结构、交易指数创新优化的解决方案。

四是融资性。产权资本市场和其他资本市场一样，其基本功能就是融资。产权资本市场的产权融资、增资扩股、企业混改、并购重组等多种融资渠道的融资方式更具灵活性、针对性、多样性和有效性。

五是低成本性。交易量越大，交易成本就越低，这是各类市场的普遍规律。产权资本市场要不断降低交易成本，拓展交易量。特别是要降低鉴证类收入，扩大增值服务类收入，切实提升产权交易机构的市场化增值服务能力。

六是盈利性。大多数产权交易机构本身也是企业主体，产权交易机构的盈利能力，是其市场增值服务能力与价值的重要体现。因此，产权交易机构要重视和抓好经营数据的采集、统计、分类、核算、分析工作，每月和每季度形成交易所经营核算分析报告，紧紧围绕盈亏平衡点，精准、客观、全面地核算与分析交易所经营活动态势，并依据《分析报告》开展绩效考评工作，对于增强盈利能力，提升核心竞争力具有重要作用。

七是跨地域性。经济学原理和经济运行规律揭示，生产要素资源在跨地域的市场化配置交易中，空间很大、能级很高、效率很快、成本很低。信息化、数据化是跨地域开展各类交易的核心助推器。世界上各家知名的交易机构，均是具有全球眼光，推动跨洲域开展业务。

八是规范性。资本市场的高效率、高收益与高风险成正比例关系，这就需要产权交易机构的管理层提起百倍精神，研究把握产权资本市场运行的脆弱性，采取坚强有力、科学智慧的举措，横向到边、纵向到底地提升规范性，真正把规范性作为交易所运营的生命线，抓到实处、抓出实效。

四、产权资本市场的基本功能

半标准化、非标准化是产权资本市场的基本特征，也是产权交易机构有别于其他资本市场交易机构的关键标志。产权作为核心的生产要素，只有在规范有序流动中才能体现价值，才能发现价格，才能保值增值，才能实现生产要素优化配置，才能形成先进生产力。多年来，产权交易机构正是以此为导向，构筑"六大功能"，促进产权顺畅、健康流动。

第一，信息集散功能。随着信息科技的日益发展，产权资本市场的信息化、数据化建设突飞猛进，信息集散功能得到很大提升。强劲的"点对面"信息传播，有效地解决了"点对点"的信息不对称问题，产权交易机构发现买主、发现市场、发现价格的能力大增。一些交易机构立足产权的核心——物权、债权、股权和知识产权四大板块，拓展到上百种类信息集散，建立 60 种类产权资本数据库，探索 20 类数据交易指数，完善交易所 10 类经营核算分析数据，运用产权资本市场信息化高速公路等 8 种信息化方式，通过线上线下结合，推动产权资本市场各类交易信息在更广地域、更深层次、更高水平集散流动。

第二，价格发现功能。随着市场平台信息化日益推进，产权资本市场的价格发现功能也日益突出。日益增长的交易规模和交易品种，呼唤着与之相适应的竞价方式。总结创新实践经验，产权资本市场线上线下结合的各类竞价方式已多达 18 种，不仅能满足小宗、大宗及特大宗（数）的项目交易，也能满足折价、平价到溢价的多种竞价交易需求，广泛地发现买主，发现市场，充分地发现价格，精准地体现产权价值，平等地保护各类投资主体合法权益。产权资本市场强劲的价格发现功能优化了市场的流动性，提升了市场增值服务能力，增强了市场运行动力。

第三，产权融资功能。融资是资本市场的核心功能，也是衡量产权资本市场运行能级的关键指标。产权资本市场运行 30 多年来，一些交易机构为各类产权规范流转营造了顺畅的渠道，但仅仅做到这点还是远远不够，还不是完整意义上的资本市场，更达不到增值服务的高度。所以，国内各大产权交易机构在此基础上拓展了产权融资功能，运用增资扩股、并购重组、混改、项目融资等30种融资方式，为各类企业开辟了多元化融资渠道，为实体经济注入了新鲜血液，提供了发展动力，中国特色产权资本市场的属性日益清晰。

第四，要素配置功能。产权资本市场的要素配置功能具有灵活性、针对性、有效性、及时性和配对性等特征。产权资本市场的业务创新形成了50种配置功能。运用这些功能并采取多种方式，可以充分开展以产权换市场、换技术、换资金、换管理、换经营、换知识产权、换人力资本等各类产权资本要素交易，充分展现出产权资本市场优化生产要素配置的有效性、针对性和规律性。通过市场化、专业化、资本化的各类要素市场配置交易，为新经济、新科技、新金融、新业态、新模式的发展提供资本新动力。

第五，价款结算功能。在资本市场的确权、登记、托管、信披、推介、竞价、交易、结算、分红、派息、变更等环节中，价款结算是事关流动性的关键环节，直接影响到交易成本、交易效率和交易风险。交易多样化决定了结算多元化。多年来，许多交易机构创新交易结算模式，创造了12种价款结算方式，强化、细化、优化了价款结算功能，不仅提升了交易的安全系数，而且全面提升了交易的流动性。

第六，规范交易功能。规范是产权资本市场健康发展的生命线。多年来，一些交易机构勇于实践、善于归纳，从信息模式、会员模式、推介模式、交易模式、盈利模式、数据模式、结算模式和风控模式等八大运营模式中，梳理出100个左右的交易监管难点、节点和要点，控制交易运行的脆弱性，明确风控关口，运用信息化手段，通过制度、规则和流程，全面地、精准地、有效地横向到边、纵向到底地落实风控措施，规范各类交易行为，为产权资本市场跨越式发展提供规范化制度保障，为各类投资主体产权资本要素流转、交易与配置提供市场化增值服务。

五、产权交易机构的基本类型

组成我国产权资本市场的各类产权交易机构，与全球各类交易机构的发展趋势基本相同，大致呈现出六大类型。

一是平台型。产权交易机构就是一个公开、公平、公正的市场平台，是平台型企业。产权交易机构通过市场化经营，集聚各类企业和经济组织成为交易所的会员，依法、合规、平等地开展各类交易活动，各类会员把各种生产要素资源带入产权交易机构进行优化配置，产权交易机构为各类企业和投资主体的资本经营提供各类服务，展现平台的公信力与高效率。

二是流量（数据）型。产权交易机构是流量型企业。每年有几万亿元交易额、上万家企业和投资人、各类产权资本要素项目都规范顺畅地从各地产权交易机构流入和流出，形成了源源不断的产权资本信息流、资本流、人才流、科技流、并购流、物质流、资金流、管理流和数据流，通过市场化交易，实现了对包括物权、债权、股权和知识产权在内的各类财产权的保护，提升了产权资本市场优化配置的能级。所以，衡量产权交易机构给社会带来的贡献和作用，不能仅看到产权交易机构实现的税收额，更要看到产权交易机构带来的巨大流量和产生的社会效益，特别要从市场的视角关注生产要素优化配置后形成的先进生产力。从流量经济学角度看，一些产权交易机构从市场流量中提炼出来的、能够反映经济运营运行态势的50类交易指数，成为市场运行的晴雨表，有利于引导宏观经济发展和微观经济运行。首先，可以发布指数。以地方名或种类命名指数，当交易指数形成系统化集群，各类指数集群生成和拓展条件成熟之际，可择机展开多达上百种的指数交易、数据交易，有利于全面地、精准地、及时地充分反映生产要素优化配置的状况和态势。产权资本市场拥有每年几万亿元交易额，拥有丰富的交易指数资源，拥有反映生产要素优化配置状况的各类数据集群，在全球数字经济已经启动的今天，抓紧推动数据交易正当其时。数据交易、数据制造、数据科技、数据金融是数字经济的核心要素，数据交易是数字经济发展的牵一发而动全身的战略制高点。产权资本市场具有发展数据交易得天独厚的天然条件，产权交易机构可以依靠市场平台强劲、丰富和多元的信息流，强化数据产权，细化交易指数，拓展数据集群，挖掘数据资源，提升数据价值，推动数据交易，发展数字经济，实现交易所信息化发展。

三是网络型。从全球交易机构发展趋势不难看出，产权交易机构具有网络型市场特征。产权交易机构集中人力、财力、智力建设线上线下相结合的网络交易高速公路，有利于降低交易成本，有利于提高交易效率，有利于强化风控能力，有利于实现生产要素优化配置，有利于增强交易机构的核心竞争力。

四是控股型。全球交易机构发展历程就是同业并购的发展史。产权交易机构在不断并购重组中实现不断创新和不断发展。目前，国际、国内各类交易机构都面临着新一轮并购重组、重新洗牌的关键时期。随着我国改革不断深化，政府职能转变，企业税费降低，营商环境优化，生产要素跨地域流动量增大，跨地域交易活跃，必然会呼唤控股型产权交易机构应运而生。控股型产权交易机构应精准选择动能充足、潜能充分、基础扎实的交易机构标的，灵活运用资本控股、管理控股、技术控股、信息化控股、承包经营、租赁经营等多种控股经营方式，做强、做大、做优产权交易机构控股型企业，并最终成为具有国际影响力的一流交易控股集团。

五是集团型。产权交易机构选择集团型企业管控方式，既有利于细化各经营主体考核与激励，明确经营主体的市场经营和风控责任，激发经营主体的动力、活力、耐力和约束力，又有利于提升集团总部战略管控、资本管控、人力管控、绩效管控和风险管控的能力，实现集团总部的发展战略愿景。

六是公司型。全球资本市场功能强大的交易机构无一例外是企业法人形式。企业化、集团化的产权交易机构，对于建立健全资本市场功能意义重大、作用关键。

百舸争流千帆竞，借海扬帆奋者先。产权资本市场经历三十年的发展，又到了转型升级的关键时期。从国际资本市场及各类交易机构的发展规律看，破除地域限制和条块分割，不断提升生产要素配置效率是历史必然。全国产权资本市场破除藩篱，众多产权交易机构向具有核心优势的机构聚集、融合也是深化改革的大势所趋。全国各产权交易机构要按照党中央、国务院指引的发展方向，不断深化体制机制改革，不断规范市场交易，不断创新交易品种和交易模式，就一定能够在服务国资国企改革、服务各类企业产权流转、交易、配置等方面实现新担当，实现生产要素在更大地域、更宽领域、更深层次、更高水平的范围里进行充分自由的流动，达到优化配置的境界，为我国经济发展培育与发展先进生产力。

第三编

上海产权市场探索

1. 构筑有利于科技创新的多元化资本市场[①]

——上海技术产权交易所的创新实践

（2000 年）

1999 年底，上海建立了技术产权交易所，引起了多方关注，有关专家称，这是中国第一个为科技成果、科技企业以及成长型企业发展提供融投资的市场。技术产权交易所成立后半年来的实践表明，这是科技创新多元化融投资体系的产物，也是我国多元资本市场建设进程中的一个重要里程碑，更是加快科技成果转化，布局科技企业集群，推进高科技产业化，加快融入新经济潮流，发展我国经济的必然选择。

一、科技创新呼唤多元化资本市场

回顾 20 世纪，波澜壮阔的历史现象莫过于科学技术的伟大进步。人类历史六、七千年，从第一次工业革命和蒸汽机的利用算起还不到 300 年，但现代科学技术突飞猛进的重头戏却始于 21 世纪。从信息技术、生命科学和新材料三大领域看，无不实现了跨越式的巨大发展。展望 21 世纪，科技创新更将成为社会经济发展的重要动力，对此，我们要有足够的重视。作为知识经济发展中的重要环节，这些年科技成果转

---

① 原载于《上海综合经济》，2000 年第 11 期，第 7 - 9 页。

化和产业化在我国确实获得了普遍重视。运用多种手段促进技术与资本的结合，推动科技成果转化和产业化，逐步扩散并造就各种新兴的产业，促使我国经济发展融入世界新经济潮流之中，进一步缩小与发达国家的差距，这是我国社会经济发展的重要目标。为实现这一目标，从中央到地方都在探索和建立相关的政策导向体系、信息中介体系和创业投资体系。应该看到，这些措施都在不同程度上推动了我国科技成果转化和产业化的进程。但是，当回首审视和反思这些积极有效的措施时，我们不得不面对的是一个棘手的、同时又是长久以来困扰科技成果转化工作的问题，即科技企业的融资瓶颈。这个瓶颈问题得不到解决，科技成果就难以转化为现实生产力，科技不与资本市场结合，科技与经济仍将会是两张皮。目前，资本市场的单一化已成为科技进步的主要障碍。我们应该清醒地认识到，新经济是一种新的经济形态，具有迅速换位的特征，因此科技成果折旧的速度要远远大于固定资产折旧的速度。今天，只有创造性地为科技企业解决融投资瓶颈，形成多元化资本市场体系，才能加快科技成果向现实生产力转化的步伐。

二、建立有利于科技创新的多元化融投资体系是市场经济发展的必然趋势

企业的融资，按照市场经济惯例，适应于普通的融资方式，即债务性融资和权益性融资，而不能像计划经济年代，由政府单一承担科技投资的责任和风险。高风险—高收益是现代市场经济的基本法则，风险和收益的平衡性或对称性是任何一种资本运作方式存在和良性循环的前提条件，科技投资领域具有高风险和高收益特征。这使得科技企业债务性的融资方式不为商业银行的信贷部门所接受，除非高利贷行为被国家的金融管理部门确认合法化而且科技企业能向信贷部门提供必要的资产抵押或担保。因此，债务性融资很难有成效。

除债务性融资以外，就是权益性融资方式。以这种方式进行融资，科技企业不必提供资产抵押或担保，而是以出让部分控制权为条件换取投资方的资金进入。权益性融资方式是长期证券市场的重要部分，它以市场形态为区别，划分为公开性权益资本市场和非公开性权益资本市场。公开性权益资本市场是面向全社会公众的公开募集资本市场，其典型就是主板市场、创业板市场。由于面向社会公众，能上市的科技企业往往资质较高，条件也较为严格，大多数成长中的科技企业不符合相关要求。在西方发达国家，大多数科技企业，特别是成长中的科技企业的融资方式，首先是进入非公开性权益资本市场，待企业发展壮大后，再争取进入公开性权益资本市场。非公开性权益资本市场是科技企业成长的摇篮，这是一个没有明确统一标准的和不同规模层次组合的资本市场，分散的投资者以分散的决策标准来判断科技企业的可投资性，透过职业投资经理人，以独资或合伙等法律形式投资于科技企业，为发展中的科技企业提供资金，这种融资行为的特点是多元化方式，提供这种资金的场所就是非公开性权益资本市场。这是一个有形和无形相结合的资本市场。

多极性权益资本市场的存在和发展是与市场经济的高度成熟结合在一起的，非公开性权益资本市场的参与者一般是种类投资机构、基金、大企业和为投资服务的中介机构。向这个市场提出资金需求的往往是处于成长期的科技企业，以及有意扩展规模、改变资本结构或实施所有权多元化的非上市企业，甚至包括竞争准备进行管理层收购或杠杆收购的上市公司。维系这个市场动作的是活跃其中的一些职业投资经理人，他们以其良好的信誉获得权益资本持有者的信任，一旦在市场上发现良好的、具有在公开性权益资本市场上市的科技企业后，职业投资经理人便向权益资本持有者募集资本，并代表资本持有者投资并管理科技企业，通过一系列的注资、策划、重组和融资活动，为科技企业完成在公开性权益资本市场上市打好基础。科技企业在非公开性权益资本市场的上市交易，不需要像在公开性权益资本市场上市那样经过严格审核，而是采用合同的形式，不涉及任何的公开业务，只要能以良好的发展前景和适当的公司控制权获得衔接资本持有者和科技企业双方的职业投资经理人的认可即可享有资金支持。正是由于这个市场对企业资质的低标准要求，所以成了中小企业，特别是高科技企业发展壮大的一条灵活便捷的融资渠道。

由此可见，国外为科技成果转化和科技企业提供融投资支持的资本市场体系，是一个庞大、复杂而又层次分明的多元化资本市场组合，从长期信贷市场到权益性资本市场，从公开性权益资本市场到非公开性权益资本市场，为不同类型和处在不同发展阶段的科技企业提供了多元化的融投资渠道。科技企业的成长壮大，其发展逻辑的轨迹是首先经由非公开性权益资本市场进行培育，而后进入公开性权益资本市场或长期信贷市场。科技企业的成长，宛如一粒种子到参天大树，直到结出果实，在不同发展阶段中需要不同层次和规模的多元化资本市场支持才能发展壮大。

三、上海技术产权交易所的建立为成长中的科技企业提供了广阔的融投资渠道，也为上市公司的资产重组提供了题材，更将成为沪深两市科技板块的主要源头

为推动科技成果转化和产业化，上海设立了比较完善的高新技术项目认定制度以及针对科技企业的力度很大的优惠政策，推动和促进了创业投资机制的形成，这些政策和措施都不同程度地推动了上海科技成果转化和产业化进程。但是，在实际工作中我们必须认识到，大多数科技企业，特别是中小科技企业，从其发展初期到成熟期以前的一段时期内，财务状况一般都停留在盈亏平衡点左右，甚至亏损状态（这一状况即使在公开上市后的 Yahoo 和 Amazon 也不能避免）。对于这类

科技企业的发展，我们当前出台的针对科技企业的优惠政策作用甚小，在不能创造利润的情况下，再好的减税政策都是无用的。这种科技企业最需要的，是要引进对其发展有决定性作用的风险资金，这种资金可以来自政府设立的创业投资机构，也可以来自社会层面。

从现代市场经济惯例和现实情况来看，社会或民间资金应当成为推动我国科技企业未来发展的主流。随着市场经济发展和国民收入分配结构的历史性变化，社会财富在很大程度上向社会倾斜。靠有限的政府资金已经难以有效地解决大范围的科技企业融资问题，即使能够解决，也不能将科技企业的融资注意力从政府身上引开，反而会进一步助长科技企业对政府依赖的惰性，不利于科技企业形成市场化的现代企业经营机制。

政府对科技企业的资金支持只能是导向性的，社会资本应成为支持科技企业发展的主体，这也是市场经济发展的必然要求。为吸引社会资本投资于科技企业，我们已经推出了一系列的扶持科技企业的融资体制改革，包括商业银行中小企业贷款安排、政策性财政担保基金以及主板与二板市场设立等措施，这些都是令人欣喜的举措。但是，我们也要清醒地认识到，大多数科技企业，特别是发展中的科技企业，由于初创期财务状况不佳和国家对银行监管方式的安排，很难获得商业银行充分的信贷支持，能以政策性财政担保为科技企业解决问题的也毕竟是少数。

科技企业当前非常需要多元化资本市场的支持，为科技企业创造多元化和灵活的融资方式是我们必须考虑的问题，这种融资方式必须降低对科技企业融资的标准，有助于减少投资者与科技企业的双方信息障碍，而引进职业投资经理人制度，衔接投资方与项目方的联系，对政府而言这种制度安排成本是最低的。

上海技术产权交易所的组建就是基于上述思考，这个交易所立足上海、服务全国、面向世界，以促进科技成果、科技企业的股权投资、产权交易以及风险投资的进入与退出为主要的运作内容，致力于吸引海内外技术开发者和投资者的广泛参与，总的发展目标是要成为技术产权交易的重要市场和风险投资良性循环的重要通道，长远来说就是要逐步建成国际性的技术产权交易市场。

上海技术产权交易所通过建立会员制度，引进广泛的社会资本，以技术产权交易为手段，为科技成果和企业，特别是成长中的科技企业提供灵活便捷的融投资服务，实现金融资本、产业资本和科技资本的良性互动，弥补目前资本市场在支持科技企业发展方面的不足，并逐步发展成为多元化资本市场体系中的一员。成长中的科技企业通过上海技术产权交易所的融投资服务和培育，有的将以资产重组的形式注入到上市公司中去，促使上市公司资产结构加快向高新技术产业倾斜，有的将在我国主板或二板直接上市，从这个意义上讲，上海技术产权交易所将成为资本市场中科技创新企业的资本孵化器。

上海技术产权交易所的顺利运行，也将催生我国首支职业投资经理人队伍的形成。在实施风险投资的整个过程中，职业投资经理人的作用，就是通过连贯和成功的风险投资动作，促进科技资本和产业资本、金融资本的结合。他们在风险投资的运作中不仅能闪耀投资家的无穷魅力，更将会成为一支活跃和繁荣我国新兴产权资本市场的中坚力量。

综上所述，设立上海技术产权交易所是上海加快推进跨世纪改革发展和科技创新的必然结果，更是探索建立、健全和丰富具有中国特色社会主义的多极化、多层次、多元化的资本市场体系，加快建立服务全国、面向世界的科技资本与产业资本、金融资本结合的市场平台，促进科技成果转化和产业化进程以及推动新科技、新经济、新金融发展的有益实践。

2.3 号令助力上海产权市场
发展进入新阶段^①

（2005 年）

上海产权市场经过十多年的规范发展，在市场体制、运作流程、制度规范和队伍建设等方面积累了一定的经验，在上海国资国企改革、科教兴市和金融中心建设过程中发挥了重要作用，已成为上海多元化资本市场的重要组成部分。上海产权市场正在由一般性要素市场向产权资本市场转变、由地方性市场向全国性产权交易中心市场转变、由数量型市场向质量型市场转变。伴随着全面贯彻国务院国资委和财政部《企业国有产权转让管理暂行办法》（以下简称"3 号令"），上海产权市场也进入了新的发展阶段。

一、上海产权市场四大特征

回顾十多年的发展经历，上海产权市场主要有四大特征。

（一）推动国资全面进场，通过国有资产的有序流动带动民营资本和外企外资交易的成倍放大，成为国资国企改革发展的重要平台

产权市场成为国资有序流动的重要通道和国有存量资产与增量资

---

① 原载于《产权导刊》，2005 年第 9 期，第 29 - 30 页。

本嫁接的重要平台。1994年上海产权市场成立伊始,上海就开始组织国有和集体产权进场交易。1999年《上海市产权市场管理办法》出台,要求全覆盖进场交易。

国资在上海联交所主要采用两种方式实现转让。一是存量转移,调整优化股东结构后再追加投资。据初步测算,收购方在并购过程中的收购资金与并购后追加投入资本的比例一般为1:1.5。二是通过股权融资、增资扩股等方式引进资本管理和技术,提升科技含量。十多年来,国有资产通过上海联交所实现将高新技术、先进适用技术与传统产业结合,这些高科技产业化项目涉及计算机软件、网络技术、信息通信、机电一体化和生物医药等行业。另外,国资国企交易带动民营资本和外企外资大量进入产权市场进行交易,产权投资主体呈现出多元化趋势。

(二)创造性地提出和实施了技术产权交易,将科技成果与资本市场有机地结合了起来,为上海科教兴市构筑了一座坚实、有效、快捷和规范的桥梁

上海联交所积极推进各种技术产权的创新交易,走出了一条技术资本化、资本人格化、产权技术化、技术产权化的新路子。根据科技部的统计,2000—2002年,全国技术产权交易量90%以上为上海产权市场的成交量。正是基于这种情况,国家科技部已正式将国家863项目转化交易平台放在上海联交所,为国有企业提升科技创新水平创造了良好条件。

(三)积极构筑多元化资本市场,推进全国统一的要素市场的形成,成为上海金融中心建设的一个重要方面

多元化资本市场体系是上海国际金融中心建设必不可少的重要内容。上海联交所紧紧抓住上海可实际操作的多层次资本市场这一关键环节,将国内外公认、符合国际资本市场发展趋势、符合科教兴国战略的技术产权作为突破口，采用资本化、产权化方式，向多元化资本市场方向探索前进，为上海构筑多元化资本市场，加快国际金融中心建设，推进全国统一要素市场的形成，开辟了一条可操作化的发展途径。与证券、债券、期货等市场相匹配，上海产权市场已成为上海金融中心建设的一个重要方面。

（四）建立市场化运作机制，积极与国际接轨，加强监管，综合服务，逐渐成为一个规范高效的综合性权益资本市场

一是形成了监管层、交易层、经纪层三层分立又相互协调统一的运作体系。上海市建立了市国资委、市监察委、市工商局、市审计局、市财政局等部门参加的联席会议制度，成立了市产权交易管理办公室，以便统筹协调、规范产权市场的发展，加快企业国有产权全覆盖进场交易的进程。

二是在市场信息集聚、价格发现、要素市场配置等方面取得了长足的进展。

三是通过会员委托代理制，培育了一支成熟的产权经纪人队伍，推动了与产权交易相关的现代服务业的发展。

四是整合市场资源，发挥综合功能。整合上海技术产权交易所和上海产权交易所，组建上海联合产权交易所，利用产权市场解决国资国企历史沉积问题，发挥产权市场的要素市场化配置功能。

五是融入全国、服务全国。依托长江流域产权交易共同市场，探索与兄弟机构合作发展；与60多家产权交易机构建立了合作关系，共设立了8个分所，拓宽了资本流动、价格发现和资源配置渠道。

二、3号令助力上海产权市场发展

上海全面贯彻落实3号令，企业国有产权进场交易，公开挂牌，竞价交易，规范转让，推动上海产权市场进入了一个新的发展阶段。

（一）国有资产通过产权市场进行战略性调整的力度进一步增大

国有资本利用产权市场更多地投向了关系国家安全和国民经济命脉的关键领域和重要行业。同时，利用产权市场进行资本重组和结构调整，在一般性竞争领域和行业公平竞争，优胜劣汰，有进有退。

产权市场在国有企业做大做强方面也发挥了重要的作用，成为发挥国有经济主导作用的重要市场平台。上海新华发行集团有限公司49%的股权于2004年9月6日在上海联交所挂牌后，在不丧失国有控股地位的同时，引进社会资本3.48亿元，实现了国资保值增值和产业做强双发展，成为全国文化产业领域国有企业通过产权市场成功改制的第一家。

（二）中央企业通过上海产权市场加快改制步伐，促进主业做强、做大、做优

目前，中央企业产权交易涉及江苏、浙江、北京、天津等15个省市，涉及16个行业，退出领域主要集中在传统制造业、房地产、批发零售和建筑服务业上，进入领域主要集中在先进制造业、金融、交通运输、计算机通信等产业。

宝钢建设有限公司整体产权于2004年4月在上海联交所挂牌转让，上海绿地集团以5400万元价格中标60%股份（高于评估价28%）。宝钢集团利用产权市场实现了国有资产保值增值和国企主辅业分离的双重目标。

（三）非公有制资本积极参与国有企业产权多元化改革，促进了国有产权结构的多元化

在保持国有经济主体地位的过程中，民营经济、外企外资通过产权市场参与国有企业改革尤其是在股份制改造方面的积极性越来越高。2004年2月至2005年5月，非国有企业收购各类企业国有产权交易

1849 宗，占全部企业国有产权转让交易宗数的 71.13%，成交金额 322.83 亿元，占总转让金额的 44.47%。国有产权流动有力地带动了其他所有制产权的流动。

上海电气集团作为一家大型国有企业，以 62.61 亿元的优质资产在联交所挂牌，引入民间增量投资 27.5 亿元，发起成立了新公司，重点发展电站及输配电产业、机电一体化产业、交通运输产业和环境保护设备产业等四大核心产业，增强了核心竞争力。

（四）企业国有产权进场交易后得到较大增值

上海联交所积极创新交易方式，推出了电子竞价法、一次报价法、拍卖、动态竞价法、竞价评审法等竞价方式，为企业国有产权进场交易、实现价值发现提供系列配套增值服务，企业国有产权进场交易后普遍增值。2004 年 2 月至 2005 年 5 月，共有 452 宗企业国有产权转让经过各种竞价方式实现转让，竞价成交价平均高于评估价 56.19%，实现了国有资产的大幅增值。上海叶诚房地产公司进场挂牌，运用竞价方式交易，成交价从挂牌价的 1.26 亿元提升到了 2.18 亿元。

（五）企业国有产权进场交易呈现"四个带动"效应

第一，存量资产流动带动了增量投资。国企产权交易规范展开，盘活了存量，拓展了增量，产权交易流量数据显示一元存量资产流动带动了五元增量投资，这为产权在流动中实现保值增值提供了可能。各类所有制企业交叉持股形成混合所有制经济，使得国有资本呈现放大功能、带动功能、提升功能，展现出我国基本经济制度优势。

第二，国有产权流动带动了其他所有制产权的流动。国企与民企、外企在产业链、供应链和研发链的经营活动中，有着千丝万缕的关联，各类资本的逐利性引导着产权流动的趋势，国有产权流动带动了其他所有制产权的流动，要素市场化配置的广度、深度和高度不断拓展。各类所有制资本互相融合、携手共进，有利于发展先进生产力。

第三，中央企业产权流动带动了异地产权的流动。央企的分布广、层级多，涉及面广，产权交易呈现跨地域、跨行业、跨所有制的特征，央企产权交易油门一踩就跨地域、跨行业、跨所有制，形成境内外交易联动态势，为产权资本要素在更大空间、更深层次、更高水平实现优化配置创造了条件。

第四，有形资产流动带动了无形资产的流动。有形资产和无形资产都是企业的宝贵财富，都是企业的稀缺资本，都是企业的发展动力，都是企业的价值源泉，两者不能分离，有形资产流动带动了无形资产的流动，形成财富再造机制。无形资产和有形资产一样，在流动中体现价值，在流动中保值增值，在流动中实现优化配置。

三、上海贯彻 3 号令的路径

（一）形成了完整的制度系统，实现与 3 号令的全方位对接、全过程覆盖

3 号令颁布后，上海市政府按照与 3 号令全面对接的要求，2004 年制定了《上海市产权交易市场管理办法》（上海市人民政府令第 36 号），从制度安排上确保国务院 3 号令在上海全面落地、全面对接和全面贯彻。上海联交所严格按照 3 号令的要求，在市国资委的指导下，坚持了规范企业国有产权转让的"八个必须"：必须公开披露企业国有产权转让信息；必须建立上市挂牌信息反馈制度；必须按程序履行企业国有产权转让批准手续；必须严格从事资产评估机构资质管理；必须在转让协议中落实好职工的合法权益；必须在企业国有产权的转让中保护债权人的合法权益；必须严格按照规定的时间进行价款支付；必须加强产权交易活动的监管。在具体操作中，重点把握了"五个严格"：

（1）严格实施信息披露制度，每个产权交易项目必须在网站或媒

体上公开披露。上海联交所网站每个产权转让项目的点击率超过百人次。

（2）严格履行企业国有产权转让批准手续，对手续不全的项目，坚决不予放行。

（3）严格履行清产核资、审计、评估的法定程序，对转让方是否严格规范履行清产核资、审计、资产评估等程序进行严格审核，对交易价格低于评估价 90% 的项目坚决要求转让方履行报批手续。

（4）严格落实保护职工合法权益的规定，产权转让合同条款中须单列职工安置条款，职工安置方案必须经职工大会或职工代表大会审议通过，没有发生职工投诉案件。

（5）严格规范产权转让价款结算，重点把好合同关，力求一次性支付。分期付款的，首期不得低于 30%，其余一年内付清，并出具有效担保。

（二）瞄准国际成熟资本市场框架，高标准建设上海产权市场，构筑经纪人队伍、交易平台、监管机构相对分离又管理统一的市场体系

上海产权市场从 1994 年成立伊始，就坚持按照国际成熟资本市场的框架构建市场体系，从体制上确保国有产权和其他各类所有制企业产权公平交易，已形成了一套较为完善的市场运行系统。1996 年，上海市政府就成立了上海市产权交易管理办公室，作为上海产权交易市场的监管机构。在经纪人队伍建设方面，上海产权市场实行会员代理制，由产权交易所搭建交易市场平台，会员单位在买卖双方之间开展产权交易的经纪业务。上海最早建立了产权交易中介行业协会机构，这个制度有利于实现产权市场"三公"原则，与国际并购经纪代理机制相衔接，促进了外资并购。

作为市场平台，上海联交所建立了产权交易信息网络，按资本市场惯例建立了全国第一个产权交易综合指数以及两个分类指数，及时提供产权交易数据信息、管理制度、交易规则和相关的法律、法规、规章及政策等服务，对产权交易合同及其附件材料进行审核，严格把关，防止国有资产流失。作为市政府批准组建的事业法人，上海联交所不以营利为目的，同时代行部分政府产权交易运营过程的监管职能。在上海产权市场，市产管办监管扮演"裁判员"的角色，上海联交所提供"运动场所"，经纪会员则扮演"运动员"角色。三层分立，各自分工职责明确，以制度建设确保市场的公开、公平、公正。十多年来，上海已经形成了以"一个统一市场、一套监管体系、一批经纪机构、一支过硬队伍、一项交易指数"为主要标志的完整市场体制。

（三）运用现代网络技术，构造集信息收集、项目登记、项目挂牌、项目推介、项目询价、项目举牌、电子竞价、合同成交、数据挖掘、态势分析与项目监控等十一个系统于一体的产权交易平台和交易、预警两个信息网络

上海联交所的产权交易系统具有严格的内控机制，主要体现在用户身份认证、网络行为跟踪记录、审批流程多级提交、项目状态自动预警等方面。数字身份认证系统（CA认证系统）可以对登录产权交易管理系统的用户合法身份进行验证，对用户成功登录交易管理系统后的网络行为进行跟踪记录，增强了网络行为的透明度。

上海联交所采用先进的软件技术，实现了项目预警功能。通过产权交易系统对每个项目进行扫描式诊断，计算其预警级别。预警级别包括正常、注意、报警三类，分别用绿、黄、红三种颜色标识。对出现异动的交易情况，可及时进行跟踪研判，采取应急处置方案。

上海联交所企业国有产权交易项目信息数据库自2004年8月改建以来，已收集各类项目信息，可满足企业国有产权信息查询检索和交易趋势分析的需要。

（四）将规范与创新有机结合起来，在规范中创新，通过创新促进规范

以3号令为指导，《上海市产权交易管理办法》（上海市人民政府令第36号）已于2004年10月正式颁布实施。办法突出了信息披露、交易规则和竞价系统三个重点，创新了上海产权市场的制度体系，形成了上海产权市场制度领先优势。

2004年，在国务院国资委指导推动下，上海联交所大胆创新和实践竞价交易方式，全年累计采用"竞价评审法""一次报价法""电子竞价法"等竞价方式成交企业国有产权452宗，初步摸索出适合企业产权多样化竞价交易的方式，加速推动了企业国有产权的流转，发挥了市场价格发现功能，确保了国资国企保值增值。

在坚持制度创新、业务创新的同时，上海联交所还积极推动观念创新。受国家自然科学基金委员会委托，牵头组织"中国产权交易市场的建设与管理"应急项目中"中国产权交易市场的运作"等4个子课题的研究工作；被确定为中国浦东干部学院的现场教学基地。

3. 以信息化促进规范化
推动上海产权市场上新台阶^①

（2007 年）

近年来，上海联合产权交易所（简称"上海联交所"）坚持加大产权交易的信息化建设力度，努力把推进产权交易的信息化建设与贯彻执行国务院国资委和财政部《企业国有产权转让管理暂行办法》（"3 号令"）及各项制度规范结合起来，把推进产权交易的信息化建设与产权市场的创新结合起来，加快了产权市场的规范化建设，推动了上海产权市场上新台阶。

一、采取的四大措施

（一）高度重视，确保投入，为企业国有产权交易信息化建设奠定基础

国务院国资委 3 号令颁布后，上海联交所高度重视产权交易的信息化建设工作，领导班子思想认识统一，定期召开会议研究信息网络系统建设，并抽调管理、业务、技术等核心部门的负责人成立了信息网络系统建设工作小组，集中人力、物力和财力，开展信息网络系统建设的研

---

① 原载于《国有资产管理》，2007 年第 7 期，第 38 – 40 页。

究和规划工作。每年年初，及时制定信息网络系统年度建设方案编制预算，投入相当的经费以保证信息网络系统建设所需费用，确保信息网络系统建设稳步进行。在硬件建设上，严格按照网络化机房建设标准建立了2个现代化的机房（其中一个作为异地灾备中心，网络实现互联）。整个系统通过高速主干网核心交换机实现信息交换，建立了智能数据存储中心满足信息存储和运行需要。在网络安全和信息管理上，上海联交所建立了完善的网络病毒防护系统、入侵检测系统、防火墙系统、网络行为监控系统、负载均衡系统、CA认证系统、用户集中管理系统等，保证了系统集群安全运行。

（二）多层系统，功能强大，推动企业国有产权交易安全高效运行

上海联交所的产权交易信息系统是一个集信息采集、筛选、归类、登记、推介、挂牌、举牌、询价、报价、竞价、统计、分析及预警功能为一体的信息网络体系，采用了链状的系统结构，构成了覆盖企业国有产权交易主要程序的完整的信息链体系，主要由信息处理、项目挂牌、项目举牌、异地报价、网络竞价、合同成交、分析统计、会员管理与项目监控等数据库构成。系统功能突出了四个特点：一是信息全、辐射广；二是流程规范、内控严格；三是透明度高、安全性强；四是技术新、平台高。整个系统采用国际上先进的应用技术，确保系统的高稳定性和扩展性，推动了产权交易的高效、规范和安全运行，为企业国有产权流动而不流失保驾护航。

（三）精心设计，强化监督，实现与国务院国资委产权交易信息监测系统全面对接

上海联交所在产权交易信息网络系统设计中，一开始就强调必须具有产权交易预警和监测功能。我们组织专门力量与有关专家学者共同研究设计预警和监测系统的框架和功能，通过探索创新性地采用了大量的人工智能技术，搭建交易分析的数学模型，实时抓取交易数据，采用红、黄、绿信号灯的形式对项目实施在线监测。整个预警和监测系统在挂牌、延牌、撤牌、意向受让方登记确认、交易方式确定、交易鉴证等信息采集点共采集 599 项数据内容，形成了一整套覆盖产权交易主要流程的信息预警和监测系统。2005 年根据国务院国资委对企业国有产权交易信息监测系统的建设要求，上海联交所信息网络系统已完全覆盖了企业国有产权信息检测系统所需要采集的 9 个节点共 156 项数据内容，一次性通过验收，顺利实现了与国务院国资委产权局信息监测系统的全面无缝对接。

（四）努力创新，提升功能，积极推动信息系统合作共享

近年来上海联交所在信息化手段创新、系统功能提升方面做了大量工作。2005 年，先后启用了拥有一级网络用户结构的网络竞价系统，以及中心平台主控加异地平台主持的网络竞价系统。2006 年，又开发了全新的网络竞价系统实现了单点对多点模式、点对点模式、多级网络用户等网络竞价模式。推出了两段式和多段式网络报价的应用模式，将传统的一次性报价、综合竞价以及新型的网络竞价等业务行为统一纳入到网络自动报价系统中，同时还实现了网络竞价系统和视频会议系统的同步运用。2006 年，来自全国各地十多家省级产权交易机构的 33 名竞买人通过网络共同参与演示，先进的网络自动报价系统运行平稳，效果良好突破了时间和空间地域等限制，为实现产权交易 24 小时不间断服务打下了基础，促进了产权交易的标准化和规范化，充分实现了产权交易的透明和公开，进一步增强了产权市场发现买主和价格的功能，为企业国有产权在有序流动中实现保值增值提供了信息化保障。

二、取得的成效

（一）建立了企业国有产权交易内控机制的新秩序

信息化手段的应用，使产权交易从信息登记、公开挂牌、举牌竞价，到鉴证交割实现了全程动态监控，有效降低了产权市场的交易风险，有力地促进了产权交易的规范化，推动了产权交易内控机制新秩序的建立。

一是有效降低了制度风险。通过信息化手段对产权交易流程实施严格监控以及与国务院国资委产权交易信息监测系统实现全面无缝对接，强化了产权交易系统中的内控机制，强化了以电脑控制操作的内控管理模式，设立了产权交易多道防火墙，大大减少了因人为操纵造成违规交易的可能性和因人为疏漏失误带来的交易风险，有效地降低了企业国有产权交易过程中的法律制度风险。

二是有效降低了项目风险。通过信息系统监控，上海联交所实现了自动预警的红、黄、绿监督处置模式。对所有项目及其代理会员进行扫描式诊断，以不同颜色标识不同的预警状态，建立了项目挂牌、合同鉴证及会员管理一体化的预警体系。监察室通过信息预警系统，对亿元项目实施实时监控。法律监管部通过信息预警系统实施每日抽查。2006年，共有近10个项目因系统发出黄色预警而重新审核，有190个项目因系统发出红色预警而终止交易，有效地降低了项目运行风险。

（二）激发了产权市场的新活力

信息网络化使产权交易更加透明，激发了市场活力，显著提高了市场发现买主和发现价格的功能，确保了企业国有资产保值增值。

一是扩大了产权交易信息发布的范围，提高了市场发现买主的能力。企业国有产权转让方通过登录信息网络系统将转让信息在互联网上发布，使境内外各类投资者可以在同一时间看到相同的信息，扩大了产权转让对买主的信息辐射面，同时也吸引了境内外各类所有制资本进场交易。

二是提高了企业国有产权交易的透明度，显著提高了市场发现价格的能力。参与竞买的意向受让人通过信息网络，向出让人表达独立的价值判断信息，最终的受让方是通过网络竞价系统决定的，价高者得。提高了产权转让的增值率，有效地促进了国有资产的保值增值。网络报价系统的实现，为市场运行增添了新动力，通过充分发挥信息化手段在发现买主、发现价格上的强大功能，2006 年企业国有产权在上海联交所的挂牌项目形成的竞价率和增值率同比分别增长 31.06% 和 31.28%。

（三）拓展了产权市场合作的新空间

一是以信息带制度，推动了市场运行规则和制度的逐步统一。信息网络系统的设计思想和应用模式体现了交易制度的总体要求，各地产权交易机构在制度、规则和程序建设上都各有千秋。兄弟交易机构通过共建信息网络系统，相互学习借鉴规则、程序和制度上的优点，取长补短、共同进步，有利于推动产权交易规则、程序和制度的统一。

二是以信息带合作，推动与异地机构的共建共赢。上海联交所把信息化建设的创新成果与兄弟交易机构进行积极交流，推动信息网络系统的合作共享。过去两年里，上海联交所先后协助 60 余家兄弟交易机构安装了产权交易信息挂牌系统，协助部分交易机构安装了竞价系统和监测系统对接程序。

三是以信息带项目，大大延伸了市场平台。企业国有产权项目在多个交易机构同步挂牌，在更大的范围内发布信息，扩大了信息的辐射范围，延伸了产权交易市场平台，有力地推动了异地项目的运作。2006年，上海联交所坚持资源共享、互惠合作原则与一些地方交易机构在彼此的信息系统上同步挂牌推介项目，使异地产权交易量均有大幅度上升，2006 年上海联交所异地产权交易成交金额同比增长 58.53%。

（四）提升了产权市场服务的新能级

信息网络技术全面应用，方便了交易各方，大大提高了工作效率、降低了交易成本，提升了产权市场的服务能级。

一是提高了操作效率。以前多数通过柜台人工办理的业务流程如信息发布、审核跟踪和反馈、举牌报价、交易鉴证以及产权交割等，现在都可以通过信息网络系统以更规范、更安全、更便捷的方式完成，大大提高了规范操作的效率。

二是提高了市场开拓效率。借助信息化、网络化手段，上海联交所工作人员在异地可与机构保持动态联系，随时将项目基本情况和进展情况通过网络与总部实时链接延伸了市场平台的服务功能。

三是提高了交易效率。通过信息化管理手段，交易机构可以为交易主体提供高效的服务，也有效地降低了交易成本。业务人员从大量烦琐的事务性工作中解放出来把更多的精力投入到咨询策划、方案设计、财务顾问、包装推介等工作中，大大提升了市场平台的综合服务质量。

这几年上海产权市场在信息化建设方面的大量投入，在实际工作中也得到了回报，尝到了甜头。一是提高了市场的公信度，企业国有产权进场交易取得的规范效应带动了非公产权进场交易。2006 年上海非国有产权交易宗数首次过半，达到 54.58%。上海产权市场不仅是国资国企改革的重要市场平台，而且也已成为各类所有制企业产权交易的重要市场平台。二是提高了市场的辐射能力。在信息化推动下，2006年上海产权市场服务于各地国资国企改革和调整，异地企业国有产权交易成交金额同比增长 59%。三是提升了市场的服务能级，上海产权市场交易标的已从单一的企业国有产权扩展到物权、股权、债权和知识产权。四是提升了市场的国际化程度，信息化密切了上海联交所与国际资本市场的联系和合作。在与国际上各重要交易所建立紧密合作关系的基础上，上海联交所与国际上大型投资机构和各类主要基金也建立了紧密的合作关系，境外资本并购交易同比增长了54.72%。

上海联交所在企业国有产权交易信息化建设方面的做法，引起了联合国有关机构的高度重视，2006年5月，上海联交所和联合国南南合作局共同合作开通了"联合国全球技术产权交易系统"（GATE），全套系统参照上海联交所企业国有产权交易信息网络系统模式建设，采用中、英文双语对照，以英文为主，在相关制度、运行规则、应用平台等方面均按照国际标准，集中体现了国际化、标准化和网络化的特点，中国创造、中国特色的产权交易模式首次运用到联合国"南南合作"国际领域，为推动各类产权在更大范围、更宽领域、更高层次上健康、有序、规范地流动，更有效地发现买主、发现价格，实现生产要素优化配置提供了信息化、市场化、规范化和国际化的条件。

4. 加快要素市场建设
发展上海现代服务业[①]

（2008 年）

现代服务业发达程度是衡量一个国家和地区转变经济增长方式、优化产业结构、科技经济一体化发展水平以及综合竞争力的重要标志。而要素市场体系建设、功能完善和结构升级则是助推现代服务业升级、集聚、创新和发展的资本动力和可持续发展的制高点。为此，认真贯彻落实科学发展观，立足上海自身优势，通过加快要素市场体系建设，进一步解放思想，大胆拓展要素市场平台功能，充分发挥市场机制作用，有利于激发市场主体活力、促进上海现代服务业集群的快速形成；也有利于现代服务业新业态、新模式的培育，集聚和发展中、高端现代服务业机构；更有利于推动上海现代服务业的国际化和跨越式的快速发展，率先形成服务贸易、服务经济为主的产业结构。

一、加快建设要素市场的重要性和紧迫性

当前，上海的经济结构正处在从后工业化时期向以服务业为主的信息化时期转化阶段。数据显示，上海已进入人均 GDP 近 1 万美元的中等发达地区行列，但在上海目前的经济结构中，服务业的比重仅占

---

① 原载于《上海人大月刊》，2008 年第 10 期，第 47－48 页。

155

GDP 总量的 50% 左右，这种经济结构制约着上海的进一步发展步伐和空间，制约着上海以"四个率先""四个中心"为核心的现代化国际大都市建设进程。所以，当前迫切需要明确有限目标，抓住关键环节，建立发展机制，实现重点突破。关键就在于，如何更有效地协调政府与各方力量，进一步优化要素资源市场化配置，着力于服务贸易、服务经济的培育，布局现代服务业集群，发展科技创新服务集成商、制造业服务集成商、金融业服务集成商、现代物流服务集成商、信息产业服务集成商、数字经济服务集成商、数据要素服务集成商、环境保护服务集成商、绿色经济服务集成商、智慧城市建设服务集成商等，推动现代服务业持续健康地发展。

从微观经济学的视角看，市场对要素资源配置的基础性作用主要是指要素市场功能，多元化要素市场的建立和通过要素自由有序流动有利于要素资源的优化配置。功能完备的多元化、多层次、多板块的要素市场体系和规范高效的市场机制，是国际金融中心和现代化国际大都市的重要标志。目前世界上重要的现代化国际大都市，或者可以称为世界城市的，主要是伦敦、纽约等，这些城市的共性特点之一就是要素市场集聚。伦敦、纽约都各自拥有几十家各类交易机构，有了交易所集群，就会不断形成新型的金融业态、经济业态和服务业态，就会集聚、培育和发展现代服务业。反之，没有交易平台聚集发展，就难以产生中高端服务机构，难以形成现代服务业的集群发展态势。数据显示，伦敦、纽约等城市的交易所集群均成为当地服务经济和现代服务业蓬勃发展的主要驱动力、孵化器和助推器。仅在伦敦金融城产生的金融产值，也就是金融业的增加值就占整个英国 GDP 的 13%，而目前上海的金融业的产值不到上海 GDP 的 10%。

加快建设多层次要素市场体系，不仅对上海现代服务业的快速健康发展具有集聚、培育、创新和发展的内生动力作用，而且对构筑企业健康发展的生态环境，扩大就业人群、提升就业结构，培育税基、拓展税源，增强城市经济发展活力也都具有积极的推动作用。从国际经济发展惯例看，当前上海势必从"产品输出"为主走向技术贸易、服务贸易与服务经济为特征的"服务输出"并重，就是要在紧密结合优化东部地区经济实体运作、发挥市场供求自发作用基础上，通过抓紧完善要素市场体系，拓展要素市场功能，促成要素市场要素资源的高效、有效、大规模流动与优化配置，构筑交易所集群，吸引国内外各类大型企业、各类投资及金融机构等市场主体把上海作为最快信息集散枢纽、最佳市场决策高地、最优资本运作平台，以此提升金融、航运、信息、管理、科技、人才、资本、物流的体量与规模，推动上海现代服务业大集群形成，为上海实现"四个率先""四个中心"目标创造良好的市场生态环境，打造上海国际金融中心发展的战略优势。

二、上海发展要素市场的基础和条件

上海已拥有国内最为完备的各类要素市场。作为国际化大都市，上海在经济、文化和科技等方面具有较好的基础，在人才、市场、服务和国际交流等方面具有较强的优势。经过四十年改革开放，上海拥有国内最为完备的各类要素市场，具有良好的金融生态环境。目前在沪的中央级要素市场主要有上海证券交易所、上海期货交易所、上海黄金交易所等5家；上海地方性要素市场已超过10家，主要包括上海联合产权交易所（简称"上海联交所"）、上海环境能源交易所、上海航运交易所等。这种多元化、多层次、多板块的要素市场格局在全国就唯独上海具备，这就是上海发展现代服务业的最大战略优势和动力源泉。就上海多层次要素市场而言，其市场服务面、辐射力、流动力、影响力和导向力，也已具有全国性和国际化发展态势。其中，上海联交所就是全国规模最大、交易品种最多的产权交易机构，在交易体系、市场资源、运作机制等方面均最具全国领先优势，其运行规模和质量已连续十三年保持全国第一。

围绕要素市场集群，日益形成多维现代服务链。以上海产权市场为例，经过近20年的发展，上海产权市场已经从企业的产权、股权，发展到物权、债权、知识产权等各类交易。围绕上海产权市场，已经形成了多维现代服务链，且这些服务链正在呈指数级扩张态势。如上海产权市场已有的国内外各类会员单位380多家，业务活动已涉及审计、会计、评估、评级、律师、银行、保险、认证、担保、信用、研发、投行、拍卖、经纪机构以及国内外VC、PE等各类机构上千家，服务对象涉及全国30个省市和全球24个国家及地区，也涉及国有、民营、外资等各类企业。同时上海产权市场积极开拓的服务新领域，如文化产权交易市场、环境能源领域交易市场、技术产权交易市场等。特别是南南全球技术产权交易所的建设把上海的科技成果转化、技术转移、技术交易、技术贸易、知识产权、服务贸易、服务经济和企业并购重组等活动拓展到世界范围，使上海成为科技成果转化、技术转移、技术交易、知识产权、并购重组和生产要素自由流动及优化配置的国际化运作平台。在市委、市政府的领导下，2008年8月5日，上海环境能源交易所设立运行，成为以市场化机制推动节能减排和能源发展，集聚、培育和发展节能减排集成商、绿色经济服务集成商、科研机构、投资机构等现代服务业新业态的中心市场平台。

综上所述，如果上海10多家交易所都能各自带动300家到500家的会员单位发展，那么也就能带动近万家各具特点的中高端服务业机构的健康发展，就可以大大丰富现代服务业发展内涵。当前，中央在沪的要素市场和上海地方要素市场正在形成发展战略互动机制，风险化解能力增强，战略协同空间很大，市场发展前途广阔。实践证明，发展上海地方性要素市场，有利于多层次要素市场体系的可持续发展，有利于生产要素自由流动和各类要素资源优化配置。为此，上海在积极配合做好中央在沪要素市场发展的相关工作的同时，更应因势利导，加快发展以上海产权市场为主体的"多元化、多板块、多层次"的要素市场体系，以此为突破口和动力源，全力推动上海现代服务业蓬勃发展。

三、把要素市场建设作为重要战略措施

建议上海市政府在推进"四个中心"建设领导小组框架内，成立地方要素市场建设推进工作小组，把要素市场建设作为发展上海现代服务业的重要战略措施，加快整合上海市相关要素市场。由市政府有关部门组成专门推进机构，加强领导，制定发展战略，整合资源，发展以产权市场为核心内容的多层次、多元化、多板块要素市场体系，通过各要素市场的快速集聚，整合资源，拓展功能，提高运行能级，加强上海对境内外各类投资机构及高端金融服务机构的吸引力、培育力、凝聚力和发展力，推动现代服务业的集聚、培育、升级、创新和发展。

在规划方面，建议组织力量对上海要素市场建设进行全面规划，抓紧将上海产权市场等各类要素市场发展战略纳入浦东综合配套改革试点等总体规划和方案之中，抓紧形成上海市统一开放、竞争有序、功能完备、品种丰富、交易规范的要素市场体系，发展壮大各要素市场主体，发展独立公正、业态多元、服务领先、规范运作的专业化现代中介服务机构集群，在加快发展现代服务业、形成服务贸易、服务经济为主的产业结构上取得新突破。

同时，加大政策支持和创新力度。建议支持上海联交所"多元化、多板块、多层次、集团化"发展战略；支持"上海长江流域产权交易共同市场"法人化运行，进一步集聚和优化配置长三角地区各类产权资本要素，形成长三角地区更新、更优、更先进的生产力发展水平。同时建议上海市政府组织专门力量，积极争取国家有关部门支持，在上海联合产权交易所股权托管中心平台基础上，进行"柜台交易"市场的筹建和试点工作。

5. 上海产权市场 20 年：
见证市场的力量①

（2014 年）

党的十八届三中全会提出"建立统一开放、竞争有序的市场体系，是使市场在资源配置中起决定性作用的基础"。"市场"日益成为业界的核心语汇，"市场的力量"也越发成为中国企业家的热议话题。中国产权交易市场素有基础性、权益性产权资本市场之称，作为投身产权市场十六年的"老兵"，回望我国产权市场从无到有、从小到大、从弱到强的创业创新发展历程，最感幸运的是，能置身改革开放伟大时代，与伙伴们并肩奋战，以岁月和心智见证产权市场的生机与活力，释放出的魔力与能量，感悟市场背后的机制、团队、理想和信念的力量。

岁月如歌，沧海桑田。1978 年 12 月，党的十一届三中全会召开时，我才 22 岁。面对改革春风拂来，心潮澎湃，踌躇满志，满腔热情地投身于中国特色社会主义伟大实践之中。在这期间，我当过国有企业厂长、总经理、董事长和党委书记，也当过 3 个中外合资企业的董事长，先后在工业局、组织干部部门、科技管理部门工作，1999 年到产权交易机构工作。

今天，改革开放历经 36 年征程，我国已经基本完成生活资料和生产资料的商品化。始于 20 世纪 90 年代初的生产要素商品化也进入"改

---

① 原载于《产权市场 中国创造》，上海：同济大学出版社，2014 年 5 月，第 29 – 42 页。

革深水区"，而作为我国生产要素商品化交易的市场平台——产权资本市场已历经20多年征程。2014年，我挚爱的上海产权市场迎来二十华诞，经风雨砥砺，藉天时、地利、人和，已经成为我国交易量、覆盖面、影响力、运行质量位于前列的产权市场，成为我国基础性、权益性产权资本市场的主导力量。

二十载砥砺前行，二十载春华秋实。谨以此文，致产权界同仁和与我并肩奋战的伙伴们，祝产权市场基业长青。

一、得天时、接地气，焕发市场力量

时光穿越到20年前，那时国人对"产权、产权交易、产权市场、产权资本市场"这样一些专用名词概念不深，都很陌生，更没料到这些专用名词今天会走进现实，对中国的改革开放和经济社会发展产生重大而深远的政治影响。而今，当产权如同"商品"一样，在交易中流动，在流动中发现价值，实现了保值增值和优化配置，人们惊喜地发现：产权交易是优化生产要素市场化配置的重要方式，是形成先进生产力的重要动力。

诺贝尔经济学奖得主、交易成本理论提出者罗纳德·科斯认为，产权制度同资源配置效率密切相关。产权的可交易性和可流动性能够为实现社会要素资源的最优配置创造条件。

国务院国资委的领导们敏锐地看到产权市场的影响力及配置国有产权的功能，对产权市场规范发展提出了高瞻远瞩的指导意见。2003年秋日的一天，我在时任国务院国资委主任李荣融同志的办公室汇报工作，他对产权市场发展寄予厚望，鼓励上海产权市场加快发展。我国产权交易就是中国经验，产权交易市场就是中国创造、中国特色。产权交易是我国继商品交易之后迅速发展起来的市场配置生产要素的主要形式，产权交易的过程就是社会经济结构、产业结构、产品结构和企业治理结构的优化过程。2007 年 4 月，时任国务院国资委副主任李伟同志就曾指出，企业国有产权交易要做到应进必进，能进则进，进则规范，操作透明，充分发挥产权市场在发现买者、发现价格、提高资源配置的效率和效果方面的优势。产权交易市场与其他资本市场相比，最大特点就是可以在生产要素优化配置中发挥更重要的推动作用。国务院国资委副秘书长郭建新同志对产权市场充满感情地说，规范是产权市场的生命线。产权是一个国家、地区和单位的重要经济资源，是稀缺的战略资本，产权只有在流动中才能实现价值，才能保值增值，才能实现生产要素的优化配置，形成先进生产力。资源资产化、资产资本化、资本产权化、产权金融化，产权交易已经成为现代社会要素资源优化配置的主要形式。国资委规划局局长邓志雄同志曾说，涵盖物权、债权、股权、知识产权，包括有形资产及无形资产的产权交易和产权市场在中国由计划经济向市场经济过渡伊始，就表现出强大的生命力，在中国特色社会主义市场经济发展过程中发挥了独特的作用。国资委产权局局长谢军同志曾表示，较之西方市场经济体系，我国的产权交易和产权市场更直接、更具体、更广泛地参与到了经济结构布局、产业结构调整、国企规范改制、企业并购重组、中小企业融资、科技成果转化等市场行为当中。形成了全球独特的直接以产权市场面孔出现的具有中国特色的新型产权资本市场。我国产权市场的诞生与国资国企改革、企业并购重组、中小企业发展密不可分，同时，又按照资本市场内在规律运作，逐步向综合性产权资本市场过渡。

实践证明，产权资本市场伴随着中国经济发展，为市场在要素资源配置中起决定性作用注入了更深、更广、更丰富的内涵。作为国务院国资委最早确认的试验田，上海产权市场的交易规模和运行质量始终位于全国前列。回放上海产权市场 20 年风云录，见证了市场的力量，见证了中国改革开放的铿锵脚步。

各类产权交易 20 年放量百倍！

以时间来丈量，20 年只是沧海一粟；

以数据来刻录，20 年如是精彩隽永。

2013 年度报告显示，上海联交所各类产权交易额同比大幅增长 19.22%，且市场运行质量稳步提升，其在企业国有产权挂牌转让额、企业并购、混改重组、市场运行质量指标、民营资本收购金额、物权类交易宗数和流量、VC/PE 收购和增资扩股交易、第三产业交易活跃度等方面都呈现出了稳中有进、锐意创新的特点。

——交易规模始终位居全国第一。早在 2008 年，上海联交所就成为全国首家交易规模突破千亿元大关的产权交易机构，其核心交易指标一路向好，在更广、更深、更大范围整合产权资本要素，产权交易业务遍及大江南北。

——交易对象从单一走向多元。上海联交所的经营团队通过积极推进技术入股、技术转让、管理入股、资本进退、债权处置、物权流转、要素配置、并购重组、增资扩股、公司混改、项目融资和无形资产转让等内容的各类权益性产权交易，使生产要素资源资产化、资产资本化、资本产权化和产权金融化进程进一步加快，上海产权市场由单一的股权流动发展成为以资本化手段进行生产要素优化配置的市场平台，交易对象也从原来单一的企业股权交易，发展到包括物权、债权、股权和知识产权等各类产权交易。

——交易主体从单一国有资本转为各类资本。经过 20 年的探索与发展，如同国务院国资委原副主任黄丹华同志提出的"推动流转、防止流失、市场配置、发现价值"的服务理念，规范的国有产权交易有效带动了各类所有制资本进场交易。上海产权交易市场已从单一企业国有产权交易转为有国资、民资和外资等各类资本平等参与交易的市场平台，以产权换市场、换资金、换技术、换管理、换人才等多种形式的权益性交易日益活跃，产权市场要素资源优化配置功能显著增强。

——交易领域从制造业拓展到第三产业。国务院国资委原副主任黄淑和同志多次强调，产权市场是国企改革重组的重要市场平台。为帮助企业有效化解市场风险、降低运行成本、提高竞争能力、优化生产要素资源配置，上海产权市场通过推动各类企业的并购重组，积极引导各类资本果断退出传统产业，快步进入新兴产业。此举不仅加速了产业升级换代，运用市场力量强势推动了产业结构和经济结构调整转型，而且使产权交易涉及的行业领域由最初的制造业等传统产业为主，发展到先进制造业、现代服务业、高新产业和金融业等为主体的新兴产业。

——交易范围从上海扩大到全国和世界。国务院国资委原副主任李伟同志曾多次强调，产权市场信息化建设的重要性和紧迫性。多年来，上海联交所在信息化建设和共同市场报价网建设方面做出了积极努力。跨入21世纪，上海产权市场不断升级交易系统，提升市场平台信息化程度，增强网络报价和动态竞价功能，为全国产权市场无偿提供了一条网上产权交易高速公路——中国产权交易报价网，网上信披、确权、托管、推介、询价、报价、竞价、保证金及价款结算、交易交割已形成云交易平台，以生产要素商品交易为特征的网络金融平台已浮出水面；充分借助网络优势，方便异地客户参与产权交易；增加产权交易透明度，进一步体现"三公"原则；按照价值规律积极引导各类生产要素实现跨区域、跨行业、跨所有制交易、配置和流动，使上海产权市场由地方性市场逐步转变为全国性产权交易中心和国际化产权市场。2013年，异地并购比2007年增长48%，交易项目涉及全国29个省市，境外20多个国家和地区。

——交易方式从协议转让发展到多元化动态竞价交易系统。把产权市场建成基础性、权益性产权资本市场，一直是产权人的梦想和愿景。自2004年国务院国资委出台"3号令"以来，我们以此为契机，连续打出加快各类产权交易节奏、实现公开挂牌、开门改制、公司混改、市场重组、企业增资和并购交易等一系列组合拳，从根本上推动了上海产权市场的市场化转型发展；市场交易方式从单一的协议转让为主，发展到可供不同类型项目选择的包括电子竞价法、一次报价法和综合竞价法在内的多种网络动态竞价交易系统。

——交易实践已经成为中国特色产权理论的重要部分。中国特色社会主义的伟大实践，造就了中国特色产权市场。上海产权市场 20 年来的交易实践，形成了企业产权、技术产权、文化产权等一系列理论和多部专著，被国家诸多部委和国内外学者视为具有中国特色的产权理论。可以说，这种理论对中国经济体制改革、要素资源流动配置、国资国企改革、混合所有制经济发展、充实国际资本市场、丰富中国现代经济理论都具有重大的现实意义与深远的历史意义。2004 年上海联交所被确定为中国浦东干部学院现场教学点，由上海联交所承担的《中国产权市场建设与发展》课程被中国浦东干部学院、中国井冈山干部学院、中国延安干部学院联合评为十大精品课程之一。据不完全统计，近十年来，通过中央党校、中国浦东干部学院、上海市委党校以及复旦大学、上海大学等各级干部培训机构，来自全国各地的各级领导干部前来上海联交所进行现场教学活动的人数已达数千人。

二、得地利、创机制，市场之火铸就创新之剑

岁月之河流百转千回，创新之浪花折射最美光华。企业家精神就是创新。著名经济学家、现代创新理论的提出者约瑟夫·熊彼特说，创新就是"建立一种新的生产函数"，即"生产要素的重新组合"。熊彼特把新组合的实现称为企业，把以实现新组合为基本职能的人们称为企业家，企业家的本质就是创新。

上海产权市场的历史就是创新的历史。二十年来，我的团队在市场之炉中以创新之火磨剑，奏响产权市场创新发展的乐章，在创新发展中提升市场能级，实现了"六个服务"：

——服务国资国企改革，提升全国国企产权交易信息中心、推介中

心、定价中心、融资中心、流转中心和服务中心的市场功能。作为中央企业国有资产转让的交易机构，上海联交所积极发挥中国国有企业产权交易机构协会首届会长单位和长江流域产权交易共同市场理事长单位的优势，为国资国企多元化改制重组和全过程要素资源优化配置提供综合增值服务，央企产权交易总量、服务水平以及央企产权通过上海联交所平台交易实现的增值水平始终处于全国前位。上海联交所经营团队敢于竞争、不辞辛劳、善于突破、勇于发展，付出了辛勤劳动。上海联交所的许多领导都贡献了自己的光和热。他们的脚印遍布全国各地，他们的执着和奋斗，成就了上海产权市场大业。

——服务金融资产优化和金融品种创新，提升全国金融资产交易中心的市场功能。作为财政部指定的中央金融企业产权交易的机构，上海产权市场已成为各类金融资产规范流转、金融品种创新交易、金融要素资源优化配置的全国中心市场平台。2011—2013 年，上海联交所金融资产交易中心完成金融央企项目共涉及 33 个央企和部委；在做好金融企业国有产权转让、不良资产交易等业务的基础上，还为银行之间、银企之间提供债券类、资产类、股权类融资服务。

——服务各类企业并购重组，提升全国企业市场化、开放性并购交易中心的市场平台功能。上海产权市场为各类企业并购重组提供全程优质增值服务，上海作为全国企业资产管理服务中心的地位显著增强。2013 年，除以股权形式完成的企业资产交易外，各类物权、债权、知识产权、经营权、租赁权、技术产权和无形资产交易也异常活跃。2013 年 10 月，由上海联交所组织编制的《2013 年上半年上海企业并购指数及报告》首次向社会发布，成为反映全国企业并购市场运行态势和衡量上海国际金融中心建设的重要指标。

——服务中小企业投融资，提升全国新型产权资本市场地位。近年来，上海联交所充分发挥工信部指定的区域性中小企业产权交易市场试点机构的功能，提升投贷联动、投债联动、投担联动、投信联动、投保联动的服务效应。上海中小企业融资服务中心大胆探索，对接民间社会资本投资与中小企业融资需求，积极拓展中小企业直接融资渠道。2010 年以来，上海产权市场累计服务中小企业数超过 10016 家；累计为中小企业技术合同认定登记和技术服务 650 项，交易金额 417.30 亿元；累计为知识产权和股权质押融资 358.22 亿元；实现各类企业权益性融资 1353.73 亿元。2013 年，VC/PE 等投资机构在上海产权市场参与收购项目的宗数和金额同比分别增长 11.60% 和 66.32%。与此同时，还为各类企业提供增量投资，上海产权市场正在成为全国性私募股权投资市场，完成的债权、增资、创投回购项目同比增长 155.56%，涉及的资产总额与上年同期相比增加 7.56 倍。

——服务生产要素资源跨区域、跨行业、跨所有制的有序规范流转与配置，提升全国产权市场跨区域合作和互联网金融中心的市场地位。上海产权市场充分利用信息化对资本市场发展的推动力，与共同市场成员合作开发的中国产权报价网（简称"报价网"）可发布股权、物权、债权、知识产权、融资等 15 种类型项目信息，并已成功开发了一次报价、多次报价、权重报价等多种适合不同权益产权资本要素交易的网络动态报价模式，已经成为可供多个产权标的上线，可同时承载上万人次参加网络动态竞价的产权交易高速公路，网上产权交易市场平台已经形成，发现买主、发现价格的功能明显增强，推动了生产要素资源在更大范围、更宽领域、更深层次的优化配置，这对形成先进生产力意义深远。上海联交所的网络信息在产权交易信息化高速公路上进行着一场"接力赛"。近九年来，异地交易累计涉及全国 29 个省市自治区和 39 个国家和地区。2011 年起至今，全国 36 家产权交易机构通过报价网发布项目信息数 6900 多条，有 30 家机构利用报价网进行独立竞价或联合竞价，共成交 4106 宗项目，成交金额 1263.72 亿元，最高增值率 3207.73%，最高报价次数 1764 轮，单个项目最多报价 72 人。

——服务各类权益性生产要素优化配置，提升全国性、综合性、国际化的要素交易中心的市场地位。近年来，上海产权市场把企业国有产权进场交易的成功做法和成熟经验创新运用到各类权益性要素交易领域，探索知识产权、环境能源产权、技术产权、文化产权、农村产权等新兴产权资本市场平台发展的新路子，开创了上海产权市场多元化、多层次、多板块的集团化发展新局面。

两只狼来到草原，一只狼很失落，因为它只看到草原而看不见肉，这是视力；另一只狼很兴奋，因为它看到了草，知道有草就会有羊，这是视野，视力和视野的区别在于，视野能超越现状，使人看到目标。时势造英雄，还是英雄造时势，取决于是看表面，还是看深层的可能性。每个人都有眼睛，但不是每个人都有眼光。我的团队以超前的国际视野、战略思维和市场经验，筹建了上海环境能源交易所并组建了南南全球技术产权交易所，这就是以上观念的印证。

进入产权市场这些年来，到国外考察各种类型的交易所是我开拓视野的机会。

我希望借鉴国际资本市场先进的经验发展产权资本市场。建立上海环境能源交易所的思路就来源于芝加哥之行。2008年上海环境能源交易所率先在全国成立。上海环境能源交易所是我国首家环境能源交易机构，也是财政部CDM基金在全国唯一投资入股的环境能源交易所，市场发展各项数据均名列全国同行业前列，在全国率先开展碳排放配额管理和碳交易。

同样，筹建南南全球技术产权交易所背后的故事也能说明这一点。时任世界贸易组织总干事素帕猜来到中国，来到上海。幸运的是，上海联交所也是他考察的对象之一。我邀请素帕猜总干事到上海联交所并向他介绍了产权市场作为一个"公开、公平、公正"的平台在防止国有资产流失、促进科技成果转化中的作用。我还从技术交易、产权与资本这个层面向他介绍中国科技成果转化、技术转移和技术孵化的模式。素帕猜总干事听后，他充分肯定地说："我们一直苦苦寻觅的平台就在你们这儿，你们这些经验非常适合向第三世界国家推广。"我的团队没有犹豫，抓住这个千载难逢的机遇，一气呵成，把素帕猜总干事的设想变成现实。2006 年，联合国开发计划署南南合作特设局、上海联合产权交易所共同组建的"全球技术产权交易系统"正式启动。之后，"南南全球技术产权交易所"也正式落户上海联交所，使上海产权市场承载起在南南合作中服务全球的生产要素优化配置功能。南南全球技术产权交易所（简称"南南所"）作为联合国南南合作的特设平台，在45 个国家或地区建立了 53 个工作站，受到了联合国大会 64—222 号决议及 A/66/229 联大报告表彰。2013 年 10 月，南南所又被联合国南南合作办公室授予 2013 年南南和北南南三角合作杰出贡献奖。

上海文化产权交易所发挥国家重点文化产权交易所的示范作用，成为同时获得地方和中央文化类企业国有资产交易资格的文化产权交易所。2013 年交易金额同比增长 35.10%。此外，上海产权市场是国家科技部指定的科技计划（包括 863 计划、火炬计划等）项目实施平台，连续 5 年获得了中国技术市场协会"金桥奖"先进集体称号，获得国家科技部颁发的"国家科技火炬计划先进服务示范机构"称号。

在新一轮全面深化改革中，上海产权市场第一时间参与了中国（上海）自由贸易试验区的探索。上海联交所创设的交易服务有限公司成为中国（上海）自贸区首批颁证企业之一，自贸区离岸与跨境的优势，将为产权市场的国际化创造条件，多元资本更大范围的跨境混合交易将成为可能。我们着力在自贸区探索主推"三大板块"。第一板块是跨境并购平台。上海联交所旗下拥有联合国认可的以南南合作为载体的南南全球技术产权交易所，可以为全球技术、资本、人才等各类生产要素的流动和配置提供动力，并为国内大型企业集团"走出去"、实施跨境并购投融资提供有效渠道。第二板块是金融资产类交易平台。为实体企业和金融类企业的资产调整提供服务，包括债权处置、股权投资、并购金融等服务功能。第三板块是跨境产权交易平台。上海产权市场发展到现在，已成为一种专业细分的交易平台集群形态，下设技术产权、文化产权等多个专业交易平台。此次在自贸区内的探索，将整合线上线下交易平台和客户资源，逐步形成供应链融资等交易服务。

三、得人和、见天道，凸显机制、团队和信念的力量

上海，作为中国的金融高地，在区位上有着明显优势。上海产权市场在自身发展的同时，也主动将经验和全国各地的兄弟机构分享。俗话说"百年树市"，中国的产权市场才20多年的历史，还很不成熟，只有大家抱团发展才能形成势能，提高产权市场在资本市场中的地位。实践证明，市场及其蕴含的机制、团队和信念的力量，可以创造奇迹，如凤凰涅槃般升华、核裂变般爆发，只要我们摸到门道、把握规律，优质的资源、要素就会奔涌而来。从"人和"的视角，有四点至深体会：

第一，"百年树市"，离不开政策支持、联动发展和社会认同。

产权市场的健康发展离不开党和国家领导人的关心支持，离不开国家有关部委的大力指导。党和国家领导人曾莅临上海联交所视察工作，充分肯定、寄予厚望，并明确要求："依法保护各类产权，积极培育产权市场，健全交易规则，规范交易行为，加强交易监管，推动产权有序流转，保障所有市场主体的平等法律地位和发展权利。"

产权市场的健康发展离不开党和政府的大政方针，离不开国务院国资委的政策指导、帮助和支持。党的十六届三中全会提出的建立"归属清晰、权责明确、保护严格、流转顺畅"的现代产权制度，为我国产权市场的发展奠定了理论基础，而国务院国资委和财政部《企业国有产权转让管理暂行办法》（"3号令"）及其配套文件的颁布实施则使国有企业改制重组和产权交易有了更加规范和统一的标准。3号令已成为我国产权市场规范发展的重要里程碑。

上海产权市场的今天离不开兄弟机构和广大同仁的相互理解、相

互尊重、相互关心、相互支持和相互帮助。实践证明，区域产权交易市场的互利合作，有利于企业并购重组，有利于产业和技术梯次转移，有利于发挥市场要素配置的决定性作用。国务院国资委原主任王勇同志、原副主任黄淑和同志与黄丹华同志，以及国务院国资委原副秘书长郭建新同志等都十分关心中国企业国有产权交易机构协会的建设，希望中国企业国有产权交易机构协会成为行业自律组织和会员之家。多年来，上海联交所积极发挥中国企业国有产权交易机构协会首届会长单位和长江流域产权交易共同市场（简称"共同市场"）理事长单位的优势，把全国各地的兄弟机构发展意志凝聚起来，实现"资源共享、互惠共赢"的合作新格局，引领大家把产权市场做大做强。2010 年 12月，共同市场原秘书长王龙同志来问我"全国性行业协会即将成立，共同市场是聚还是散？"我觉得一时真不好决断，因为共同市场是各交易机构共同举办的，当时已有 14 年历史，便说："还是听大家意见吧。"后来，在共同市场理事长工作会上，大家逐个发表的意见竟是一致的，"我们需要共同市场继续组织大家探索，协调发展步伐"。这几年，共同市场日益发展成为利益紧密联动的市场共同体，成为区域性资本和要素顺畅流转与配置的市场平台。

作为一位中国企业国有产权交易协会起步、成长的见证者，产权交易业界同仁们"一家亲""一条心"的那份欣喜，我至今难以忘怀。协会在国务院国资委正确领导下，在业界同仁团结合作下，从零起点迈出，发展到今天，组织机制基本健全，行业规范化建设有效推进。我有幸作为协会首届会长，能发挥自己所长，为我国产权市场做些力所能及的事情而感到的那份欣慰，为协会工作在大家的努力下达到了开好局、起好步、打基础的基本工作目标而感到的那份快乐，为产权交易市场又一次经风雨、见彩虹而感到的那份豪迈，都使我受益终身，感念终身！在首届会长任期内，我一直坚持协会要恪守章程明确的"三个服务"宗旨，为会员做好服务。祝愿协会严格遵守协会章程和办会宗旨，真正成为行业自律组织、会员之家、会员俱乐部。

上海产权市场的今天离不开上海联交所领导班子团结奋进产生的正能量。上海联合产权交易所是两所合并后的新机构，能否尽快发挥战斗力，取决于两个机构的思想文化、工作作风等方面的融合，关键是新领导班子思想的融合。我作为"班长"，深知领导班子团结和谐才能出战斗力，才能带领全体员工打硬仗、打胜仗。而要实现领导班子团结，关键是我的带头和引领作用，一把手必须以身作则，树立"五湖四海"的思想，知人善任，胸怀开阔，集思广益，多谋善断，充分发挥班子成员的特长，给助手们提供发挥自身优势的空间，形成决策前集思广益、广开言路；决策中民主集中、科学决策；决策后雷厉风行、不折不扣地执行，横向到边，纵向到底，一抓到底。实践证明，上海联交所的领导班子是有坚定理想信念的、团结的、廉洁从业的、有战斗力的团队，是想干事、能干事、干得成事的团队。这个团队的战斗力来自班长和成员对产权市场认识的高度一致，来自我和伙伴们的相互谅解和相互支持，来自我们大家多年形成的批评和自我批评的良好氛围。我和伙伴们分享工作和事业的成果是人生最大愉悦。

第二，机制力量一旦迸发，制度体系成为市场规范运行的保障。

上海产权市场的健康发展、领先优势还得益于以上海市国资委为主管部门、上海市产管办为监管机构，纪检、监察等多部门参与的监管体系，以及以公开、公平、公正为原则，以会员代理制为基础，融交易信息发布、价格形成和监管协调为一体的市场运作机制，这一机制得到了中纪委、国务院国资委等中央部委的高度肯定。

我们领导班子始终把制度防腐作为工作的重中之重来抓。我始终认为，领导班子是否廉洁从业，是落实防腐制度的根本。只有领导班子廉洁从业，才能落实各项防腐制度，才能带好员工队伍，才能有效实施各项市场交易规则，才能有效发现和堵住制度漏洞，才能防患于未然。近年来，个别交易机构出现了内控松弛案例，给我们敲响了警钟，反腐倡廉是产权市场永恒的主题。我们积极构筑产权交易制度、运行和监管体系、相互配套完备的规范交易平台，将修订完善的一系列业务操作管理制度及时转化为电脑信息化管理流程，形成了一整套覆盖产权交易主要流程的产权交易信息预警和监测系统，首创通过红、黄、橙、绿信号灯的形式对项目实施实时在线监控，用电脑控制操作、用电脑控制流程、用电脑控制风险，使"不合格"项目难逃监控系统的"监控网"。我坚持纪检监察工作向业务领域延伸，实现制度层面上"个人自由裁量权趋零"的风险控制流程，有效防治腐败。

上海联交所的运作机制和风险控制制度不仅得到了中纪委、监察部等国家有关部委的肯定，也得到了联合国有关机构负责官员的认同。联合国发展计划署原南南合作局周一平局长来上海联交所访问考察后表示：上海产权交易市场的制度体系和运行机制是公开、公平、公正的阳光交易平台，不但可以为国有企业改革服务，也可以为广大中小企业的产权流转服务，因此，对广大南南国家的资本市场发展都具有很好的借鉴价值，也可用于为南北之间的资本和技术交流服务。联合国有关机构经过组织专家多次专题考察评审后，从多个国家中选定上海联合产权交易所作为合作伙伴，联合国两个国际交易平台——南南全球技术产权交易项目和南南全球环境能源交易项目也落户上海。2008 年，上海联交所所属南南全球技术产权交易所荣获联合国颁发的"南南发展博览会金奖"。

第三，团队精神一旦焕发，人人都可以成才。

我认为，一个企业经营的最高目标，是一种"信念"的实现。IBM 前 CEO Thomas J. Watson Jr. 曾说："我相信一家公司成败之间真正的差别，经常可以归因于公司激发员工多少激情和才能，在帮这些人找到彼此共同的宗旨方面，公司做了什么？……公司正经历代代相传期间发生的许多变化，如何维系这种共同的宗旨和方向感？……答案在于我们称之为信念的力量，以及这些信念对员工的吸引力……我坚决相信任何组织想继续生存和获致成功，一定要有健全的信念，作为所有政策和行动的前提。"在今天瞬息万变、危机四伏又充满机遇的市场竞争中，基业长青的机构文化，也就是团队和信念的型塑，是企业永续经营、市场蓬勃发展的中流砥柱。

机构文化的建立健全是一个过程，是一个永无止境的旅程。机构文化经过"内心体验、思想洗礼"和"行为规范、赏罚分明"的"内外兼修"，达到其对员工潜移默化的作用。前者是由对员工的培训和管理层的言传身教来陶冶员工的思维方式；而后者则是靠工作流程和内部的规章制度来规范员工的行为准则。值得一提的是，在这个过程中，高层管理者必须以身作则。特别是在企业文化建立的初期，大家看到的只是一个"未经证实"的信念，而员工们都要为这个未经证实的信念付出极大的努力。管理团队必须表现出"鞠躬尽瘁"的无畏精神，才能克服机构文化建立初期给企业和员工带来的阵痛。如果管理者没有像三文鱼那种逆流而上、不顾一切地去"完成生命循环"的激情和使命感，就不可能在员工中建立起"使命必达"的信念。"内心体验"和"思想洗礼"是一种"柔性的诉求"，要具备锲而不舍的精神并经过较长的时间，才能正确地塑造员工理想的"内心世界"。一旦能激发起员工源自内心的激情和动力，他们就会成为有效的管理者和卓越的工作者。

我始终认为，只要给员工提供适当的环境和氛围，他们就一定能做得更好；只要把员工作为"亲人"，让员工成为"主人"，人人都可以成才。这些年，上海产权市场坚持以人为本，始终把关心员工的工作、生活和思想摆在重要位置，坚持依靠员工促发展，让员工分享发展成果，积极推进和谐机构建设，充分发挥员工的积极性、主动性和创造性，努力构筑全所重大事项民主协商机制、员工共享机构发展成果机制、员工薪酬逐步增长机制、公开透明考核激励机制和员工思想政治工作网络机制。全所上下的凝聚力显著增强，团结、创新、诚信、贡献的机构文化进一步形成。

唐代诗人刘禹锡的《陋室铭》是大家所熟悉的一首诗。诗中的"山不在高，有仙则名；水不在深，有龙则灵"更是脍炙人口的名句。在诗中，刘禹锡为什么用"谈笑有鸿儒，往来无白丁"来形容他的朋友呢？这就是因为在传道授业的过程中，生员的素质往往是"得其精髓"的必要条件。就像上海产权市场，各类人才趋之若鹜的原因除了市场效益、信誉之外，更看重的就是我们团队的整体素质，这是一支忠于职守、勇于创新、敢于担当、善于突破、勤于思考、严于律己的管理团队，是凸显团队精神、善于协同作战的专业团队。

第四，前瞻性思维一旦与高效率信息系统相结合，实现信息制胜战略就是必然的。当今世界，大凡成功的企业家必备国际化战略思维，唯此方能真正做到"走一步、想三步"，从大处着眼、小处着手，站在高处望平原，像潜水艇一样深水急流，把握大局、抓住机遇、善于突破、取得成功。中国历史上脍炙人口的经典战略——"隆中对"，就是一个绝世企划。我一直在想，当时是一个信息相对闭塞的时代，诸葛亮能以一介布衣洞察整个中国局势，提出"三足鼎立"的战略思维，最终形成"三国演义"的历史局面，可见他的战略思维是建立在对信息的充分掌握与正确的分析之上的。而身为现代人的我们，身处信息爆炸的时代，在信息的掌握与分析上更应该时时留意、时时观察。既要强化信息化建设，也要强化平等互利合作，更要强化系统效应整合。曾任美联储主席的格林斯潘讲过：最大量信息的最快速度传播，这不仅仅是公平的，而且它最终使市场变得更为有效。这对上海产权市场 20 年发展史而言，千真万确，行动和需求随着信息流的变化而变化。为了能使市场经济更加有效的运行，金融和其他相关的信息必须及时地传播出去，促使市场参与者明智决策，促成资本有效配置。

上海产权市场坚定不移实施信息化发展制胜战略。2011 年，在中国并购网（MA—CHINA）基础上，上海联交所不惜重金重新开发了

"中国产权交易报价网"，供全国产权机构无偿使用，并免费提供安装、技术保障，既实现了全国产权市场信息化协同发展，同时也降低了各个机构的交易成本。而今，上海产权市场已初步形成"线上为主、线下配合"的交易运行格局，网络功能在信披、推介、询价、报价、竞价、撮合的基础上，已向动态信披、推介、询价、报价、竞价、结算、融资等网络金融方向深化。这种功能的深化，就是一种专业化、产业化和资本化的过程。产权市场的最终形态，将是国内覆盖面最广的并购金融市场。在"大数据"时代，其交易数据的挖掘、归纳、提炼和应用，也将逐步由专业化走向智能化、产业化。数据背后，蕴含了中国并购交易的信息、确权、登记、成交、进入、退出和各种市场动态，如果能够全面汇总、有效整合、充分挖掘、细致分析、归纳提炼，在并购方式、并购热点区域、并购趋势及热门行业等方面，梳理出短期、中期及长期的各类动态数据信息集群，将会是中国经济总体发展的一个主要"风向标"。

"十二五"期间，全球经济发展格局加速调整，我国经济发展方式加快转变，产权市场迎来了从数量型发展到质量型发展、规模型发展到效益型发展、外延型发展到功能型提升的转型发展关键时期。"不积跬步，无以至千里"，产权市场平台是我与业界同仁们凭着对事业的理想、信念、执着与热情，敢想、敢干、敢担当；"摸着石头过河"，不断开拓创新，不断总结经验，求真务实，善于突破，从小事做起，从简单事做起，从难事破解起，发扬"钉钉子"的精神，踏石留印、抓铁有痕，一步一个脚印走过来的。而今，发挥产权资本市场在要素资源配置中的决定性作用已经日臻水到渠成的境界。

青藏高原上的一滴雪水，在向东奔流了 6380 公里并融汇了上千条的支流以后，在东海之滨孕育了世界上最大、最繁华的都市群——长江三角洲，也孕育了中国最大的金融都市——上海。那些晶莹剔透的小水珠，就像产权市场的同仁们、伙伴们，理想信念的坚定、敬业乐群的美德和勇往直前的使命感，在如歌岁月中为产权市场基业长青作出了令人叹服的贡献！我相信，上海产权市场将和证券、金融、商品等市场一样，成为要素市场上璀璨夺目的"东方明珠"。我坚信，上海产权市场将和全国产权市场一样，为更好地发挥产权资本市场在生产要素资源优化配置中的决定性作用，进一步释放产权市场能量而不懈努力！历史将不断见证产权市场的力量！

第四编

产权交易平台实务

1. 促科技成果转化育新世纪经济热点①

（2001 年）

促进科技成果转化，是培育新科技、新经济、新产业，发展先进生产力的助推器。

一、上海科技创新和科技成果转化进入黄金发展时期

加快科技成果转化既是科技创新的关键环节，也是激活高新技术产业化源头的需要，更是形成新世纪上海经济发展新增长点的战略举措。进入 20 世纪 90 年代后，上海在形成高新技术产业、支柱型产业以及都市型产业优势方面已取得突破性进展。按照产业结构调整转型和升级的规律，发展具有优势的战略性新兴产业必须以科技成果转化项目为载体。因此，在 1998 年为推进上海科技成果转化和产业化进程，上海推出了我国首部促进科技成果转化的地方政府文件——《上海市促进高新技术成果转化的若干规定》（简称"十八条"），后又作修改称为新"十八条"，并独树一帜地成立了集政策导向与市场服务于一体的推进科技成果转化的专门工作机构：上海市高新技术成果转化服务中心，为筹建上海技术产权交易所打下了基础。此举不仅在国内外科技界和产业界引起了强烈反响，还得到了国家科技部的充分肯定，并取得了很大的社会效益、科技效益与经济效益。

---

① 原载于《华东科技》，2001 年第 4 期，第 10－11 页。

科技进步和创新已成为上海经济发展的主要动力源泉，上海的高新技术产业已进入黄金发展时期。1998 年，上海高新技术企业有 761 家，同比增长 29.64%，高新技术产值 749.47 亿元，同比增长 36.55%；1999 年高新技术企业上升到 905 家，同比增长 18.9%，产值达 1047 亿元，同比增长 39.7%；2000 年，高新技术企业已突破 1000 家，产值超过 1400 亿元，科技对全市工业经济增长的贡献率突破 50%。上海市高新技术成果转化服务中心和上海技术产权交易所已在全国 20 多个省市区建立了 26 个分中心，科技成果转化信息服务辐射全国；技术产权交易活跃有序，融入全国、市内外参与科技投资金额超过 300 亿元，成交 471 宗，挂牌项目成交率已达 67%，日均成交额由几十万元上升至近亿元，成交总额已达 207 亿元。这充分体现出上海科技创新综合能力的迅速提高，这批科技成果转化项目至 2001 年累计产值已达 146 亿元，成为上海经济发展的新增长点。

二、为科技成果转化创造更开放、更宽松和更优化的市场环境

2000 年新修订的"十八条"，强力推动科技成果转化，从指导思想和主要内容上看，可归纳为"三个有机结合"和"六个加大力度"。

（一）三个有机结合

一是充分体现了上海科技成果转化政策导向的连续性和开拓性相结合；二是充分体现了政府扶持与市场运作机制相结合；三是充分体现了科技成果转化政策创新性与操作性相结合。这些指导思想，集中体现了新经济的时代特征和上海科技经济一体化发展的特色。

（二）六个加大力度

1. 在营造科技创业投资环境上，加大了科技与资本结合的政策支持力度

目前我国资本市场较为单一，政府资金支持科技创新仍占有很大比重，社会资本投入较少，科技创业投资环境的营造仍处于起始阶段，因而资金问题仍成为科技成果转化中急需突破的重要瓶颈之一。新"十八条"中，把鼓励境内外各类资本（特别是民间资本）建立创业投资机构，专门作为一条重要内容列入"十八条"，这是很具有开创性的举措。

2. 在鼓励外商转让先进技术方面，加大了对外开放的力度

从目前科技成果转化情况来看，虽然也有一些外资企业项目得到认定转化，但数量不多，只有 59 个，占总量的 7% 左右，规模也不大。其中一个很重要的原因是原有政策上的诸多限制，如外资企业不能平等地享受个别优惠政策，因而影响了他们申报转化项目的积极性等。新"十八条"对此作了明确具体的规定，外商企业能享受同等"国民待遇"。这有利于外资企业自行转化更多的先进技术，也有利于外商增加在上海的科技创新投入，更有利于科技企业和研究机构聘用外籍专家，推动各种所有制企业瞄准国际先进水平和技术前沿项目，积极地、创造性地开展科技成果转化、活跃科技创新。

3. 在激活科技创新机制上，加大了技术要素参与分配的力度

在以知识经济为主导的新经济时代，人才、人力资本更是最根本、最活跃、最重要的生产力要素，我们必须在分配制度的安排上，注重人力资本的要素，充分体现知识劳动的价值，这是新经济时代分配制度上的一次革命。科技人员不能简单地按"工资＋奖金"单一模式进行分配，而应该实施"工资＋奖金＋股权＋权益收入"的多元化分配模式，按照现代企业制度要求，进一步使企业实现所有权、决策权和经营权的三权分离。新修订的"十八条"对技术资本化、资本人格化、要素分配细分化的原则，在第六条中作了更为明确的政策规定，突出了鼓励股权投资、科技成果转让和自行转化三种科技成果转化方式，形成以股权、权益和奖励为主要内容的三种收益方式，并且鼓励各类所有制企业试行"期权期股"制度，形成对科技人员的长期激励与短期激励的有效结合，充分体现与兑现知识劳动的资本价值，激励经营者和科技人员的创新创业精神。

4. 在创新主体建设上，加大了支持企业技术开发的力度

在新修订的"十八条"中，把"鼓励企业增加技术开发资金投入"的内容列入第十条和第十一条，明确规定："企业为开发新技术、研制新产品必须购置的专用、关键的试制用设备、测试仪器发生的费用，经财税部门认定后，可一次或分次摊入成本费"。同时明确规定，鼓励外商企业投资，加强技术开发活动，外商企业技术开发费比上年增长 10% 以上的，经税务机关批准，允许按技术开发费实际发生额的 50% 抵扣当年度的应纳税所得额等。这些政策规定，有利于塑造以各类所有制企业为主体的技术创新动力形成，也有利于推动具有自主知识产权的科技成果转化。

5. 在构筑科技成果转化的人才高地上，加大了吸引国内外优秀技术和经营人才的力度

"十八条"不仅在第四条、第六条、第七条、第八条、第九条中规定，从无形资产入股、股权、权益、奖励和国有企业可将前三年国有净资产增值中不高于 35% 的部分作为股份，奖励有贡献的员工特别是科技人员和经营管理人员等方面作了规定，而且在第十条、第十一条、第十二条、第十四条、第十五条中，又对鼓励境内外企业开展技术开发和科技成果转化工作，从资金扶持、分摊成本、减免开发费用、抵扣应纳税所得额、减免税收、进口设备免征关税、聘用外籍专家薪金列支成本、职称评审、人才基金、简化人才入沪手续以及知识产权费用的资助等方而，也都作了更优惠的制度安排。这有利于形成科技创新和成果转化的人才高地，使上海的科技成果转化能更快地融入全国、融入世界，生机勃勃地引领新科技、新经济、新产业的发展。

6. 在科技成果转化的重点上，加大了对以信息化为主导的高新技术成果的支持力度

信息化带动产业化是国家"十五"发展的指导思想，推动以信息化为重点的高新技术产业发展，也是上海"十五"发展的重中之重。经修改的"十八条"第一条中，新增加了"经认定的软件、集成电路、现代生物技术和中药产业的科技成果转化项目，可从优享受本规定的政策和本市相关产业的有关政策"的规定，这充分体现了以"集中优势力量、突出重点领域、锁定关键项目、实现重点突破"为原则，"有所为，有所不为"，加速科技成果转化为现实生产力步伐的指导思想。这次新修订后的"十八条"，更加注重创新、创业环境的优化，对原"十八条"落实过程中存在着的若干薄弱环节作了改进和细化。在这次政策修订中，细化了无形资产投资的作价和登记手续；并针对区县两级财政在计征税收中存在的操作问题，明确了先由市级财政统一核定和返还，再与各区县财政结算的操作规定，以提高落政的及时性和有效性；同时按照国务院有关文件精神，将"列收列支"的提法改为征收后财政返还和财政扶持的说法。这些修订，对政策的落实将更具有操作性和务实性。

2001 年是新世纪的起首年，也是实施"十五"规划的第一年，更是实现上海科技与经济一体化发展目标的关键年。站在世纪之交，开好局、起好步十分重要。跨入新世纪，我国现代化建设进入新的发展阶段，以信息技术为先导的高新技术发展把世界推进一个新的时代。为适应世界科技革命的新潮流和新经济为主导的发展新趋势，应对我国加入 WTO 面临的机遇和挑战，实现产业结构大调整、经济体制大改革、信息技术大发展，必须在新的更高的起点上，加快科技成果转化为现实生产力的步伐，求得新发展，再创新业绩，为进入新世纪上海科技与经济的一体化新发展作出新贡献。

2. 高科技、低门槛、快投资^①

—— 上海技术产权交易所营造

"科技与资本结合的创业乐园"

（2001 年）

新科技、新经济、新产业始于科技、兴于资本、成于市场。在以知识经济为主导的新科技、新经济、新产业席卷全球的今天，资本市场在寻觅新的投资热点，同时，许多成长中的科技企业也在期盼迈入"科技与资本结合的创业乐园"。为了集成各方力量，形成整体合力，加速上海科技成果转化为现实生产力的进程，1998 年，上海成立了专门工作机构——上海市高新技术成果转化服务中心（简称"市转化服务中心"），又于 1999 年 12 月成立了上海技术产权交易所。

上海技术产权交易所成立一年来，至今挂牌项目 726 个，其中成交 470 个，挂牌项目的成交率达 64.7%，交易总额突破 200 亿元，平均日交易金额逾 9000 万元，初步建立了以技术型和产权型相结合、以技术资本化、资本人格化、分配要素化、股权多元化、要素市场化为特征的技术产权交易模式，形成了以交易所会员为交易主体的市场运行机制，加强了依法自律的交易市场监督管理体制，形成了覆盖全国主要城市的技术产权交易网络。上海技术产权交易所以"高科技、低门槛、快投资"的创业投资、股权投资和产权交易为鲜明特色，被业内人士誉

---

① 原载于《上海国资》，2001 年第 1 期，第 27 - 30 页。

为"科技企业发展的资本助推器""资本市场的孵化器""无板市场""主板市场的晴雨表""一个真正为企业投融资服务的市场"。

一、技术与产权相融，满足不同规模科技企业发展需求

在上海技术产权交易所的成交项目库中，生物医药、新材料和信息产业等重点领域的高新技术项目占了成交总量的三分之一，小到十几万元、几十万元，大到几千万元、上亿元的资金需求，都通过上海技术产权交易所的交易撮合和增值服务得到了满足。上海技术产权交易所对企业资质的宽要求，使"上主板二板无门、寻银行贷款无路"的中小企业有了"回家"的感觉，同时为科技企业的发展壮大提供了一条便捷的创业投资、股权投资和产权交易的通道。

科技成果转化项目是新科技、新经济、新产业的播种机，"置信电气"是上海技术产权交易所的第一个具有知识产权的高新技术成果转化的挂牌项目。通过会员的增值服务，成功筹资 5000 万元，大股东比例的下降使该公司的多元化股本结构更趋优化，为进一步发展打下了基础。注册资本仅 50 万元的"力诚科技"拥有"GWH 智能无线遥控器"项目，在国内独一无二。在上海技术产权交易所挂牌后，以 37% 的产权获得 60 万元现金的注入，为公司扩大再生产、抢占市场提供了资金保障。知识产权只有在流动中才能得到真正的保护，才能体现价值，才能发现价格，才能保值增值，才能实现价值最大化，才能达到要素市场配置最优化。"防蛀电缆"的发明人邹浩云老先生经过多年努力，不悔不弃，在上海技术产权交易所以 150 万元价格成功转让其研制的技术项目后，成为"花甲知识百万富翁"，亲身诠释了"知识就是力量"的深刻内涵。知识产权也称智慧财产权，是创造力，也是资产、资本和财富，更是企业核心竞争力的原动力和财富再造机制驱动力。

二、国有与民营共存，营造多元投资主体

上海技术产权交易所具有许多民间投资机构会员的优势，通过引导会员参与高新技术成果转化和国有企业产权改革的产权交易活动，已形成多元投资主体积极参与技术产权交易活动局面。

在生产要素跨行业、跨地区、跨所有制的流动、重组和并购，推动科技创新和产业升级，实现要素资源优化配置，达到国有资产的保值增值并从竞争性领域退出等方面，上海技术产权交易所发挥了重要的桥梁作用。华联集团、友谊华侨、一百集团等先后在交易所实现了大规模的资产重组。

为寻找资本市场运作"题材"而频频光顾上海技术产权交易所的上市公司，所表现出的专业判断和投资决策能力，为活跃技术产权交易、营造多元投资主体起到积极作用。一年来，上海技术产权交易所为上市公司撮合交易成交项目 30 余宗，为其资产重组和提升高科技含量提供了有效的服务。凤凰股份、华辰股份、天辰股份、河南思达和小鸭电器等上市公司也通过上海技术产权交易所寻找新的投资方向。从已成交的投资者机构分析，上市股份有限公司占 26%，有限责任公司占 42%，民营企业占 12%，外商投资占 2%。值得关注的是有限公司占据了高比例交易份额，突出了目前企业股份制改造的热点。

三、信息与资源互补，呈现全国技术产权交易大市场格局

上海技术产权交易所一开张，便以市场化发展为导向、以信息网络为基础、以中介机构服务为保证，积极谋求开拓全国性的技术产权交易大市场。目前，已在全国 23 个省、自治区、直辖市发展会员 151 家，

可参与投资的资金超过 300 亿元；建立了 25 家市转化服务中心的分中心和上海技术产权交易所的交易信息部，其中外省市的达 23 家。

为配合西部大开发战略，市转化服务中心和上海技术产权交易所先后十多次赴西部地区进行实地考察，并在银川、西安、郑州、沈阳、哈尔滨、重庆、成都等地建立了交易信息部，通过各地交易信息部的运作，在已成交项目中，转让双方已经涉及上海、浙江、江苏、福建、重庆、山东、湖南、河南、北京、吉林、甘肃、陕西等地，外省市机构参与的成交金额正在稳步攀升。上海的科技成果转化服务体系和技术产权市场进一步融入全国。

四、服务与开拓并举，促进科技企业快速发展

一年多来，上海技术产权交易所走出去、请进来，走访了大部分的会员单位、分支机构和项目单位，了解他们的要求和动向，沟通技术产权交易信息。

为了进一步激活交易市场，上海技术产权交易所与上海上市资产重组办公室、海通证券和上海证券报联合举办"科技企业利用资本市场实现跨越式发展"等多场主题报告会、研讨会，同时走出上海开展技术产权交易的宣传，引导科技企业、投资机构以及中介机构全面认识技术产权交易，积极参与技术产权交易，培养多元化资本市场基础，发展市场交易主体；同时，上海技术产权交易所广辟项目源头，组织各地会员和高校、科技企业、科研机构召开大中型项目推介会、沙龙推介会、相约"28"俱乐部和媒体推介，介绍挂牌项目信息，增加信息交流机会，至今已逾 350 场。通过新辟的网上 24 小时滚动发布的项目推介和项目路演系统，为信息的及时准确发布，活跃技术产权交易起到了积极作用。

市转化服务中心和上海技术产权交易所与上海银行、上海浦发银

行联合建立了 11 亿元资金规模的"科技小企业融资服务体系"和科技企业金融一条龙服务体系。企业的信任和积极参与，活跃了技术产权交易，提高了交易的成功率。

上海技术产权交易所的顺利运行，也催生了我国首支职业投资经理人队伍。在实施创业与风险投资的整个过程中，职业投资经理人的作用，就是通过连贯和成功的创业与风险投资运作促进科技和金融资本、产业资本的结合。他们具备采集项目、包装项目、推介项目、撮合项目四个方面的综合能力。杰出的职业投资经理人在创业与风险投资的运作中崭露头角，将成为一支活跃和繁荣我国新兴资本市场的中坚力量。

五、内引与外联同步，着眼国际市场战略

上海技术产权交易所按照建设国际性技术产权交易市场的要求，顺应全球科技经济一体化发展的大趋势，制定向国际化技术产权交易市场发展的长期战略，并根据国内资本市场的变化脉络，及时调整工作重点：一方面，从投资者利益着想，考虑资本的流动性，针对即将开设的二板市场，整合一批具备到创业板上市潜质的项目到交易所挂牌，吸引了国内外的风险资本频繁光顾上海技术产权交易所。如重庆杜克与日本野村证券，益久生物与联创投资，轻型飞机与凤凰股份等。另一方面，交易所注意与风险投资机构建立广泛的业务联系，美国摩根士丹利、美国资源控股和中国香港、中国台湾多家投资机构等先后访问上海技术产权交易所，有的已成为上海技术产权交易所的会员单位。这些都扩大了上海技术产权交易所在国际资本市场上的影响。

六、继承与创新结合，探索交易品种更新

上海技术产权交易所在突出以高新技术成果转化项目和科技企业

为重点服务对象的同时，努力突破传统产权交易的模式，探索适合技术创新与多元化资本市场相结合的交易品种。一年来，上海技术产权交易所先后在投资期权、股权置换、科技持股、项目路演、网上交易等方面进行了系统的研究，并进行了小范围的模拟运行，为今后进行大规模的交易市场机制改革和交易方式的创新积累了经验。为了全方位地向科技企业和成长性企业提供投融资服务，也为国有资产的结构性调整提供产权交易服务，充分实现技术产权交易的综合性增值服务功能，上海技术产权交易所还与有关部门合作，建立了上海技术产权拍卖有限公司、上海高地信息网络有限公司、上海知本技术产权交易咨询有限公司等，创新和丰富了交易品种与技术产权交易服务链，提供从咨询培训、成果转化、战略重组、辅导管理、企业筹资到上市交易的企业融资发展的"全程"服务，满足企业初创期、成长期、发展期的多种融资需要，有效促进了技术产权交易量的稳步提升。

实际上，上海技术产权交易所不仅是国有资产的结构性调整的市场平台，而且对于大部分处于创新创业成长中的科技企业来说，也是一个切合实际的直接融投资市场的选择。在这里，这些企业主要通过转让、交易部分产权和股权这一方式来获得各类资本的介入和支持，引进创业（风险）投资资本和战略投资者，不必"千军万马走主板与二板的独木桥"。企业在不同的发展时期，有不同的资金需求和最优投融资策略，因而需要更灵活多样与规范的投融资渠道，呼唤多层次资本市场支持，以"高科技、低门槛、快投资"为特征的上海技术产权交易所能满足这一层次资本市场需求。

3. 加大推进科技与资本结合的力度营造科技创新的良好氛围①

——关于大力推动上海科技成果转化的四条政策建议

（2003 年）

上海科技成果转化工作取得了一定的成效。到 2003 年 3 月底，全市高新技术成果转化项目累计达 1978 项，其中 90% 的项目顺利转化，70% 的项目逐步实现了产业化。但是，将现有成绩与上海经济高速发展态势相对照，仍需做出更大的努力。

一、在市场环境建设上，要加大推进科技与资本结合的力度。高新技术成果要转化为现实生产力，最重要的一环是资本投入要成倍放大。科技如与资本结合，研发投入就不会陷入贫乏的境地。目前制约上海高科技产业快速发展的一个重要瓶颈就是科研和资本不能有效结合。一批高科技、质量好的企业急需通过技术产权交易市场实现其产权、股权的转移、配置和融资，一批跨国企业正急于在中国寻找合作伙伴，两者缺乏一个非常高效的结合点。加强上海技术产权交易市场建设，是解决这一问题的重要途径。建议上海市政府抓紧下发关于在全市开展非上市股份有限公司股权托管工作等政策性文件。

二、在创新环境建设上，要营造有利于科技创新的良好氛围。具有知识产权的创新，是提升上海企业核心竞争力的重要因素，上海要大力

---

① 原载于《上海综合经济》，2003 年第 5 期，第 16 页。

营造企业科技创新的氛围。其一要适时修订和完善《上海市促进高新技术成果转化的若干规定》；其二要将《上海市科技成果转化条例》纳入立法计划；其三要重点加强科技中介服务市场化建设；其四要加快科技投资体制改革。

三、在企业运行环境建设上，要改造运行模式，实现管理创新，全面提升企业综合竞争力。通过知识、技术、管理等要素参与分配的机制，形成有利于高科技产业发展的人才激励机制；通过政府给予匹配资金支持的方式，培育、扶持企业的科技创新研发能力，营造产学研结合的综合创新环境；通过支持和推动企业投资主体多元化，形成企业无形资产的经营机制和综合资产的保值增值机制。

四、把发展科技中介机构作为上海加快发展知识经济服务业的一个突破口。上海要建设成世界城市，离不开知识服务产业集群发展，高科技产业化更离不开知识服务产业集群的支撑。科技中介机构发达有利于搭建更广阔的平台，为实现高科技成果产业化服务，起到"牵一发而动全身"之功效。

4. 多元化资本市场促进科技成果转化[①]

（2003 年）

党的十六届三中全会提出，建立"归属清晰、权责明确、保护严格、流转顺畅"的现代产权制度。产权包括物权、债权、股权、知识产权等各类财产权，产权是所有制的核心和主要内容，具有稀缺性、关键性与战略性，是一个国家和地区核心竞争力的重要标志。

产权已成为现代经济的核心，产权交易活跃，要素市场配置优化，经济也呈现出活力，现代产权的一个重要发展趋势是科技与产权的一体化，科技与产权密不可分。

现代经济需要产权的流动与配置，随着改革开放向纵深发展，中国科技成果的资本形态也日益显露。

科技成果转化需要多元化的资本市场支持，但目前还存在很多问题，如有限的政府资金难以解决众多科技企业融资问题；科技企业经营前景的不明朗性，使其很难获得商业银行充分的信贷支持等。

技术产权交易市场的出现，使科技成果转化的步伐大大加快了。在技术产权交易市场中，技术呈现出以下特征：（1）技术产权化；（2）技术股权化；（3）技术重组化；（4）技术商品化。"量化"了的技术，以"资本"的形态展现在人们面前，交易路径更顺畅与更多元，更易被人们所接受。技术产权交易市场的出现，既为"技术"本身找到了一个更好的展示平台，又为"技术"要素市场化配置找到了充满生机与活力的市

---

① 原载于《中国卫生产业》，2003 年第 5 期，第 73 页。

场平台，同时技术产权交易市场也成为多层次资本市场的重要组成部分。

产权交易是促进科技成果转化的重要资本化途径。这些途径包括：（1）以产权交易方式融资；（2）以产权交易方式改制；（3）以产权交易方式引入优秀经营者和技术骨干；（4）以产权交易方式拓展市场份额；（5）以产权交易方式增资扩股；（6）以产权交易方式推动企业产权，特别是智慧财产权的流动与配置。

上海作为向国际大都市挺进的中心城市，其技术产权交易市场也呈现快速发展态势。2003 年，上海技术产权交易总额高达 541.4 亿元，并呈现"交易领域扩展、交易品种拓宽、交易总量上升"的大好趋势。其中，活跃的民资、外资是技术产权交易市场的重要力量。

民间资本在上海技术产权交易市场上表现得较为活跃，2003 年交易额达 223.83 亿元，交易数 2037 宗，其中大部分是民营科技型企业；外资也迅速介入，发展较快。

上海技术产权交易所积极发挥科技与资本间的对接功能，目前已成为集各类财产权为一体的综合性产权交易平台、国有产权有序流动的重要平台、国内外各类资本进入和退出的产权资本市场平台。所有这些功能都极大地促进了科技与资本的结合，丰富和完善了多极化的资本市场体系，加速科技成果转化为现实生产力的步伐。

5. 技术产权市场为科技产业发展搭建投融资服务平台[①]

（2009 年）

加快科技和金融创新，构筑科技资本和金融资本、产业资本对接的市场平台，是应对国际金融危机冲击，推动科技成果转化，发展科技产业集群，稳步推进中国经济发展模式转型的重要举措。

自 1994 年创立至今，上海产权市场通过遍布境内外的网络分支机构，为各类出资主体提供灵活、便捷的投融资服务，在推动科技成果转化，发展科技产业方面发挥了积极作用，是立足上海、服务全国、面向世界，促进各类生产要素在规范流动中实现优化配置，以及连接各类资本进退的专业化、基础性、权益性资本市场和技术转移平台，也是集物权、债权、股权、知识产权等交易服务为一体的产权资本市场平台。

一、上海产权市场为科技产业发展提供资本动力

（一）通过加大技术商品化、产权化、资本化和国际化力度，推动技术与资本对接，促进科技成果转化为现实生产力

上海产权市场主要是通过以下四项措施活跃技术产权交易，促进

---

① 本文作于 2009 年 7 月 10 日。

科技成果转化：一是加大技术商品化力度，形成网络化的技术商品推介能力，科技成果商品化进程加快，从 2006 年到 2009 年 6 月，各类技术交易额达 272.47 亿元，技术商品化进程加快后，有力地推动了科技成果产业化步伐。二是加大技术产权化力度，形成了包括专利、著作权、商标等无形资产在内的技术入股、期权入股、局部和全部技术入股等多种形式的技术入股方式，有效地把科技创新资源转化为各类产权，细分和激活创新创业的利益主体，推动科技成果产业化。对于已投产运营的技术成熟的高科技企业，以技术作价的整体或部分产权转让方式实现科技成果的转化，这类科技成果转让金额 2008 年近 60 亿元，其中高科技成果成交金额达 31.89 亿元。三是加大技术资本化力度，全力推动技术和资本对接，拓宽科技企业融资渠道。对于具有投资潜力但尚未投入生产的科技成果，上海联交所项目融资部和技术交易部通过提高企业融资策划能力，引入战略投资者的方式，构筑企业权益性融资系统，为技术和资本搭建对接平台。2008 年通过该平台挂牌的企业融资、项目融资实现增量交易额 42.9 亿元，同时，为科技型中小企业申报各类资金，使受惠企业在增信的同时，受惠额突破 30 亿元。四是加大技术交易国际化力度，成立了南南全球技术产权交易所。该所是联合国开发计划署倡导的"南南合作寻求世界性可持续发展新途径"的具体行动，更是面对当前不断蔓延的国际金融危机对世界经济，特别是发展中国家经济带来严峻挑战的积极应对措施，其目的是构筑发展中国家新型产业协助机制，实现国际技术转移的"五个中心"功能，即全球技术产权的信息中心、服务中心、定价中心、交易中心和培训中心。

（二）技术产权交易涉及行业和地域不断扩大，市场配置要素资源和发现价格功能日益凸显

通过产权市场进行交易和转化的科技成果涉及 22 个不同行业。技术产权的市场配置要素资源范围也由区域性市场进一步向全国性扩大，

并呈现日益国际化的发展态势，不仅为上海的技术转移和科技产业服务，而且为全国乃至全球的科技成果转化服务。上海产权市场转让的科技成果项目涉及 28 个省、自治区、直辖市。在南南全球技术产权交易所近期挂牌的项目中，32% 属于发达国家，其余 68% 属于发展中国家，其中：非洲国家占 1.3%；亚洲国家占 35.8%；欧洲国家占 30.5%，南南全球技术产权交易所已成为中国科技成果成熟技术走向国际和引进国际先进技术的重要技术产权市场平台。

（三）产权市场服务方式不断创新，为科技企业投融资服务功能和资本进退功能日益凸显

上海联交所充分利用浦东综合配套改革政策的先发优势，以帮助科技企业融资发展为重点，充分发挥产权市场作为科技企业投融资服务平台作用，围绕中小企业发展，开展策划包装、增资扩股、企业并购、改制重组、权益融资、非上市科技型企业股权规范转让等综合服务。通过分析客户需求，细分市场，针对不同业务需求提出不同服务方案。发挥更直接、更专业、更有力的政策和市场服务组合优势，帮助科技型中小企业享受更多优惠政策，为科技企业增信服务，开拓企业多元化融资渠道，为企业融资发展提供全过程服务，解决科技型企业融资难的问题，优化科技企业生产要素配置。2008 年，国家科技部授予上海联交所"国家科技计划（火炬计划）先进集体"称号，这是全国产权市场中唯一一家产权交易所获奖机构。

上海产权市场通过项目信息、成果转化、企业资源的集聚，加大市场推介力度，吸引包括 PE 和 VC 在内的各类投资机构依托上海产权市场来实现股权投资和资本运作。2008 年，各类投资公司通过上海产权市场实现收购项目的有 299 宗，收购金额达 139.73 亿元；通过产权市场退出项目的有 301 宗，退出项目收回金额达 215.55 亿元。

二、产权市场为科技产业发展搭建投融资服务平台的主要路径

(一) 科技产业发展"路线图"

交易所要全面把握科技产业全生命周期管理、科技企业全生命周期管理和科技成果全生命周期管理的基本规律与基本路径，精准地做好科技产业投融资服务。科技产业发展通常经历初期、中期、后期三个阶段（见图1）。在初期，需要对项目进行全面的合理性、风险性、可

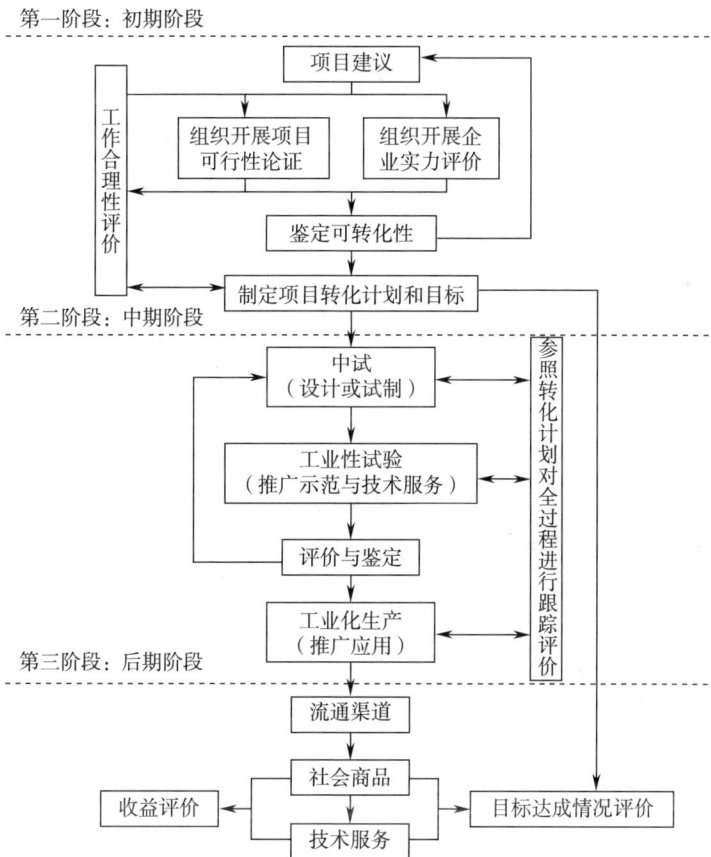

图1 科技产业发展路线

操作性评估，这一过程包括对项目建议的可行性论证、成果转化型的鉴定和制定项目转化计划和目标等相关内容；在中期，需要进行中试、工业性试验和工业化生产等不同的阶段；在后期，主要进行市场推介、商业推广如流通渠道的建立、技术服务标准的形成等。

在整个过程中，由于各阶段的内容不同，对资金投入的需求也不同（见图2）。在项目启动和规划阶段对投资的需求比较少，但当项目进入执行阶段，特别是执行的前期，对投资的需求会非常高，到项目执行后期这种增长趋势才有所下降，项目转化的后期这种需求才逐渐减弱。

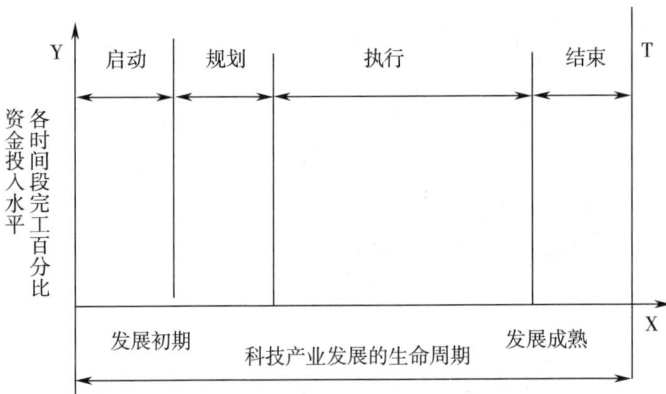

图2 科技产业发展各阶段资金投入分布情况

与此同时，在不同阶段为科技产业发展注入资本动力，已成为科技产业最终能否转化为先进生产力的关键（见图3）。科技企业在不同成长阶段，需要不同层次的资本市场提供不同规模的资本支持。一般情况下，在科技产业发展的前期或中前期，需要引入风险投资基金，而在中后期和后期则需要引入战略投资者和财务性融资。这就需要建立有利于私募股权投资基金和风险创业投资基金及战略投资者进入和退出的资本平台，而上海产权市场就是最理想的各类资本进退平台。

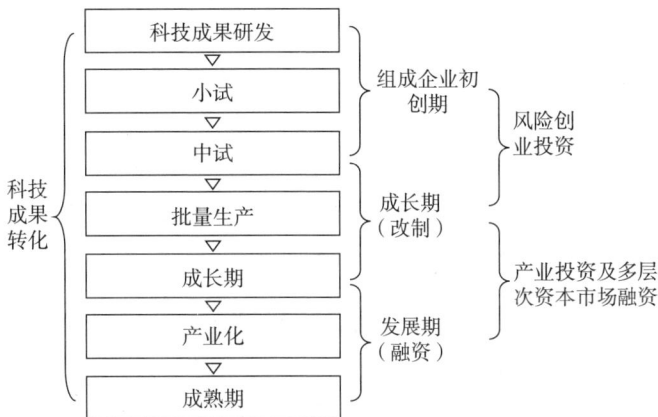

图3　科技产业发展不同阶段所需资金来源情况

（二）产权市场在科技产业发展中的作用

上海产权市场是权益性、基础性产权资本市场平台，在推动科技成果转化和科技产业发展过程中具有重要的枢纽作用。经过多年发展，上海产权市场初步形成了科技型中小企业投融资服务链，这一服务链主要包括确权登记、股权托管、股权质押、融资担保、融资租赁、投资联盟、并购贷款、投资基金、增资扩股、为中小企业改制重组上市提供政策性、权益性和债务性融资服务十大环节。

1. 在企业成长的前期，以投资基金、投资联盟和为中小企业提供政策性、权益性和债务性融资服务等方式为企业起步注入活力

融资方式单一，缺少融资渠道，是现今造成中小企业融资难的主要原因。上海联交所充分发挥中小企业投融资服务平台的作用，努力营造新型科技投融资平台，为科技型企业破解融资难的瓶颈，积极引进各类投资基金，同时，通过建立投资人信息库，发展投资联盟的方式，为创新创业企业发展壮大提供稳定的"资金＋要素"支持，降低了投资风险。我们还通过建立多种渠道，规范科技企业投融资信息传递对接的准确性、有效性、规范性和对称性，为中小型科技企业申报各类政府创新基金，提供全方位、多渠道的政策性、权益性和债务性融资与增信服务。

这些措施为科技类中小企业权益融资提供了有形的集中和规范的市场平台，为各类风险投资、创业投资、产业投资、国内外企业收购兼并、民间投资提供高效快捷的进出渠道与要素资源整合的通道。

2. 在中小企业的成长中期，为企业提供股权或知识产权质押、融资担保、融资租赁、并购贷款等权益性和债务性融资服务

企业融资一般分为债务性融资和权益性融资。而融资难是制约中小企业发展的主要难题，其根本原因在于中小企业过于分散和信贷风险较高。中小企业信用级别低，可以抵押的固定资产普遍较少，也难以得到大企业提供的担保。在经营活动中商业票据使用较少，要获得银行提供的融资服务在目前状况下仍然较难。为此，我们通过产权市场平台加强与各类金融机构之间的联系，开展各类为中小企业进行股权或知识产权质押、融资担保、融资租赁、并购贷款等权益性和债务性融资的途径，从而提高中小企业信用与融资能力，大大增加了企业的融资机会，化解企业金融困境，提高了企业的创新创业能力，加速了企业产品更新换代及产业化进程，成为帮助企业突破发展过程中资金瓶颈的有效环节。

3. 在企业发展成熟后，积极通过股权托管服务等手段为中小型非上市股份公司做好上市前准备

为了让中小型科技企业摆脱繁杂的股权管理事务，降低管理成本，提高股东名册的效用，提升企业信用，促进股权合理流动，优化股权结构，保护投资者的合法权益，从而使企业可以更加方便、快捷、高效地进行资本运营，自由地获得权益性融资与债务性融资，扩大资本规模，提高经济效益，我们为中小型非上市公司开展了股权托管业务。如上海联交所组建的上海股权托管中心成立于 2004 年，目前托管企业数达到138 家，托管登记的企业总股本达 139 亿股。其托管企业数、登记股权规模数以及规范运作制度体系建设，均在全国股权托管登记机构中名列前茅，成为具有公信力的集市场监管职能和市场化运作功能为一体的增信、管理、服务型机构。

实践证明，产权市场发展20年来，在很大程度上缓解了各类企业的"融资缺口"，成为非上市企业的一个重要的综合性、权益性融资平台（见图4）。

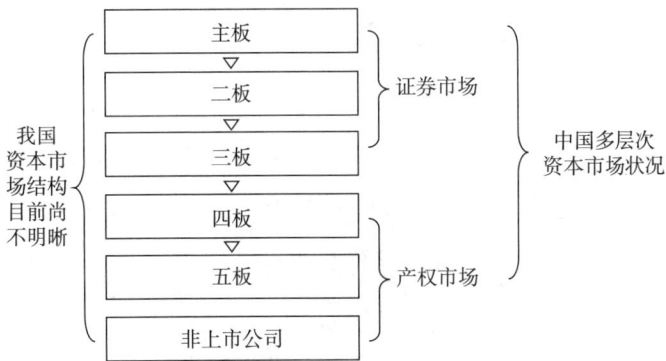

图4　产权市场在多层次资本市场中的定位

三、进一步打造产权市场科技产业发展投融资服务平台的工作路径

"科学技术是第一生产力"，科学进步和知识经济浪潮的到来，导致了科学技术爆炸式增长。面对国际金融危机的冲击，加速科技成果转化和科技产业发展显得更加必要与迫切，这也对产权市场在新一轮可持续科学发展中的作用提出了更高要求。我们要把握当前科学技术发展的时代脉搏，坚定化"危"为"机"的信心，突出重点、整合资源、拓展功能、提升能级，全力打造产权市场科技产业发展融投资服务平台。

（一）以南南全球技术产权交易所为抓手，推进全球科技成果、工程技术和国际资本转移服务的市场平台建设

南南全球技术产权交易所（以下简称"南南所"）是目前国内唯一的连接科技与资本、国内与国际、发达国家与发展中国家的重要成果转化、技术转移和产业转移的服务平台，也是科技成果转化为现实生产力的国际化服务平台，更是生产要素优化配置的服务平台，被联合国视为实现区域经济和南南合作可持续的科学发展新局面的典范。上海联交所获得了联合国南南合作特设局颁发的 2008 年全球南南发展博览会特别嘉奖。当前，南南所在组织架构的构建、各项规章制度的制定、人才引进、项目挂牌交易、重点项目推介、国际合作关系的建立、投融资信息库建设、国际工作站及培训工作以及信息化建设等各方面都取得了积极进展。上海产权市场致力于全球科学技术和国际资本转移服务的重要平台建设，努力形成全球生产要素优化配置中心市场，提升配置全球创新要素、产权资本要素与生产要素的能力。

（二）充分发挥上海产权市场环境能源交易平台和文化产权交易平台的功能作用，推进节能减排和文化产业发展

上海环境能源交易所成立于 2008 年 8 月，是节能减排和环保项目融资、成果转化、技术转让、专利转让等的重要平台，旨在通过体制机制创新推进节能减排、进而推动经济发展方式转变，是对原有以行政手段为主推进节能减排的有益补充和探索，得到了各级政府和相关部门的支持和帮助。上海文化产权交易所是国内首家从事文化产业领域中如著作权、专利权等转化为现实生产力的市场服务平台。上海产权市场遵循科技产业发展规律，结合实际，探索创新，努力推进科技成果转化的平台和中小型科技企业投融资平台的建设。

（三）加大信息系统建设力度，完善技术产权交易全程网络化服务

信息系统是信息披露、推介和交易的重要载体和枢纽，是采集、信披、查询科技成果、科技产业发展及投资人相关信息的工作平台。上海联交所根据科技成果转化和技术产权交易的特点，按照科技企业投融资的需求，遵循资本市场基本规律，加大信息系统建设力度，着力抓好交易系统建设、共享和整合资源、网络安全建设、发展电子交易、管理信息化以及网络"协同增值服务"等，完善科技成果转化和投资人信息库，加强信息系统在风险管理、在线监控、交易机制、管理信息等方面的开发利用，增强对数据信息挖掘整理方面的功能，提供集科技产业发展、科技企业服务及科技成果转化的信息采集、审核、确权、发布、推介、反馈、询价、报价、竞价、撮合、成交、统计、分析、预警等各环节一体化运行的技术产权交易全程网络化服务。

技术产权市场是促进我国经济增长和技术进步的重要平台，它对通过吸收国际风险与创业投资、国内资本（包括各种民间资本、国有资本）等，实现技术产权资本对经济的倍增功能，通过对现有企业和技术的重组，实现生产要素资源的优化配置和产业升级，通过技术资本、物化资本、风险资本、创业资本在互为中介化和多维整合的过程，实现科技成果的产业化、商品化，进而转化为经济增长和社会进步的巨大推动力，技术产权市场是科技产业投融资发展的重要市场平台。

6. 努力成为国资有序流动的重要平台[①]

（2003 年）

上海技术产权交易所自 1999 年 12 月 28 日正式运行以来，抓住我国加入 WTO 前后经济由政策性开放转向体制性开放的历史性机遇，准确决策，大胆创新。国有产权交易热点迭出，三年来累计交易已达 7447 宗，实现交易额 2729 亿元，发挥了三大作用，表现出五大特点。

一、三大作用

（一）成为国资重组和资本进退的重要平台

三年多来，经过上海技术产权交易所成交的国有集体类产（股）权累计金额达 1124 亿元，其中纯国有资产占 56%，国有参控股企业占 32%，国有资本退出逐年增加。

（二）成为国有存量资产与增量资本嫁接的重要枢纽

国资受让方和出让方在上海技术产权交易所采用两种方式顺利实现了国资转让。其中一个是存量转移，调整优化股东结构后再追加投资。据初步测算，收购方在并购过程中投资的资金与并购后追加投入费用的比例一般为1:1.5。

---

① 原载于《上海国资》，2003 年第 7 期，第 29－31 页。

（三）成为国有企业与科技成果结合的桥梁

三年来，国有企业通过上海技术产权交易所实现将高新技术与传统产业结合的交易金额达到 823 亿元。这些高科技产业化项目涉及计算机软件、网络技术、信息通信、机电一体化、生物医药、卫星导航等行业。

二、五大特点

一是促进了国有产权的流通。实现二次以上产权流动的企业达到 214 家。

二是拓展了国有企业并购和资产重组的新渠道。仅国有企业购买技术项目和并购科技企业实施资产重组的交易量就达到 245 亿元，占交易总量的 13%。

三是将产权交易与深化国有企业改革结合，实现了国有资本的战略性调整。实现多元投资主体的国有企业交易量达到 850 亿元，占交易总量的 42%。

四是推动了国有企业的制度创新，实现了企业投资主体的多元化。国有单一投资主体的企业改制为多元投资主体的有限公司或股份有限公司的交易量达到 418 亿元，占交易总量的 21%。

五是吸引国内外资本投资国有产权交易。除上海本地外，国内外交易总量达到了 385 亿元，占交易所交易总量的 18%。

三、优化国企产权交易路径

在深化国资改革中，努力形成和完善国有资产信息集聚辐射、市场价格发现、要素优化配置、高效增值服务和市场规范监管五大机制，积极发挥国资重组与资本进退的重要平台、国有存量资产与增量资本嫁接的重要枢纽和国有资本与高新技术结合的重要桥梁三大作用，成为上海国有资本和国企产权有序流动、交易与配置的重要平台。

（一）信息集散辐射机制

现代经济是信息经济，信息意味着价格、价值，意味着资本的流动，意味着利润和财富再造，产权交易市场更是如此。产权交易运作的基础是需求双方的信息沟通。产权是一种特殊商品，无论是出让方还是收购方，都必须采取信息形态，到产权市场上寻找和发布信息，公开投融资行为。产权市场一方面成为产权出让和收购的汇聚地，另一方面，通过现代网络技术，又可将信息迅速辐射到全市、全国乃至全球，成为各类项目与投融资信息的集散地。当前国有资产转让存在一个很大的缺陷，就是信息传播力弱，出让方和收购方之间的信息沟通不足，一些国资的转让价格不能完全反映市场价值。我们要通过三方面工作，为国有资本流动提供信息系统辐射服务。一是多方采集项目信息，包括各类产（股）权的供求信息，经过严格筛选后挂牌上市。二是采取各种方式，拓展信息对外辐射渠道，除建立市场平台定期的项目推介制度外，还利用新闻媒体、网络媒体等传递发布。三是建立大容量的项目信息库，举办网上路演，开拓产权信息新系统，增设网站成员、经济新闻、各地政策、各类购并项目信息等十多个栏目。上海技术产权交易所要逐步完善现有的三网两库，使之成为上海及全国部分省市各类企业的产（股）权流动信息中心。

（二）市场价值发现机制

产权交易市场的核心功能是价值发现。我们要运用国际通行方式构筑交易体系，做到"公开、公平、公正、竞价、有序"，使国有资产的价值在交易中得到充分体现。所谓"公开"，是指企业产权透明度高，交易中一个出让企业对应两个以上受让方时，必须采取竞价方式。所谓"公平"，是指在市场交易活动中须排除非市场化因素（包括政府行为）的干预，使各方在一个平等的市场环境中共同竞争。所谓"公正"，是指产权交易必须依法依规进行，严格按照交易所的交易流程、程序、规则和制度进行，严格保护各类企业平等、合法权益，严格保护各类市场主体平等、合法的发展权益。所谓"竞价"，是指在市场交易中引进竞价机制，通过竞价实现价格，发现价值。所谓"有序"，是指产权交易要按规范流程、程序、规则、制度进行，纠正随意性，使市场交易规范化，产权信息网络化，操作手段信息化，交易过程程序化。

（三）要素资源优化配置机制

生产要素只有在流动中才能体现价值，才能发现价格，才能保值增值，才能达到要素优化配置。国有企业产权进交易所健康流动、规范交易，是实现要素优化配置的前提条件。国企产权按照市场化、开放式导向，展开跨区域、跨行业、跨所有制的产权交易，就能在更广、更深、更高的市场空间，实现生产要素优化配置，发展先进生产力。

（四）高效增值服务机制

交易所推进上市企业标准化，委托代理规范化，产权信息网络化，操作手段信息化，交易过程程序化。服务上按照"信息准、手续便、办证快、成本低"的要求展开工作。我们要注意强化会员管理，完善以风控为重心的内部制度，不断扩充中介机构队伍，提升会员增值服务水平，取得财税、房地产、劳动、社保、工商、物价、公安等综合部门支持，逐步实现全方位服务，以服务企业融资发展为突破口，增强交易所增值服务能力。

（五）市场规范监管机制

上海技术产权交易所形成了完整的互为制约的监管机制。交易所设立专职的法律监管部门，接受投诉，实施全过程监管。在依法依规审查交易主体资格和交易条件方面，我们注意把好"五关"：一是产权权属关，防止经营者在未经所有者同意的情况下擅自申报上市。二是资产评估关，资产一定要经过有资质的评估所评估，交易时必须附有资产评估报告。三是债权债务处理关，要审核债权债务是否妥善处理好，防止由此给产权交易带来后遗症。四是职工安置关，审核原有职工安置是否规范、妥善、平稳。五是所有权证关，审核土地证、房产证、营业执照以及有关企业经营的特种许可证是否齐全，并对符合交易条件的标的出具权威性的产权交易凭证。把规范是交易所的生命线，融入国企产权交易的全过程。

7. 上海联合产权交易所
服务技术创新全球化①

——在"2006 联合国全球南南技术创新
和资本市场峰会"上的主旨演讲

（2006 年）

今天，在"2006 联合国全球南南技术创新和资本市场峰会"召开之际，我们非常荣幸地邀请到尊敬的联合国副秘书长素帕猜先生以及在座的各位中外嘉宾，共同见证"联合国全球技术产权交易系统"开通这一重要的历史时刻。

首先，请允许我代表上海联合产权交易所，对"联合国全球技术产权交易系统"开通表示热烈祝贺！对参加"2006 联合国全球南南技术创新和资本市场峰会"的各位来宾表示热烈欢迎！

"联合国全球技术产权交易系统"的开通是全球技术和资本市场的一件盛事，对于世界技术发展、资本市场创新、国际技术交流，对于上海乃至中国的科教兴市、科教兴国战略实施和多层次资本市场建设，都具有重要的意义。"联合国全球技术产权交易系统"旨在促进全球技术与资本的融通，其本身就是一次全球性的技术与资本结合的创新之举，

---

① 联合国全球南南技术创新和资本市场峰会于 2006 年 5 月 17 日在上海国际会议中心拉开帷幕。联合国副秘书长素帕猜·巴尼巴滴，联合国开发计划署南南合作特设局局长周一平，上海市常务副市长冯国勤，2010 年上海世博会执委会专职副主任、浦东新区区长张学兵出席峰会。联合国工发组织、商务部交流中心派代表出席了会议。作者在峰会上作主旨演讲，标题为编者所加。

为国际技术与资本融合交流提供了一种全新的信息化方式，吸引了全球的目光。它的诞生，将为上海和中国的和谐快速科学发展注入新的资本动力，为世界各国更好地开展技术、资本、经济合作架设起一座新型的国际桥梁。

各位知道，20 世纪 80 年代，世界经济受全球市场和企业技术战略推动，出现一种国际化的发展趋势。技术发展不再是一种零和博弈，而是各个国家合作开发关键技术，维持经济可持续增长的加和博弈。这一过程已经持续了 25 年，在世界经济全球化过程中起到了关键作用。

首先，技术发展在全球化过程中起着重要的促进和推动作用。前现代时期，手写技术、航海交通、印刷机发明推进了商业活动的简单全球化形式发展。现代时期，报纸的兴起、火车和铁路运输的发展和莫尔斯电报技术构成了全球化历史的一块重要里程碑。1858 年赛勒斯·费尔德的跨越大西洋的电报电缆架设取得成功，标志着全球网络的开端。19 世纪末期赫兹、麦克斯韦、马克尼和泰斯拉等人发明的无线电通信技术则开辟了一个新的全球化时代。到了 20 世纪 50 年代，喷气飞机和电视推动全球化迈出了新的更大步伐。1957 年人造地球卫星的成功发射更成为全球化历史的最重要步骤。70 年代以后的跨洋光缆为快捷、可靠和便利的全球网络提供了稳定的通路，为全球化时代的到来奠定了基础。全球互联网络（包括电子商务）包含了为利润实现、管制维持、生产复制和市场扩张的一切信息、知识和意识形态流动，是今日经济全球化的重要基础。

其次，全球范围的技术研究开发日趋明显。研究开发活动是一种智力创新活动，需要大量信息资料和实验设备，以往研究开发机构大多设在发达国家和地区，依靠先进的实验室和充足的研究经费吸引一流科学家从事研究开发活动。现在，实验室与实验室之间、大学与大学之间完全可以打破这种局限，按照项目组件进行重组。通信和信息网络的发展，使得经济欠发达国家和地区也可及时获得世界一流的技术信息和成果，并通过网络进行交流和讨论。

最后，技术生产和服务的全球格局正在形成。研究开发的全球化促使跨国公司将其技术知识生产和供应活动从母国转移到其他国家和地区，而跨国公司的全球性研究开发活动反过来刺激和推动了跨国公司的全球市场开拓。发达国家跨国公司的技术总会通过一定贸易渠道转移到发展中国家，从而形成一种技术互补关系，如波音公司客机的全部零部件，是由包括美国在内的多个国家的 340 万企业协作生产的。跨国公司不仅在全球范围开拓了传统产品市场和技术市场，而且还扩大到了服务领域，包括电讯、金融和管理服务。如美国、德国、日本等国家的企业借助国际并购、直接投资、战略联盟等手段建设自身的全球性技术与生产服务网络。

联合国南南合作特设局（简称"南南局"）在推动技术从发达国家向发展中国家转移过程中发挥了积极作用。

当前，技术全球化也碰到了一些新问题。一是技术地域性（techno‐territoriality）的限制。知识的内在本质影响着相应地理边界的实际形式。技术知识可以分为两大类型：符码化知识（codified knowledge）和默许知识（tacit knowledge）。与符码化知识不同，默许知识无法以非人的、独立于背景的手段（如文件、计算机等）进行存储和传递。二是技术主权性（techno‐sovereignty）的限制。技术主权是一个同国家最为密切相关的因素，国家科技政策在国际合作中起着重要的作用。三是技术公民性（techno‐citizenship）的限制。技术公民性是指创新机构的目标、战略和绩效对其"正式所属"国家的实际责任程度。四是技术民族性的限制。技术民族性是指技术同民族以及知识、文化和意识形态团体凝聚力的关联性。由于民族团体是长期形成的，技术民族性必然包含结果可以追溯到其主要参与者和机构的历史，从而出现技术史家所谓的"路径依赖"和"内部锁定"现象。一定创新结构的实现，如研究开发部门和取得特定创新绩效等，深深地扎根于长期的历史积淀中。

这些问题的出现，技术民族主义的抬头，说明原有的技术单一全球化已经不适应技术的快速发展，需要上一个台阶，进入第二个阶段：技术复合全球化。技术复合全球化的核心内容就是技术产权化、标准化、资本化。当技术不再以单一的知识控制权面貌出现，而是对其进行市场定价，以产权形式出现，技术的主体控制与资本运作可以复合，也可以分离，就可以较好地克服上述困难，抑制技术民族主义。

"联合国全球技术产权交易系统"的开通为技术复合全球化提供了一个重要的资本市场平台，尽管还很初步，还需要快速向全球技术产权市场过渡，形成一个真正意义的全球技术产权市场，但却是开创性的，在技术全球化进行中具有里程碑意义。

杰弗里·萨克斯指出：地球上约占15%的世界人口提供了几乎全世界所有的技术创新，大约一半的世界人口能够在生产和消费中采用这些技术，大约占1/3的世界人口则与技术无缘。这种不平衡格局依靠发展中国家自身的"自主创新"显然是不行的，必须加快技术富国向技术穷国转移技术的速度。联合国南南局与上海联合产权交易所共同创建的"联合国全球技术产权交易系统"就是一个很好的全球技术转移平台，将大大推进全球的技术转移和创新发展，是南南局在新的历史时期的一个重要创举。

上海联合产权交易所是经上海市人民政府批准设立的、具有事业法人资格的综合性产权交易服务机构，是集全社会所有产权包括物权、债权、股权、知识产权等交易服务为一体的综合性市场平台，是立足上海、服务全国、面向世界的专业化权益性资本市场。上海产权市场自1994年组建以来，交易总量连续保持全国龙头地位。

长期以来，上海联合产权交易所在技术资本化、资本国际化方面做了大量的工作和创新，在全球创造性地提出和实施了技术产权交易，与世界主要国家开展了技术产权合作业务，在境外13个国家和地区设有分支机构。2005年，上海联合产权交易所完成技术产权交易814宗，交易涉及资产额 707.41 亿元。经上海联合产权交易所交易的各类技术产权，其知识增值比达到 11.1%，高出全国约 5 个百分点，接近世界较发达国家水平。上海联合产权交易所已经成为中国规模最大、国际化程度最高的技术产权市场，成为国际资本和技术进入中国的一个重要通道。

今天，上海联合产权交易所有机会与联合国开发计划署南南合作特设局和国际技术研究学院，借助"联合国全球技术产权交易系统"共同打造全球性技术与资本对接平台。我相信，这不仅是上海联合产权交易所迈向国际化的一个重要里程碑，更重要的是，通过这一窗口，上海乃至中国与联合国各成员国之间的技术合作，将上升至技术与资本互动这一更高的层次。"联合国全球技术产权交易系统"为正在努力建设国际金融中心的上海，提供了一个与世界各国开展技术合作的国际性操作平台，为联合国开发计划署南南合作特设局下的 166 个国家和地区了解中国、了解上海，打开了一扇科技经济一体化发展的重要窗口。

作为上海联合产权交易所来说，我们非常珍视这次与联合国开发计划署南南合作特设局和国际技术研究学院合作的机会，将此作为提升国际化运作能力的重要突破口。在"联合国全球技术产权交易系统"打造全球性技术与资本对接平台的过程中，上海联合产权交易所将着重做好以下几方面的工作。

首先，积极配合联合国开发计划署南南合作特设局和国际技术研究学院，探索创新"联合国全球技术产权交易系统"的运行模式，形成一个健康、高效的运转机制，尽快将这一系统转变成全球技术产权市场，创造条件，加快南南全球技术产权交易所建设步伐。

其次，从制度建设着手，逐步建立起一整套符合国际惯例的交易流程和制度规范，为国际间技术产权交易营造一个高效、安全的市场环境。

再次，以信息服务为核心，提高技术产权交易的信息化和专业化服务水平。我们已经设计开发出了全新的 GATE 门户网站，将逐步建立起一个符合国际间技术信息交流以及资本与技术对接的技术产权交易信息系统。

最后，通过这次合作，积极发展在国际上有一定影响力的企业财团或政府相关部门入市，探索建立国际化会员代理制度，完善技术产权交易中介服务体系。

各位来宾，经济越发展，竞争越激烈，合作越重要，这是全球经济网络化、信息化趋势下的内在要求，也是当今世界经济运行的客观现实。"联合国全球技术产权交易系统"的开通为上海、中国与世界其他国家和地区加强技术合作提供了一个有益的平台，我们感谢联合国开发计划署南南合作特设局和国际技术研究学院提供的这样一次合作的良机，愿与联合国发展计划署南南合作特设局和国际技术研究学院深化合作，与联合国各成员国、相关机构共享发展成果，携手创造更加美好的科技经济一体化合作发展的未来。

8. 南南全球技术产权交易所的
战略定位及其作用①

——在 2008 联合国南南发展博览会开幕式上的演讲
（2008 年）

非常高兴利用这个机会向各位沟通一下南南全球技术产权交易所（以下简称"南南所"）运转的进程情况。南南所在联合国南南合作特设局（以下简称"联合国南南局"）的指导下已经运营了几个月，我想把南南所运作进程和成就与各位做一下分享。

首先，南南所是在联合国南南局以及各有关方面共同推动下发起成立的，它的业务涉及技术产权交易、知识产权交易、环境能源交易、农业科技以及文化创意方面的交易。从南南所的战略定位来说，主要有以下几个方面。

一是技术成果商品化的全球性市场平台。因为科技成果、工程技术项目如果不与社会资本结合，它只能是束之高阁，成为放在书柜、档案柜里的一份资料，而不是现实的产业或者生产力，所以它一定要商品化才能实现其产业化。二是风险创业投资和私募股权投资的全球性市场平台。因为在南南所这个全球性平台上有很多技术商品化的项目，他们会吸引来自各方面的国际风险创业投资和私募股权投资进行各种投资

---

① 在 2008 年 12 月 19 日第五个联合国南南合作日活动上，作者应邀出席在联合国纽约总部举行的 2008 联合国南南发展博览会开幕式并作主题演讲。此为演讲稿全文，根据录音整理。标题为编者所加。

活动，所以它也是一个重要的各国各类资本流动、投资与要素配置的全球性产权资本市场平台，在南南所平台上现已聚集了30多家国际风险创业创意投资和私募股权投资机构，这些机构都在寻求通向发展中国家南南合作的一些"技术+产业"项目。三是科技企业并购重组的全球性市场平台。纵览全球成功的科技企业发展史，就是一部轰轰烈烈的并购史，在成长中并购，在并购中成长。科技企业要发展壮大，必须通过自身努力，还要通过并购重组。这种并购重组在当前全球新一轮创新浪潮的大背景下非常活跃，发展中国家在南南合作中的一些科技企业并购重组活动日益兴旺，这是新的创新背景下发展中国家进行招商引资，推动成果转化、产业发展、技术转移的一个重要的抓手。四是一个国际产学研金企一体化，推动科技产业化的全球性市场平台。各国的产业、大学、研究机构、企业以及金融机构一体化运作对形成创新链非常重要，我们每个发展中国家在发展进程中，必须注重构筑国际化产学研金企一体化的创新链，南南所就是为了帮助各个国家建立产学研金企一体化创新链的一个重要的全球性市场平台。五是优化配置全球生产要素资源的全球性市场平台。生产要素具有稀缺性、关键性与战略性特征，生产要素的优化配置非常重要，它的不同配置方法形成的生产力水平不同，它的落后配置只能产生落后生产力，它的一般配置能够产生一般生产力，它的先进配置能够产生先进生产力，所以，南南所是帮助各个发展中国家形成一种优化配置生产要素资源机制的全球性市场平台。六是南南合作发展文化创意经济的一个重要的全球性市场平台，在联合国南南局周一平局长的导向下，南南合作方面已经提出发展文化创意经济这一重要的概念，这几年已取得很大的探索性进展，南南所已成为推动南南合作、发展文化创意经济的一个重要的全球性市场平台。七是大力推动南南合作由输血机制转变为造血机制的全球性市场平台，联合国南南局周一平局长在多个重要场合主张，我们对发展中国家的援助要由输血机制转变为市场化造血机制，我们相信联合国南南所正是营造一种造血机制式的技术加资金新模式的技术援助和产业援助全球性市场平台。

技术产权交易实际上可以用四句话来概括：一是技术资源资产化。发展中国家都有很多经济资源，也有很多稀缺经济资源，如何把经济资源变成资产非常重要，如果不把它变成资产，它将永远停留在资源状态。只有通过各类交易，把资源变成资产的状态，可度量、可评估、可核算、可交易、可开发、可运用、可经营，才可能形成造富机制，才可能发挥更好的社会和经济效益。二是技术资产资本化。当技术成为资产后，很重要的一步是要成为资本，形成推动经济发展的资本动力。三是技术资本产权化。技术成为资本后，才可能走向产权，形成一种产权概念与形态，遵循产权经济学揭示原理，产权具有保护、流动、交易、配置、保值、增值的复合属性。四是技术产权金融化。就是提高产权的金融化程度，使技术产权发挥更积极地推动社会进步和经济发展的财富再造功能。归纳起来说就是技术资源资产化、技术资产资本化、技术资本产权化、技术产权金融化。南南所是一个具有造血功能的财富再造系统，它在联合国南南局的指导下由四个系统组成，联合国大会已经提出了千年目标，千年目标提出了很重要的发展任务，就是要解决南南国家发展当中的贫困问题，通过南南所运作是一个更积极的探索和努力解决问题的支点。怎样把有限和稀缺的技术、产业、资金、管理、信息变成发展中国家消除贫困，实现千年发展目标的抓手，这是摆在各个发展中国家面前的重要课题。

多年来，联合国一直采取资金加实物的方式，这种输血功能应该说是有需要，但这种输血功能也有它的弱点，怎样进一步改善，一种新的技术和产业援助机制形成迫在眉睫。为了改变这一状况，联合国南南局在推动技术加资金的新型产业协助机制方面发挥了积极作用，特别是在南南所建立以后的这几个月取得了很大的进展，我欢迎在座各位能够到中国上海的南南所进行参观、指导和考察，我们建立一个面向全球的公共、公开、公益的技术产权交易全球性市场平台，把各个国家成熟的技术、产业和资本转移到各个发展中国家，帮助发展中国家构建新型的技术和产业协助机制，推动他们发展，这十分重要。南南所的业务流程就是"技术＋资金"的南南合作造血机制新模式，包括南南所三层的财富再造流程结构，今天时间关系我不展开，欢迎各位到上海南南所去参观和考察，我们会做深刻的阐述、导向和释义。重要的是我们在很多发展中国家都建立了工作站，这工作站从建立到现在已有1000多个项目挂牌，20多个项目正在进入成交的谈判撮合中。我们营造了发展中国家的技术工作站、发达国家的合作工作站以及战略合作伙伴、各类投资机构等这样一个国际合作网络，推动南南所为发展中国家提供项目和产业技术援助的机制，我们相信这会结出丰硕的发展果实，它一定会通过各个方面的努力奋斗，结出技术和产业援助相结合的南南合作财富再造系统的发展果实。

南南合作所倡导的自力更生求发展的造血机制新型模式，"技术＋资金"新模式形成的产业推进机制和技术产权交易的实践，已经在一些国家和地区初见成效，取得一些成果，形成了许多精彩、经典的案例。

通过各方面努力，南南所财富再造系统交易现在涉及新几内亚、科特迪瓦、坦桑尼亚等国家，我们相信会有更多的发展中国家受益，南南所今年希望可以发展到几十个国家的工作站。我们准备在全球范围内建立一批技术工作站，搭建成果转化、技术转移和产业转移的桥梁，我们可以通过所有工作站，为技术和产业的转移机制做系列的培训。虽然南南所成立至今只有几个月，但已培训了几百名主要来自非洲的一些国家工作人员。我们希望通过南南所这个平台推动发展中国家各种形式的科技企业并购重组，优化配置生产要素，形成新的生产力，特别是在发展中国家进一步推动实施类似于埃塞俄比亚项目——阳光计划，通过阳光计划的实施，解决老百姓的就业、住房、收入以及新产业援助的形成机制。在联合国南南局的指导下，阳光计划正在推动中，通过南南所把"技术＋资金"新模式与项目实施地区的自然资源、经济资源和人力资源紧密结合，形成当地一种经济造血机制和自我发展的财富再造能力，解决人民的就业、收入与住房问题，促进各地区的稳定发展。明年五月，中国上海将举办世博会，到时候我希望各位可以参观上海世博会，世博会有个联合国馆，联合国馆中专门有个南南馆，按照联合国南南局的指示，我们在把世博会办好的前提下，利用世博前、世博中、世博后效应，充分展示各国的文化创意经济成果，为各个国家分享文化创意产业的发展成果，推动南南国家的文化创意经济发展。我们相信在联合国南南局的指导下，南南所今后会获得进一步的发展，在全球南南合作中达到合作、发展、共享、繁荣，为实现联合国的千年目标作出我们的努力和贡献。

9. 依托产权市场
推动文化创意产业发展[①]

（2011 年）

　　随着后工业化社会的到来，国内外大城市正在由制造业主导型经济向服务业主导型经济转变，创意产业由于能为经济发展注入创新活力与文化元素，引导其向高端化服务业升级，提升城市功能、放大现代经济规模，为城市人口提供多层次、多领域的就业机会而备受瞩目。当今，以发达国家为主的全球文化创意产业每天创造 220 亿美元产值，并以 5% 左右的速度递增。相对传统制造业，创意产业资源消耗少，是"绿色" GDP；经济附加值高、关联产业广，对国民经济发展促动力强；能够繁荣地方经济，活跃服务贸易，提供更多的就业机会。文化创意产业，正在迅速成为新的全球经济增长的驱动轮。

　　文化创意产业体现了国家和地区经济的创新性，是适应经济形势新变化进一步加快转变经济发展方式，大力发展低能耗经济、建设创新型国家和构建社会主义和谐社会的最优产业选择之一。发展创意产业，日益成为我国诸多城市可持续发展的突破口，而依托产权市场，最大限度地发挥其服务创意产业发展的市场平台作用也日益成为各方共识。

[①] 原载于《产权导刊》，2011 年第 11 期，第 16－18 页。

一、我国文化创意产业的发展概况

20世纪90年代以来，创意产业成为全球发展最快的文化产业之一。美国的文化产品出口自1996年以来就超过航空航天工业，成为第一大出口创汇产业；日本文化产业的规模比电子业和汽车业还要大，2005年动漫产业已成为日本第三大产业；韩国创意产业的产值甚至已经超过了传统的汽车业，英国创意产业产值仅次于金融业。

我国历史悠久，文化底蕴深厚，是世界上文化资源和遗产最多的国家之一。中华民族勤劳，富于智慧，素来善于创造。我国发展文化创意产业具有很好的基础和条件，市场潜力巨大。据统计，2005年中国创意产业的市场规模约1000亿元。当前，我国文化创意产业正处于方兴未艾的快速发展时期，"十一五"以来全国先后有10余个城市设立了国家级动漫产业基地，北京、上海、深圳、成都等城市明确把发展文化创意产业列入了"十一五"规划，推动了一批创意型行业起飞，建立了一批具有很高知名度的创意产业园区，聚集了一批具有创造力的优秀创意人才。

可以说，我国文化创意产业是有效需求高速增长、市场前景十分广阔、经济效益非常诱人的朝阳产业，但尚处在市场不成熟、需求不稳定、产业链尚不完整的发展阶段。综合国内外经验来看，在产业发展环境尚未完全成熟的条件下，政府的大力推动是产业发展的关键环节。而创意产业发展的根本动力源于民间创意主体，包括创造主体和消费主体，为此，致力打造创意产业服务市场平台、营造有利于创意转化为生产力的市场环境和建设促进创意成果转化的载体，将为创意产业提供强有力的支撑和坚实的依托，从而吸引国内外顶尖创意人才和企业的集聚。

二、产权市场是创意成果转化和文化创意产业发展的重要平台

产权市场在创意成果转化过程中具有枢纽的重要作用，是集物权、债权、股权、知识产权等交易服务为一体的专业化市场平台，为各类出资主体提供灵活、便捷的投融资服务，是半标准化、非标准化、权益性、基础性、综合性的产权资本市场，是完成创意成果转化和促进创意产业发展的重要平台。2004年至今，上海产权市场共完成各类文化创意产权交易上百亿元，对文化创意成果转化和文化创意产业的发展作出了积极的贡献。主要体现在以下四个方面。

（一）产权市场是各类要素集聚配置与流转功能的体现平台

产权市场作为一个横跨要素市场和金融市场的权益性、基础性、综合性产权资本市场，具有汇聚各类资本、要素并通过市场整合，促进各类要素有序流转的功能，从而起到了优化配置要素资源的作用。产权市场可以为各类创意主体提供各类融资、融智、融权服务，即通过汇聚各类资本，形成创意产业中小企业的投融资服务链，这一服务链主要包括股权托管、股权质押、融资担保、融资租赁、投资联盟、并购贷款、投资基金、为中小企业改制重组上市提供政策性、权益性和债务性融资服务八大环节；同时，也能够通过汇聚各类知识、技术等智力成果和文化、精神产品，促进其产业化和资本化，引导智力要素流向高效配置的经济载体，并根据政策引导方向，有效地保护知识产权，促进文化精神产品的产业化和合理流动。

（二）产权市场是信息披露功能和降低交易成本功能的体现平台

产权市场把现代市场体系发展过程中交易成本较高、市场秩序较

混乱但又对社会经济发展具有重要意义的市场资源，纳入有形市场的覆盖范围，通过阳光交易平台，保证了信息披露的真实性和有效性，从而集聚和发布市场信息，有效降低了交易双方的搜索成本、调查成本、谈判成本、保障履约成本等一系列交易成本，合理配置各类要素资源，提高社会要素资源使用效率。

（三）产权市场具有发现价格功能

产权市场通过公开、公正、公平、规范的制度安排及环境营造，通过最大限度地发动市场、发现买主、发现价格，通过健康竞争促进要素向掌握信息最充分、最能客观判断其真实价值的经济主体流动，从而发现其公允合理的市场价格。特别是对于像创意成果和创意产品这样先前没有完全市场化定价的产权，产权市场的定价功能显得尤为重要。

（四）产权市场具有优化配置要素资源功能

产权市场是各类要素资源的汇聚和配置的枢纽，根据市场需求状况，对各类要素产生不同的疏导、配置作用。产权市场具有资本要素"蓄水池"功能，引导不同资本进行多层次、多样化的平衡投资，为各类技术产权交易、文化产权交易和各类企业市场化融资提供优质、高效的专业化服务，从而起到调节行业景气、调控经济布局、优化经济结构功能。

三、依托产权市场，大力推进文化创意产业发展

创意产业作为生产价值链中高端的一环，是国家、地区与城市在经济领域的巅峰对决中制胜的核心因素。我们应充分发挥产权市场在资本和产业之间链接的平台优势，积极形成创意人才、信息和创新意识的集聚，促进创意成果的转化和产业的发展，运用文化产权交易机制，推

动创意资源资产化、创意资产资本化、创意资本产权化、创意产权金融化。

(一) 以内容产业、工艺设计创意产业和动漫产业为抓手，做大做强创意产业

内容产业包括各种媒介上所传播的印刷品内容（报纸、书籍、杂志等），音响电子出版物内容（联机数据库、音响制品服务、电子游戏等）、音像传播内容（电视、录像、广播和影院）、用作消费的各种数字化软件等，其主导产业就是视听传媒业。当前，内容产业蓬勃发展，在美国，新型媒体业已占了该国国内生产总值的 15%。我国是制造大国，因此，在制造中提高产品的附加值，提高产品的工艺设计水平，就需要大力发展工艺设计创意产业，包括广告、建筑艺术、手工艺品、时尚设计等内容，才能真正实现产业升级和结构优化。动漫产业是当前我国各城市发展创意产业的突破口，它有着广大的受众和市场，也是我国未来创意产业发展的重要方向。

(二) 加强制度建设，强化对知识产权的保护

知识产权保护不够和缺乏原创在一定程度上互相作用、互为因果，由于创意本身往往容易被"模仿""仿制""改造"，而制度的不完善和对知识产权保护意识不强烈导致很多原本属于原创的作品，无法拥有自主知识产权，无法取得相应的权益或收益，从而使得创作者缺乏认可和激励，导致原创动力减少。因此，只有加强对创意产业的知识产权保护，才能够从机制体制上为创意产业的发展保驾护航。

(三) 充分发挥上海文化产权交易平台的功能作用，积极推进文化产业发展

上海联合产权交易所参股的上海文化产权交易所是在中宣部、文

化部等部委指导帮助及上海市委、市政府的推动支持下，于 2009 年 6 月 15 日揭牌设立，是国内首家从事各类文化创意产业的股权、物权、债权、知识产权等交易服务，促进创意成果转化和引导各类文化产业投资等合作的市场化服务平台。截至 2011 年上半年，上海文化产权交易所共有 6000 个项目挂牌，涉及全国 25 个省市区，挂牌金额 2025 亿元。上海文化产权交易所致力于通过提高市场化运作水平，激发人们的创意热情，使更多、更好的创意转化为现实生产力，同时通过"公开、公平、公正"和透明的方式，使创意得到应有保护，使创意发挥应有价值。

（四）加大信息系统建设力度，完善全程网络化服务

信息系统是信息披露的重要载体和枢纽，是采集、披露和查询各类创意成果、产业发展及投资人相关信息的必需的工作平台。为更好地发挥产权市场信息系统平台的作用，上海产权市场将加大信息系统建设力度，着力抓好交易系统建设、共享和整合资源、网络安全建设、发展电子商务、管理信息化以及网络"协同商务"等，完善创意成果转化和投资人信息库，加强信息系统在风险管理和监控、管理信息系统的开发利用，以及对数据信息挖掘整理方面的功能，构筑创意产业数据库，提供创意产业及创意成果信息采集、筛选、确权、审核、发布、推介、反馈、询价、报价、竞价、结算、统计、分析、预警、处置等各环节一体化运行的全程网络化交易服务。

（五）强化增值服务意识和能力，进一步构建产权市场为创意产业发展的服务链

上海产权市场将围绕上海"四个率先"和"两个中心"建设的要求，助力文化创意企业实现"三个转变"：即从通用性、一般性创意产品开发转向"人性化、个性化"创意产品开发；从"以技术为中心模

式"运营转向"以客户为中心模式"运营;从"创意工作室"的低水平竞争模式转向"整合产业链"的一体化创新竞争模式,继续深化和完善产权市场为文化创意产业服务的八大产业链,为推动文化创意产业发展贡献力量。

10. 上海文化产权交易市场
发展新路径与新思考^①

（2014 年）

一、文化产业发展

文化是民族的血脉，是人民的精神家园。文化作为民族凝聚力和创造力的重要源泉，是国家和地区发展水平和综合竞争力的重要因素。文化作为产业最早起源于西方，文化产业概念最早可以追溯到 1926 年，由德国"法兰克福学派"的重要代表人物之一本雅明撰写的《机械复制时代的艺术》提出，但当时未引起人们的足够重视。此后，"法兰克福学派"另两位代表人物阿多诺与霍克海默在 1947 年出版的《启蒙辩证法》中，首次将"文化产业"概念替代"大众文化"。这一概念在西方学者们旷日持久的争论中迅速传播，逐渐被人们所接受。进入后工业社会以来，西方发达国家的生产方式发生了巨大变化，文化产业作为新兴产业，快速成为满足社会文化需求的有效手段和经济发展的新增长点。根据联合国数据，文化产业是当今世界经济增长最迅速的产业之一，美国、英国、日本等传统资本主义强国对文化产业的重视和输出有目共睹，近年来，韩国等新兴国家和地区的文

---

① 本文作于 2014 年 2 月 11 日。

创事业也蓬勃发展。

视线转向国内，我国高度重视文化产业的发展。"文化产业"概念在 1992 年国务院办公厅编著的《重大战略决策——加快发展第三产业》一书中首次被使用。文化产业自 2000 年写入中央文件以来，从 2002 年将文化区分为文化事业和文化产业，到 2011 年中央提出推动文化产业成为国民经济支柱产业。文化的社会地位由此可见一斑。自"文化产业"概念提出之后，学者们就已指明了文化在后工业时代显现的特征：它是附加在所有社会商品上的差异性、内涵性和品牌性的文化价值，超越了第一、第二、第三产业的边界，渗透到市场社会消费逻辑的每一个环节。

二、文化产权交易

文化产业的发展需要金融资本的支持，需要文化产权要素的流转，更需要虚拟经济的催化。此外，随着文化体制改革不断深入，文化单位纷纷由事业编制转为国有企业，成为市场的主体。但同时，由于文化产业的特殊性，文化企业在发展中面临着各种困难，如评估难、融资难、拓展难，文化与资本缺乏有效对接等问题。在此背景下，文化产权交易市场顺势而生。

通过文化产权交易市场公开交易，文化企业、项目、产品获得了"价值发现"，在各种经纪、评估、信用、评级、审计、法律、担保等中介机构的广泛参与下，与金融资本有效对接。文化产权交易平台的存在，使得文化领域不成规模的交易，转变为一种常态的、有形的、规模的、规范的市场交易，促进文化生产要素的流转速度，催生文化金融的商业新生态，形成规模集约效应。

中国市场经济大多是借鉴西方的理论，自主创新，领先西方的很少。文化产权是中国经济为数极少的一个从理论到实践的样板模式。

2004 年，上海率先在全国提出"文化产权"概念。2005—2007 年，上海在全国率先开展文化产权交易实践，实现交易金额 20 亿元。2009 年 6 月，上海文化产权交易所在全国率先成立并最早提出"文化金融"概念。自此之后，文化产权交易市场进入快速发展通道，各地纷纷成立交易机构，进行各自的探索和尝试。

由于个别地方文化产权交易所和技术产权交易所涉嫌违规，国务院于 2011 年 11 月发布《关于清理整顿各类交易场所切实防范金融风险的决定》（国发〔2011〕38 号），对各类交易场所进行清理整顿。文化产权交易市场从诞生、火爆、跟风、质疑、清理整顿再到重振旗鼓，经历了大起大落，文化产权交易市场在规范探索中不断前行。

三、上海文化产权交易市场发展回顾

经上海市政府批准，上海联合产权交易所、上海报业集团、精文投资有限公司共同出资，于 2009 年 6 月正式挂牌成立全国首个文化产权交易机构——上海文化产权交易所（以下简称"上海文交所"），专注于股权、物权、债权、知识产权等各类文化产权交易。

（一）一个战略定位

上海文交所以"立足长三角、服务全国、面向世界"为战略定位，积极拓展布局海内外文化要素市场，通过小机构大市场模式，在会员处设立服务窗口（专业平台），借用会员资源开拓各地市场，为各地文化产权转让孵化提供便捷服务。目前，近 30 家专业平台已经建立或正在建立，一个分布全球的规模化交易市场正在形成中。

（二）三项职能

在文化产权交易方面，上海文交所通过竞价交易等多种交易形式，相继完成了文化企业的股权收购、增资、实物资产等多种产权交易项目，涉及广播影视、互联网业等领域，有效实现了国有资产保值增值。与此同时，上海文交所还涉及文化版权、物权、知识产权等各类文化产权交易。至 2013 年底，上海文交所实现各类交易服务 666 亿元，累计挂牌超过 30000 个项目。

在文化融资服务方面，上海文交所正逐步成为一个"金融创新"的平台。依托上海"左手金融，右手文化"独特的区位优势，上海文交所不断发展金融服务机构，开发和拓展交易品种，推出文化金融产品。在发展金融服务机构方面，与中国工商银行上海分行合作设立我国首家直接服务于品牌资产评估、质押融资等金融化的"品牌银行"。在开发和拓展交易品种方面，先后梳理了演艺、动漫、影视、收藏、体育、品牌等超过 120 个文化子行业，启动了各类交易品种的研发交易工作，形成了比较齐全的文化产权交易品种体系。在文化金融产品方面，规范推出文化金融产品。

在文化综合配套服务方面，上海文交所已与近 500 家产权经纪公司、28 家评估、会计、审计、律师等中介机构，10 家评估（及会计、律师等）中介事务所、10 家基金、3 家银行、3 家投行、3 家拍卖行、2 家担保公司建立了战略合作关系，还有更多的中介服务机构处于日常接触中。上海文交所平台已汇聚各类文化要素，形成了集文化展示、交易、演艺、保管、融资、鉴定、评估、贸易、交流、培训等于一体的文化全产业链交易服务平台。

四、文化产权交易市场发展新路径与新思考

文化产权交易市场的重要性不言而喻，但也存在诸多问题亟待解决。为规范文化产权交易市场发展，国家制定并出台了一系列规章制度，包括中宣部等五部委《关于贯彻落实国务院决定加强文化产权交

易和艺术品交易管理的意见》（中宣发〔2011〕49 号）、财政部《关于印发〈中央文化企业国有资产评估管理暂行办法〉的通知》（财文资〔2012〕15 号）、财政部《关于印发〈中央文化企业国有资产产权登记管理暂行办法〉的通知》（财文资〔2012〕16 号）、财政部《关于加强中央文化企业国有产权转让管理的通知》（财文资〔2013〕5 号）、财政部《关于印发〈中央文化企业国有产权交易操作规则〉的通知》（财文资〔2013〕6 号）等，对文化产权交易市场具有规范作用。

文化产权交易市场要遵守相关法律、法规及各项规章制度，吸取经验和教训，进一步完善文化产权交易市场的自身发展和配套体系建设，尽快发展成为文化多层次资本市场的重要组成部分。

（一）进一步强化顶层设计和规划

2010 年 3 月，中宣部、中国人民银行、财政部等九部委联合发布《关于金融支持文化产业振兴和发展繁荣的指导意见》（银发〔2010〕94 号），要求"充分发挥上海文化产权交易所等交易平台的作用，为文化企业的著作权交易、商标权交易和专利技术交易等文化产权交易提供专业化服务"。从此，文化产权交易市场得到了国家的认可，被视为文化和金融对接的重要通道。2011 年 10 月，中共第十七届中央委员会第六次全体会议通过《中共中央关于深化文化体制改革推动社会主义文化大发展大繁荣若干重大问题的决定》，要求"健全现代文化市场体系，加快培育产权、版权、技术、信息等要素市场，办好重点文化产权交易所，规范文化资产和艺术品交易"。

顶层设计和市场治理有效结合，产业才能进一步做强做大。要立足于"完善文化市场体系"这一顶层设计，进一步明确文化产权交易市场在文化资源配置和对接金融服务所发挥的重要作用。进一步研究文化产权交易市场的具体功能和发展前景，明晰文化产权交易市场的地位和意义，从而构建文化产权交易市场发展的生态圈，推动文化产权交易市场健康快速发展。

（二）进一步推动交易模式多元化

目前，国内大多数文化产权交易机构陷入了困境，业务范围可以很广，但大多业务未能展开。文化产权交易机构具有有效的融资功能、合理配置资源功能、文化资源价值发现功能、健全多层次资本市场体系功能和制度规范功能没有完全发挥。这固然与市场大环境有关，但内因决定外因，主要还是因为交易所产品结构不丰富、交易品种种类不多、跨界融合不够、商业模式不成熟等。

在传统文化产权交易市场，影视、动漫、出版等细分领域，均可以研究通过交易平台衍生出另一个全新的交易市场，关键还是要设计出有价值的交易产品，继而通过"价值产品＋规模交易＋配套服务＋金融创新"来推动文化经济集成交易平台建设，打造文化经济集成商。在创新文化产权交易市场，需要金融规范参与。文化产权交易机构在合法合规的前提下，可以引入更多金融工具，如基金、信托等。

（三）进一步着力打造配套服务体系

文化产权交易综合配套服务主要包括评估、登记、确权、托管、保管、信息发布、结算、鉴证、保险、信托、资信评级等。在进行文化产权交易服务过程中，每个环节均需要相关配套服务来支撑，否则难以实现交易。然而现状是，部分配套服务相关环节的机构虽然存在，但大多弱小，自身都难以存活。

配套服务作为文化产权交易市场的重要构成部分，建议以政府指导、市场主导方式来推动建设。建议政府通过专项资金、税收优惠、引导对接等方式，推动各界支持并联合培育文化相关中介服务机构，继而通过文化产权交易机构来对接市场。

（四） 进一步健全政府监管和行业自律体系

建议将政府监管部门外部监管与行业协会内部自律相结合，更好地引导行业规范发展。在政府监管方面，建议细化监管主体、监管内容、监管原则。在行业自律方面，应成立行业协会组织，在政府的统一协调下建立上下沟通、内外互动机制，制定行业执业标准和自律规则，发挥自律监管作用。

11. 上海产权市场
为中小企业提供融资服务①

——在第五届中国国际金融论坛的主旨演讲

（2008 年）

在当今世界经济格局正在发生急剧变化的大背景下，特别是世界经济遭到国际金融危机冲击的状态下，中国的经济面临着很多不确定性的因素，呈现出波动性、挑战性、复杂性。面对这些情况，中小企业怎样迎接挑战、抓紧机遇，实现自身发展，这是一个非常重要的问题。

近年来，中小企业的发展出现了各种各样的情况，中小企业怎样坚定信心、把握机遇发展自身，显得更为重要。今天的论坛，更有一个实在的现实意义。

从产权市场角度看，上海产权市场已经出现了各种资本同台竞争的局面。各类资本在国际形势不确定因素增大的情况下，在市场的集中度反而得到了提升。在这个国际国内的大背景下，如果中小企业能够坚定信心，抓住机遇，就能利用各种机会实现企业的发展。如果中小企业不能坚定信心、抓住机遇，就会失去发展的机遇。相信大家都会有很多的体会。市场经济在越困难的时候，体现的难度越高，给企业提供的机

① 原载于金融界网，2008 - 09 - 21，http：//bank. jrj. com. cn/2008/09/000004002071. shtml。
2008 上海陆家嘴金融博览会暨第五届中国国际金融论坛于 2008 年 9 月 21 日在上海召开，作者在论坛上作主旨演讲。

遇也会越多。谁坚持下来，谁就会有更多的机遇。

从去年特别是今年上半年以来，我们发现中小企业的股权融资成为一个投资的概念。我们一直说中小企业的发展中，科技成果的转化和产业化主要有八大要素。这八大要素是企业做大、做优、做成功的基本组合。在以往的企业发展中，大家往往有一种传统思维，就是完全靠自己的资本，靠自己的能力、财力把这些要素组织起来。现在很多中小企业完全靠自己的能力把八大要素组合起来，有的时候其实是勉为其难，确实是实力和能力不够。中小企业可以借助产权市场，通过产权交易方式实现大家交叉持股，或者融资的方式，或者租赁的方式，实现各种要素的搭配。这样可能会实现更好、更快、更省成本的发展效果。

从科技企业、中小企业的成长角度看，企业从科技成果的研发阶段一直到现在的产业化阶段，不同的阶段需要不同规模的资本市场和资金为企业提供支持，企业才能做大、做优、做强。在全世界，很少有哪一个中小企业在没有外来资金的情况下完全靠自己的资金支撑发展。一般情况下，企业都需要在不同阶段得到不同资本的支持。

大量中小企业的发展成长，还是缺少为他们提供投融资服务的市场平台。现在的产权市场，实际上已经取代了传统的融资服务方式。有一位经济学家讲了一个观点，中国的产权市场实质就是中小企业投融资服务市场平台。产权市场每年的企业融资额在不断扩大，2007 年中国产权市场占整个企业融资比例接近10%。

在证券市场上市的一些企业之外，其他的企业都可以到产权市场进行产权融资。上海产权市场可以为大家提供各种投融资服务、科技成果转化为产业化的八大要素配置等服务。此外，也可以通过产权交易来推动企业各种形式的并购，使各种生产要素实现优化配置，要素的一般配置只能产生一般的生产力，如果是先进的配置，就可产生先进生产力。对中小企业来讲，道理同样简单。如果靠自己的一般配置，只能产生一般的生产力。有的企业是家族化的管理、家族化的配置要素，那一般只能产生落后的生产力或一般生产力，很小概率是先进生产力。通过资本市场、产权资本市场的要素优化配置，交易所可以培育先进生产力。这次国际上发生了很大的金融危机，越是碰到金融危机，一些大集团越会通过兼并、重组的方式规避危机的冲击。这方面已经有很多的案例。但实际上即使在经济健康发展的情况下，国外的企业也善于用兼并重组的方法实现企业产权的优化配置。各位中小企业手里掌握的产权，就是重要的经济要素资源。对于这种重要的经济要素资源，怎样把它作为一种稀缺的要素资源配置好，这就需要努力。近年来，在国际私募股权基金非常活跃的情况下，中国的本土基金在海内外的投资也非常活跃。这些私募股权投资过的企业，大多产生了非常好的成长效果。从一定程度上讲，也实现了将这些产权资本要素进行优化配置，推动了中小企业的发展。可以说，私募股权投资是当前中小企业解放生产力的重要动力。

中小企业可以通过交易所利用产权交易方法推动私募股权投资，推动企业的横向并购、纵向并购、混合并购。中国是一个非常大的市场，今天参加会议比较多的是长三角地区的中小企业。珠三角、长三角都是中小企业非常活跃的地方，而且它的活跃程度远远高于其他的经济区域。从长三角区域的中小企业角度看，后面有中部地区与西部地区。中西部地区的广阔空间是中小企业发展的一个非常大的战略空间。在这样的情况下，中小企业应该调整自己的发展方向和战略。产能过剩是中小企业面临的大难题，要破解这一难题，要创新发展，就需要同业并购，展开横向并购，化解产能过剩，拓展市场份额，减少竞争对手。纵向并购主要指产业上下游之间的并购，主要是降低企业成本，提高经营效益。美国的六次并购浪潮留下难忘启示，一百年前美国的并购浪潮就是从横向并购开始的，到第二次走向了纵向并购。通过前三次的纵向、横向并购，美国企业大洗牌，得到了重新的调整，行业结构、企业布局、经济结构逐步合理优化。从中国的目前情况看，这种并购才刚刚开始。越来越多的国有企业完成体制内部改革，走向体制外调整，这是中小企业与国有企业进行融合，开放横向并购、纵向并购的机遇期，对中小企业是非常难能可贵的，对私募股权投资来讲也是非常难能可贵的。

还有一个是混合并购。有条件的可以展开，没条件的可以做一些观察与研究。国内有一些国有、民营企业到了一定时候也想走出去发展。交易所在组织一些国家发展和商务环境专题介绍，与企业做对接和交流，希望能得到企业的理解和把握。

产权市场实际上具有三个特征。第一是流动性，产权市场本身是一个企业产权流动的市场平台。产权不应该是固化的、不流动的。国际上一般正常的企业产权都要流动，更何况是企业不健康、遇到危机的情况下，企业更要通过适当流动产权规避风险、优化生产要素配置。为了适应企业的流动性，产权市场应运而生。产权市场现在的产权流动量，已经超过了50％。第二是融资性。因为产权作为一种重要的要素资源，它具有融资性。企业可以通过出让部分产权进行融资，在产权市场大家已经做了很多的实践。从一般的产权转让已经发展到产权融资。第三是配置性。产权市场有要素资源配置的能力，通过这种配置能力，可以化解一些风险，也可以提高要素资源优化配置的效率，更有利于发展先进生产力。产权市场可以通过产权交易换取市场份额、换取技术、换取融资、换取改制、换取管理、换取投资等方法，优化生产要素配置，帮助中小企业加快转型发展。

现在投入产权市场以股权换市场的做法也越来越多，也有以产权交易换取技术作为技术更新手段，以产权交易换取各种融资等。此外可以通过产权交易换取改制，中小企业交易量占比较大。

产权交易也可以为管理团队持股创造条件。比如企业拿出一定比例的股权，把一定比例的股权让渡给管理团队，引进同行业中最优秀的管理团队进入管理。这样企业才能管理好。把经营权、所有权适当分离，选择优秀的经营管理团队管理，这也是一种优化人力资本管理的选择。

另外是以产权交易换取投资。今年上半年的中小企业融资成为一大亮点，今年上半年比去年同期增长一倍，这也说明了股权投资在产权市场上是非常活跃的。私募股权投资发展十分活跃。亚洲的私募股权基金的增长非常迅速，它的高位持续创新，也说明了投资热点转向一些新的经济体。除此之外，2007年国家颁布了《合伙企业法》，为中国私募股权投资基金打下了一个坚实的法律基础。本土的私募股权基金也活跃起来了。

2007年通过上海联合产权交易所进行投资的已经涉及全国24个省市和自治区。上海产权市场已经成为私募股权投资进入各地、各类企业进行股权投资的桥头堡。私募股权投资在产权市场的进入和退出，它的量差不多是相等的。这也说明了它的健康发展态势。另外，私募股权投资不仅仅使中小企业资和，更体现出了人和。由新的企业带来新的管理理念，提升了中小企业的企业价值。

私募股权投资与中小企业的结合，能解决中小企业融资难的矛盾。这也有助于缓解中小企业融资难的问题。另外，产权市场也可以为本土的私募股权投资发展提供一个舞台。从产权市场本身来讲，交易所可以拓宽本土的民间资本投资空间。2008年非国有的经济主体产权交易呈现正常态势，这就为交易所拓宽民间投融资渠道提供了很大的便利。产权市场能够成为国内外私募股权投资大展宏图的市场平台，交易所去年以来也不断召开一些项目推介会，比如私募股权投资的项目会。交易所感到通过促进私募股权投资跟中国产权市场的结合，将更有利于拓宽中小企业的融资渠道，帮助中小企业获得更多的融资支持。中国这个新兴的经济体，可以为国内外的私募股权投资创造一个更为活跃和发展的健康环境，这有利于企业拓宽投融资渠道，提升企业的价值，推动企业生产要素的优化配置。

中小企业要通过和产权市场的对接，获得各种投资机构的帮助，实现投融资发展的目标，使中小企业在对接各种投融资的过程中，不断提升企业的价值，获得更大的健康发展空间。

第五编

行业建设与未来展望

1. 充分发挥共同市场作用
共同推进区域产权市场建设^①

——长江流域产权交易共同市场
第三届理事会工作报告

（2007 年）

回首 10 年来，长江流域产权交易共同市场全体成员相互理解、相互支持、相互鼓励，携手奋进、共渡难关，大胆探索、不断创新，初步建立了区域性产权交易市场体系，这一跨地区产权交易共同市场的建立和运营，为创建全国性产权交易市场体系积累了宝贵经验，得到了国务院国资委领导的高度评价。目前共同市场已有成员 48 家，分布在长江流域南北 15 个省，真正成为一个辐射南北、联结东西、跨越中部、面向国际，在中国最具有影响力的区域性产权大市场，长江流域共同市场也已成为我国企业并购重组的重要产权资本市场平台。目前，长江流域共同市场会员单位已由以交流、合作为特征的松散型合作伙伴关系，发展到以信息化和一体化发展为特征的紧密型战略合作伙伴关系的新时期。

一、3 年来主要工作回顾

3 年来，共同市场积极贯彻国务院国资委 3 号令及其配套文件的要

---

① 原载于《产权导刊》，2007 年第 9 期，第 53－55 页。

求，紧密联系与团结各地产权交易机构，积极围绕长江流域产权交易共同市场第三届会员大会提出的发展目标，紧紧抓住规范、创新、发展三大中心工作不动摇，在实践中不断规范，在合作中大胆创新，在联动中共同发展，已初步构建起长江流域跨区域产权交易市场平台，为推动全国产权市场健康、快速发展积累了经验，作出了贡献。3年来，我们主要做了以下三个方面工作。

（一）构建跨区域信息网络共享平台，推动区域性产权市场信息化和一体化发展

为了促进共同市场信息化建设，以信息化促进共同市场共同发展，上海联合产权交易所把经国务院国资委产权局认可的产权交易管理系统和竞价系统无偿提供给各兄弟机构，并进行了培训、使用和维护。目前上海联交所已为全国17家省级机构、7家地市级交易机构安装了产权交易系统。信息平台的建设，有力地推进了长江流域地区产权交易市场信息化和一体化建设。

（二）支持各省产权市场整合统一，推动区域性产权市场集约化发展

江西省产权交易所率先实现了全省产权交易市场的统一；2004年9月，湖南省产权交易所探索成立了全省产权交易协会；2005年，云南在原5个分散的市场基础上，整合组建了统一、规范的云南省产权交易所；湖北省产权交易中心在海南会议上介绍了全省产权市场"五个统一"的经验；2006年在西安召开的共同市场会员大会，将"积极推动建立统一的省级产权交易市场"写进了会议决议。共同市场大力推动区域产权市场建设的探索，为形成全国性的产权交易市场体系积累了宝贵的经验，受到了国务院国资委领导的高度评价。

同时，共同市场还积极支持、配合由上海、湖北、天津、北京、黑

龙江5家产权交易机构组成的筹备工作组，积极筹建"中国产权交易机构行业协会"。在国务院国资委产权局的指导下，我们花了一年时间，进行课题调研和方案设计。2006年，受国务院国资委产权局委托，由上海联交所和江西省产权交易所共同在井冈山协办了中国产权交易机构行业协会发起人会议，有力地推动了全国行业协会的筹备进程。

（三）加强理论研究、促进制度创新，扩大区域性产权市场的辐射力、影响力和渗透力

2004年，我们承接了国家自然科学基金委员会管理科学部主任基金应急项目"中国产权交易市场的建设与管理"课题，并在全国招标。2004年11月中旬，共同市场理事会与国家自然基金委在上海联交所召开项目中期成果报告会，同时召开了"中国产权市场建设与管理高级研讨会"及全国"产权市场发展实务研讨会"，全国人大常委会副委员长成思危出席了会议。此次会议，对于明确产权市场定位，发挥产权市场功能，支持产权市场发展起到了积极的引导和推动作用。

2005年初，我们提出要以提高风险防范意识为主题，召开一次全国会议，被国务院国资委领导采纳，并作为商务部、国务院国资委在厦门"中国投资贸易洽谈会"上主办的重要论坛之一。2005年9月10日，上海联合产权交易所和福建省产权交易中心共同承办了这次会议，厦门产权交易中心也给予了很大支持。会议的组织工作得到了国务院国资委领导的充分肯定，进一步扩大了共同市场的影响力，厦门会议后，实质性地启动了全国行业协会的筹备工作。

2006年3月，上海联交所主办了"创新产权交易竞价方式研讨会"，时任国务院国资委产权局副局长邓志雄到会并作专题报告，很好地推动了产权市场竞价交易的发展。

为了总结我国产权市场的发展经验，推动共同市场发展，在全国人大和国务院国资委的支持下，共同市场牵头组织编撰了我国第一部产

权年鉴——《中国产权市场年鉴》。至今已完成了 2003 年至 2006 年的产权年鉴编辑工作。年鉴是共同市场为中国产权市场做的一项有意义的基础工作，受到国家有关部门和社会各界的好评，成为各类投资者和业界人士的产权资本市场实用性工具书。

自 2004 年第七届上海国际工业博览会上设立产权交易业界唯一的国家级奖项——产权交易最佳策划奖开始，截至 2006 中国国际工业博览会，共组织了 3 次评选，有 8 家共同市场会员获得了其中的 13 个奖次，获奖比例占到全国 60% 以上。其中，江西省产权交易所推荐的《国有金股奠定转让大型国企基础》和福建省产权交易中心推荐的《创新铸就"雪津"神话》先后获得金奖，很好地扩大了共同市场在全国产权交易界的影响力。

二、当前的形势和任务

2007 年后 3 年是贯彻落实"十一五"规划的关键时期。按照规划纲要，产权市场在多层次资本市场建设、国有企业重组改制、中小企业发展、产业结构调整以及科技创新等方面，具有前所未有的广阔空间和加快发展的大好机遇。与这一形势相适应，各地产权交易机构必须从单打独斗向规范、联合、统一的产权资本市场方向积极过渡。这是一个不可逆转的战略方向，对共同市场来说也是一个共同发展的战略机遇，各会员单位必须予以高度重视。

经过这些年的探索实践，联合起来、规范发展、科学发展、和谐发展和共同发展已经成为大家的共识。为此，本届理事会从实现"共同市场一体化发展"的新突破、新活力、新局面、新发展的战略高度出发，集中主要精力，确定有限目标，抓住关键环节，力图重点突破，着重提出"一个战略、两项计划、三个机构、四个发展"的总体发展战略思路。

一个战略：共同市场新一轮发展战略，要紧密围绕信息化，推动共同市场一体化发展这一主线，从统一交易规则、统一信息平台、统一协调监管等方面"三管齐下"，加快区域性产权市场信息化、规范化、国际化、资本化的建设步伐。今后 3 年，共同市场的总体目标是：以和谐发展、科学发展为指导，以创新发展为动力，以规范建设为生命线，以信息共享为先导，以项目合作为载体，以科技产权的资本化运作为后劲，大力推进互利合作，以信息化为抓手，共同推进区域产权市场一体化发展，努力把共同市场建设成为具有中国特色的企业并购市场和企业股权交易市场，建设成为规范化、市场化、信息化、国际化的资本市场平台，建设成为立足长江流域、服务全国、面向世界的国际性产权交易共同市场。

两项计划：制定"统一交易规则"和"信息化统一产权大市场"计划，并抓紧在共同市场成员单位中实施。在统一交易规则基础上，探索共同市场成员单位在项目运作上，同步采集、同步挂牌、同步推介、同步交易的"四同步"项目联动合作新方式；探索建立以"四个同步"为特点的"长三角区域产权交易网上市场"，待条件成熟时，再建设"长江流域产权交易网上共同市场"，激活共同市场新一轮发展动力。

三个机构：建立业务标准委员会、利益协调委员会和督察工作委员会，探索建立会员间重大问题磋商机制和自律规范机制，促进共同市场会员单位产权交易的信息化、标准化、规范化和一体化建设。

四个发展：一是以先进的信息数据网络为技术支撑，加快共同市场信息化共同发展；二是以总结、归纳、课题研究、交流、创新为载体，加快共同市场成员单位的交易业务规则一体化、规范化发展；三是以协调、监督为手段，加快推动共同市场成员单位的平等、合作、自律、规范、发展；四是以共同市场为载体，加快区域性产权市场一体化、实体化发展。

三、下一阶段工作要点

（一）统一平台，分步建设、实施区域性信息系统

一是做好基础设施建设，积极推广经实践验证、确认有效的应用软件系统，逐步实现信息软件的兼容与统一，构建共同市场的项目挂牌、报价询价、信息披露、交易管理、数据统计、项目推介、竞价交易等共享系统。

二是试运行网上产权交易系统，积极推动信息共享、资源共享。改进系统性能，完善系统功能，并着手建立"长三角区域产权交易网上市场"。

三是构建及实施区域性产权交易网上市场。在总结"长三角区域产权交易网上市场"试运行情况后，统一更新、升级，进一步构建及实施"长江流域产权交易网上共同市场"，以信息化加快区域性产权交易一体化进程。

（二）统一规则，规范共同市场内各机构的交易行为

逐步制定共同市场内统一的信息发布标准、收费标准、交易规则，努力实现各会员单位之间的交易规则相互统一和接轨。按照规范、可操作的原则，经过一定的程序，制定共同的规范标准，在共同市场内统一施行。

（三）统一协调，探索合作互助、利益共享机制

当前，一方面，要大力发展双边和多边合作，强调平等、互利、共赢。另一方面，要鼓励共同市场成员间通过项目合作，形成利益共享局面。通过利益与责任间的匹配，在共同市场成员之间逐步建立成果共享

和行为约束相结合的协调机制。

（四）提升素质，加强人才队伍建设

2005 年，共同市场与上海市人事局合作探索制定产权交易系列任职资格评价系统。这项工作也得到了国务院国资委产权局的认可，建议我们先行先试，为产权市场的人才队伍培养积累经验。2006 年，在上海市人事相关机构的支持下，这项工作已正式启动。目前，已开展三期专题培训，来自 35 家产权交易机构的 160 多人次参加了培训，反映良好。下一步我们计划在共同市场内部，分批进行产权交易的系统培训。同时，我们还要积极探索与境外资本市场的互动交流，组织出国和跨境培训。

（五）探索多元会员结构，加大会员队伍建设力度

从市场化发展要求来看，适当扩大会员范围，有利于为共同市场发展带来新的活力，也有利于扩大共同市场的市场辐射力。在新的形势下，积极探索多元会员结构，逐步扩大会员规模是十分必要的。新发展会员的主要对象是与产权市场密切相关的投资机构和中介机构。

让我们携起手来，在合作中求发展，在发展中求合作，开创产权交易机构区域合作、互利共赢的新局面，为把共同市场建设成为立足长江流域、服务全国、面向世界的规范化、市场化、信息化、国际化的产权资本市场而奋斗！

2. 开创中国产权市场发展的新局面[①]

——在中国企业国有产权交易
机构协会成立大会上的讲话

(2011 年)

　　我们盼望已久的中国企业国有产权交易机构协会现在成立了!

　　在党中央、国务院的正确领导下,我国改革开放不断深化,经济发展方式加快转变,中国特色社会主义伟大事业深入推进。回顾 30 多年改革开放历程,产权市场是在我国生活资源商品化、生产资料商品化和生产要素商品化进程中逐步发展起来的,已经成为我国新兴的产权资本市场。多年来,特别是国务院国资委和财政部 3 号令《企业国有产权转让管理暂行办法》(简称"3 号令")颁布以后,在全国范围建立起企业国有产权进场交易制度,产权交易市场在服务于国有企业改制重组和流转过程中,自身也进入了快速发展轨道。一是市场规模日益扩大,国资国企改革重组主渠道功能显著增强;二是市场配置要素资源的作用得以体现,发现买主、发现价格功能显著增强;三是市场体系日益完善,形成了覆盖全国的产权交易市场网络体系;四是市场运行日益规范,企业国有产权转让交易的一系列制度规范陆续出台,为市场的规范运转提供了有力的制度保障;五是市场格局日益开放,企业国有产权、

　　① 2011 年 2 月 15 日,中国企业国有产权交易机构协会成立大会在北京举行,作者当选中国企业国有产权交易机构协会第一任会长。此为作者在成立大会上的讲话稿。原载于曹和平主编:《中国产权市场发展报告(2010—2011)》,北京:社会科学文献出版社,2012 年 1 月,第 39－42 页。

金融国有产权、国有行政事业单位资产、法院涉诉资产等各类公有产权也开始在产权交易市场中进行转让；六是市场功能日益提升，通过创新交易方式拓展市场融资功能等多种方式满足投资者需求。

"十二五"期间是我国产权市场从粗放型发展到质量型发展、规模型发展到规范型发展、外延型发展到功能型发展转型的关键时期。大力提升产权市场市场化能级，对于充分发挥市场在要素资源配置中的基础性作用，更好地服务于国资国企改革、服务于各类企业并购重组、服务于中小企业发展、服务于科技创新、服务于生产要素资源优化配置具有十分重要的战略意义。产权市场是我国一个新型的资本市场，与西方发达国家有着 200 多年发展历史的资本市场相比，在市场统一、市场结构、市场功能、风险防范等方面都有不小差距。协会要以研究制定"十二五"全国产权市场行业发展规划为契机，准确把握全国性、行业性、非营利性的协会机构定位，紧紧围绕"规范、创新、合作、自律"的发展主线，以全国产权市场"制度化、程序化、规范化、市场化、国际化"建设为发展动力，不断强化协会自身机构建设，着力抓好对行业发展有长期效应的机制性基础性工作，为实现产权市场又好又快发展做好服务。

一、加强行业交易规则统一力度，进一步强化市场制度化建设

产权市场健康发展的关键在于制度建设，统一规范的制度才能保证市场高效有序运行。3 号令及其配套文件初步建立起了一套企业国有产权交易制度，但各地产权交易机构在组织形式、管理体制、交易流程、统计数据、运行方式等方面还存在很大差异。为了进一步强化、优化、细化企业国有产权规范交易体系，协会要抓紧牵头制定全国范围内统一的交易操作细则、业务标准和统计方法，并根据市场发展不断完

善，把法律、法规、政策转化为覆盖企业国有产权交易全过程的规范化制度体系。

二、加强行业风险防范力度，进一步强化市场程序化建设

强化市场风险防范意识是产权市场实现规范发展的前提和保证。产权交易机构要不断提高风险防范能力就必须不断优化信息披露，做到在同一时点对同一对象披露同样的真实信息；要完善业务审核、市场交易等程序，自觉、主动地接受国资委和协会的监督。协会要组织调研并不断完善风险动态监督防范系统，使各地机构风险防范职责更加清晰，程序更加规范，监管更加有效，不断提升产权交易全程风险防范的水平；要不断优化、细化市场交易程序。可以参照《关于建立中央企业国有产权转让信息联合发布制度有关事项的通知》的各项要求，联合制定全国性的《交易项目审核标准及程序管理细则》《意向受让人资格确认实施细则》等交易操作细则。

三、加强行业自律机制建设力度，进一步强化市场规范化建设

用发展的眼光来看，全国产权市场建设虽然初见成效，但产权市场发展还有许多工作需要我们团结起来、齐心协力来做。产权市场必然有竞争。合适的竞争能促进市场发展，但应当提倡在一定的市场规则前提下健康、有序、规范竞争，在提高市场服务水平上竞争，在市场制度建设上竞争，在维护市场"三公"形象上竞争。从这个意义说，行业合作是产权市场发展永恒的主题，这不仅对整个市场有利，对每一个会员健康发展更有利。协会要牢固树立"规范是产权市场的生命线"的观

念，必须坚定不移地走规范发展之路，重视规范市场行为，确保全国产权市场规范运行，维护行业整体形象；要发挥行业专业性的优势，要建立行业人员依法诚信执业标准，制定完善行业人员廉洁从业的制度和机制，加大全行业反腐倡廉建设力度；要建立健全全行业规范执业检查监督机制，对履责情况和规范交易情况进行督察，有效预防违反市场公平规则、损害各类投资主体合法发展权益的行为；要及时总结、推广行业规范化建设经验，形成良性互动、市场规范发展的长效机制。

四、加强行业创新服务力度，进一步强化市场化建设

产权市场是中国特色社会主义建设过程中一种制度创新结果，必须坚定不移地走创新发展之路。协会要在信息集散、交易功能、交易方式、交易品种、人才培养、理论研究等方面创新上有所作为，为会员实现健康持续发展提供服务。协会要整合全国企业国有产权交易资源，进一步增强为各类生产要素优化配置服务的能力；要对会员的业务创新组织市场前景研究和进行市场风险评估，用于指导全行业的发展；要加强理论研究，办好自己的刊物和报纸；要争取国家相关部门的指导，建立行业专业职称体系，为行业健康发展打造一支过硬的专业人才队伍；要组织行业交易数据统计研究，出版自己的年鉴，为社会为国家管理部门提供权威的行业统计数据；要建立协会的门户网站，全面反映全国产权市场发展情况，帮助会员发布各类信息，作为全国产权市场宣传的重要信息平台。

五、加强行业持续发展力度，进一步强化市场国际化建设

随着我国对外改革开放的不断深入，在生产要素全球优化配置的

大趋势下，我国产权市场国际化发展趋势将不断凸显。我们要争创具有一流水准的品牌协会，努力把协会建设成既符合中国国情又具有国际水准的社会团体；要积极开展对外国际合作交流，加强与国际资本市场的直接交流合作，加快我国产权市场的国际化进程，努力把产权市场建成既具有中国特色又能与国际接轨的资本市场；要以国际化的视野来加快产权交易方式和品种的创新，推动全球"技术 + 资本"的合作，构筑国际化科技经济一体化发展的"造血机制"，使我国产权市场成为国际各类资本进退中国市场的重要市场平台。

我们要以中国企业国有产权交易机构协会成立为契机，在国务院国资委的领导下，重规范、强服务、树品牌、促发展，为实现"十二五"期间我国产权市场新的发展开好局，起好步。协会要紧紧把握国资国企深化改革、产业结构布局优化、区域经济协调发展以及经济转型、创新发展进程中的重大历史机遇，深入学习贯彻落实科学发展观，从更宽领域、更大范围和更深层次提高产权市场服务能力，加大产权市场的"制度化、程序化、规范化、市场化、国际化"建设力度，开创中国产权市场"规范、创新、健康、有序"发展的新局面，为国有企业改革和国有经济结构调整作出新的贡献。

3. 规范、创新、合作、自律，
为我国产权市场科学发展而共同奋斗①

——在中国企业国有产权交易机构协会
第一届一次理事会上的讲话

（2011年）

　　我国的产权交易市场是在国有企业改革和国有经济结构调整的情况下，在建立和完善中国特色社会主义市场经济体制条件下诞生和成长起来的。党中央、国务院高度重视和关心中国产权市场建设，国务院国资委自2003年春成立以来，始终坚持积极推动企业国有产权进场交易制度建立，监察部、财政部、发改委、工商局和证监会等国家部委大力支持产权交易行业的发展，我国产权市场才有了今天欣欣向荣的局面。2011年2月，中国企业国有产权交易机构协会的成立，搭建起产权交易机构与政府、社会之间的沟通平台，扩大了产权市场的影响力，促进了产权交易机构的规范自律，增进了产权交易机构之间的沟通合作。

　　多年来，全国产权交易界的同仁以产权市场创新发展的探索与实践为使命，以产权交易机构交流合作与对话为平台，以促进我国产权市场的持续、稳定和健康发展为宗旨，积极探索我国产权市场的制度创新、产品创新、服务创新和技术创新，推动了国有产权和其他各类产权

---

　　①　原载于《产权导刊》，2011年第8期，第46－47页。

的有序流转，实现了产权交易机构之间的互联、互通、互助、共赢，取得了令人瞩目的成绩。今天，我们围绕"规范创新——产权市场的未来之路"的主题，按照"协调、创新、民生、低碳、改革"的基本要求，积极探讨构建新型资本市场的方向，寻求产权交易机构的未来发展，是十分有意义的。

谋求产权市场的繁荣和发展是我们大家的共同心愿。随着产权市场业务的拓展和交易规模的扩大，我国产权市场的发展面临着新的机遇和挑战，这是需要我们共同面对的课题。我真诚地希望各位专家、各位学者、各位领导出谋划策，共商中国产权市场发展的大事，让我们这个论坛活动成为汇集行业精英、凝聚各方智慧、碰撞创新火花、推动事业进步的阵地。

一、规范运作，把产权交易机构打造成保障产权有序流转的平台

规范化是做好国有产权交易机构工作的生命线。但是，要实现交易规则统一、程序透明、操作规范、竞争有序的产权市场建设目标，提高产权交易机构的公信力，我们的路还很远，任务还很重。我们要坚持产权流动、交易与配置的市场化发展方向，加强产权管理工作的"规范化、市场化、程序化、信息化、制度化"建设，尽快研究制定产权交易业务标准，制度体系，发展规划，尽快建立全国范围的交易规则、业务标准、统计方法。协会即将设立的"业务标准研究委员会"要尽早开展工作，履行职责。统计制度不健全、统计方法不统一的问题，一直困扰产权界。最近，协会秘书处与国家统计局统计科学研究所就此进行了商讨，拟委托该所认真研究，报请国家统计局批准，2012 年实施统一的统计制度方法。这种借助权威机构智力为我所用的方法很好。最近，国资委产权局布置我协会，对全国产权交易机构的经营范围开展调

查，摸清产权市场的实情，重点是要摸清一些机构将非上市股份公司股权拆细后连续或变相连续交易的问题，以防范风险。协会近日将发文安排这项调查。希望各机构积极支持和配合，高质量地完成产权局交给我协会的任务。

二、探索创新，把产权交易机构打造成业务拓展充满活力的平台

创新是一个民族自强不息的不竭动力，创新给产权交易机构注入活力，创新驱动产权市场向前发展。协会即将设立的"市场创新委员会"要建功立业。一是要扎实做好创新的引导，在全行业开展创新文化建设，培育创新氛围，重视创新规划，构建创新体系。二是要大力推进创新成果转化应用，把产权市场的创新，重点体现到流转功能、配置功能和融资功能上，通过思路创新、制度创新、业务创新、技术创新、服务创新、机制创新，拓宽业务空间，扩大产权市场的广度、高度和深度，满足各类投资者的需求。三是要重视创新力量的培植，加强对创新型人才的教育和培养，为他们开展创新活动创造条件，提供机会，给予激励。四是要加大信息手段的创新。协会要按照产权局的要求，推进交易信息再发布系统建设，使各地会员机构在发布交易信息的同时，在协会网站上免费再发布，让国内外的投资者在协会网站再发布平台上能看到全国各地的转让信息，将受让意向直接反馈到发布信息的机构处理，大大提高信息集散程度和竞价率，为会员服务。

三、沟通合作，把产权交易机构打造成开放共赢的平台

我国产权市场的发展历程表明，画地为牢，各自为政，不利于产权市场的发展。联系越紧密，合作越充分的时期，恰恰是产权市场可持续

发展最快的时期。各级产权交易机构的主要负责人都要树立"天下"的一统理念，排除"诸侯"的地域概念，应该是更高层次，更广领域，更具实力的产权市场整体，拉起手来开展跨区域、跨行业、跨所有制的产权交易合作，实现资源共享，信息互通，优势互补。协会即将设立的"纠纷调处委员会"，要建立促进合作和调处纠纷的机制。一方面要发挥《产权导刊》和协会网站的作用，建立产权交易机构的网络系统，优化产权交易机构平面与网络媒体，加快产权市场信息集散的速度和质量。另一方面谋求合作，相互支持。就是要高度重视和建立交易机构间的相互合作，交易机构和各类企业间的合作，交易机构与资本市场间的合作，产权市场国际间的合作，在合作中不断提高市场化水平，迈向合作共赢的发展道路。协会即将设立的"国际交流与合作培训委员会"对国际国内合作培训交流已有初步的安排。

四、诚信自律，把产权交易机构打造成客户信任的平台

诚实守信，严格自律，是国有产权交易机构生存发展的重要保证。各地企业国有产权交易机构在国有企业改制重组和国有产权转让中，大力推动市场化运作，实现了交易双方的公平合法和公开规范，维护了各方的合法权益，从一个方面促进了社会管理水平的提高。随着我国产权市场从粗放型发展向质量型发展，规模型发展向规范型发展，外延型发展向功能型发展的转变，产权市场对诚信建设和行业自律的要求越来越高。我们要研究国有产权交易机构发展的规律，根据国有产权交易机构的特殊角色，尽快建立行业人员依法诚信执业标准，制定完善全行业人员廉洁从业的制度和机制。要建立健全行业规范执业检查监督机制，对从业人员的履责情况和规范交易情况进行督促检查，促进产权市场信用建设，维护正常的产权市场秩序，实现产权公平交易。即将设立的"政策研究与自律委员会"，在 2012 年春节之前制定出产权市场的

行规行约。要加强产权交易机构从业队伍建设，培训学习财务审计、资产评估、企业管理、金融、证券、法律法规等知识，在培训的基础上，经有关部门授权推行从业人员职业资格认定的实施办法，努力建设一支熟悉业务、坚持原则、诚实敬业、锐意进取的产权交易机构从业队伍。协会秘书处正在与国家人力资源和社会保障部有关部门协商沟通从业人员职业资格认定的有关事项，一旦成功，必将造福于产权界同仁。要建立产权交易绩效评价体系和诚信体系，关注产权交易过程中的资源配置效果、交易方参与程度、竞价率、增值率以及交易机构的经济效益，搞好产权交易增值服务，进一步提升产权交易质量，增强客户双方对交易机构的满意度与信任感。

今道风光无限好，来年景色更醉人。我相信，只要我们坚定信心，不断努力，全国产权交易机构就一定能够更加健康发展，中国产权市场就一定能够焕发出勃勃生机！

4. 协会要引领产权行业规范创新合作自律①

——在第六届中国产权市场创新论坛（沈阳）的演讲
（2011 年）

回顾 30 多年改革开放历程，产权市场是在中国特色社会主义市场经济体制条件下，伴随着我国生活资源商品化、生产资料商品化、生产要素商品化进程逐步形成，在资源资产化、资产资本化、资本产权化、产权金融化过程中不断发展壮大的我国新型产权资本市场。多年来，特别是国务院国资委和财政部 3 号令颁布以来，在党中央、国务院的正确领导下，在国务院国资委的关心指导下，在监察部、财政部、发改委、工商总局、证监会等国家有关部委的大力支持下，我们产权界的同仁们紧密合作，勇于挑战，积极推动制度创新、产品创新、服务创新和交易创新，企业国有产权进场交易制度不断完善，市场运行能级不断提升，我国产权市场取得了令人瞩目的成绩，迎来了欣欣向荣的发展局面。

"十二五"是我国产权市场从粗放型发展到质量型发展、规模型发展到规范型发展、外延型发展到功能型发展转型的关键时期，面临着新的机遇和挑战。各地产权交易机构要以中国企业国有产权交易机构协

---

① 2011 年 7 月 17 日，由中国企业国有产权交易机构协会主办的第六届中国产权市场创新论坛在沈阳举办，作者（时任中国企业国有产权交易机构协会会长）在论坛上发表讲话。原载于曹和平主编：《中国产权市场发展报告（2012—2013）》，北京：社会科学文献出版社，2013 年 12 月，第 61－64 页。

会（以下简称"协会"）的成立为契机，牢牢把握国资国企深化改革、产业结构布局优化、区域经济多极化发展、经济发展方式转型进程中的重大历史机遇，严格按照"推动流转、防止流失、优化配置、提升价值"的总体要求，紧紧围绕"规范、创新、合作、自律"的发展主线，加快推进产权市场"制度化、程序化、信息化、规范化、市场化、国际化"建设，更好地服务于国资国企改革重组，服务于金融资产优化重组，服务于各类企业并购重组，服务于企业产权有序流转，服务于中小企业融资，服务于科技成果产业化，服务于各类生产要素优化配置，服务于经济转型发展。

在这里围绕"规范创新"这个主题，积极探讨"十二五"时期我国产权市场这个新型资本市场的未来发展方向，不仅十分必要，而且意义重大。

一、立足规范，进一步提升产权市场科学发展的生命力

产权市场是各种利益群体博弈的角斗场，规范化是做好产权交易机构工作的生命线。我们要克服浮躁、急躁、粗糙习气，发挥协会"业务标准研究委员会"的作用，认认真真、扎扎实实抓好规范建设。一是尽快制定全国范围的交易规则。要实现规则统一、程序透明、操作规范、竞争有序的产权市场建设目标，我们的路还很远，任务还很重。我们要以信息化带动产权市场制度化、程序化、规范化建设，抓紧制定产权交易业务标准和制度体系，做到产权交易制度化，制度执行程序化，程序操作信息化，系统运作规范化。二是抓紧出台全国统一的统计制度。统计制度不健全、统计方法不统一直接影响市场的规范建设。最近，协会拟委托国家统计局统计科学研究所研制产权市场的统计制度，力争 2012 年初报请国家统计局批准实施。三是对产权交易机构经营范围进行调研。根据国务院国资委产权局的要求，要重点摸清一些交易机

构将非上市股权公司股权拆细后连续或变相连续交易的问题，从而有效防范市场风险，有力维护市场秩序和形象。四是处理好竞争与规范的关系。产权市场必然有竞争，适当的竞争能促进市场发展，"心中无底、乱铺摊子"的竞争是没有规范、没有质量的竞争。竞争要因地制宜，聚焦目标，重点突破。产权市场应当提倡在一定的市场规则前提下健康、有序、规范竞争，在提高市场服务水平上竞争，在市场制度建设上竞争，在维护市场"三公"形象上竞争，在廉洁从业作风上竞争。

二、着力创新，进一步提升产权市场科学发展的原动力

创新是产权市场发展的不竭动力。协会"市场创新委员会"要尽快启动行业"十二五"发展规划的研制。通过科学、规范创新，实现产权市场从坐商到行商的转变，从卖方市场到卖方和买方并重市场的转变，从单纯的流转型市场到并购型、融资型和交易型市场的转变。一是坚持多元化创新。产权市场是非标准化市场，要强化品种创新，以股权交易带动物权、债权、知识产权交易，以央企国企产权交易带动非公经济产权交易，以存量资产交易带动增量资产交易；大力推动行政事业单位、涉讼资产等公共资产进场交易；创新科技金融产品，畅通 VC/PE 类投资进退通道，加大对中小企业融资服务的力度。二是坚持信息化创新。在各地交易机构发布交易信息基础上，积极推进协会交易信息再发布系统建设，免费提供给会员单位使用。要将国内外意向投资受让人的信息直接反馈到信息发布机构，努力提高交易项目的信息集中度、撮合成功率和挂牌竞价率。三是坚持市场化创新。产权是重要且稀缺的经济要素资源，产权交易服务要提前介入，前场、中场和后场服务都要精耕细作，加快推进大众化、简单化、程序化服务向个性化、多样化、专业化市场服务的转变，不断提高以挂牌率、成交率、竞价率、增值率为标志的市场化运行水平，满足各类投资者的需求。四是坚持平台化创

新。做强做优交易平台，提高服务效率和质量。通过拓展、衍生、延伸、优化产权交易上下游服务链，为企业提供改革改制、增资扩股、项目融资、并购重组、咨询策划等全方位服务；通过整合资产评估、法律服务、审计风控、融资租赁等各类资源，形成合力，充分发挥现代市场要素资源交易咨询商、服务集成商的作用。

三、深化合作，进一步提升产权市场科学发展的凝聚力

平等相处、互利互惠、互相尊重、以诚相待是各地交易机构合作的重要前提。不管交易机构大小，地位一律平等。实践表明，画地为牢、各自为政、资源分割、恶性竞争，不利于产权市场发展。而沟通越充分、合作越紧密的时期，恰恰是产权市场发展最好最快的时期。协会"纠纷调处委员会"和"国际交流与合作培训委员会"要加快建立行业的合作和协调机制。一是形成行业合作共赢的发展机制。要摒弃"诸侯"式的地域发展概念，树立"天下"的全局发展理念，坚持"共赢"的合作发展信念，从更高层次、更广领域、更大范围开展跨区域、跨行业、跨所有制合作，积极开展交易机构间、交易机构与各类企业间、交易机构与资本市场间的多元合作。特别在信息化建设方面，有条件的机构应无偿支持、帮助兄弟机构。二是强化发挥行业媒体的合作功能。要充分发挥《产权导刊》、产权年鉴、报纸、协会网站的作用，帮助优化各产权交易机构平面媒体，推进新型媒体建设，建立全国产权交易机构网络系统，实现信息互通、优势互补、资源共享。三是开展国际并购业务的合作交流。按照国务院国资委 2011 年第 26 号、第 27 号令的精神，协会要加强国际合作，加快探索中央企业境外资产交易处置的工作模式，配合国务院国资委制定相关操作规则和办法，为开展央企境外资产处置业务做好前期准备。

四、强化自律，进一步提升产权市场科学发展的公信力

诚实守信、严格自律，是产权交易机构生存发展的重要保证，反腐倡廉仍是产权市场健康发展的头等要务。市场对行业诚信建设的要求越来越高，协会"政策研究与自律委员会"要重视对国家政策、市场运行和行业自律的研究，努力提升市场的公信力。一是制定产权市场的行规行约。要尽快建立行业人员依法诚信执业标准，制定完善行业人员廉洁从业制度和机制，力争在2012年初实施。要建立健全行业规范执业检查监督机制，对履责情况和规范交易情况进行督促检查，有力促进各产权交易机构内控监督机制和风险动态防控机制建设。二是加强行业人才队伍建设。努力打造一支熟悉业务、坚持原则、诚实敬业、锐意进取的产权交易机构从业队伍，为行业的可持续发展提供人才支撑。三是建立产权交易绩效评价体系和诚信体系。要抓紧制定以交易方参与程度、增值服务能力、要素资源配置效果、廉洁从业考核为主要指标的评价体系，进一步提高服务效率和质量。同时，协会要加强党组织建设，加强行业诚信体系建设，不断完善协会会员的准入与退出机制，做好会员管理和发展工作，提升交易各方对产权交易机构的信任度。

只要我们坚定信念、团结合作、开拓创新，全国产权交易机构就一定会实现又好又快发展，中国产权市场就一定会开创科学发展的新局面！

5. 不辱使命　做好产权交易信息统一发布工作[①]

——在中国企业国有产权交易项目信息统一发布系统开通仪式上的发言

（2012 年）

由国务院国资委产权局主持建设的"中国企业国有产权交易项目信息统一发布系统"，于 2012 年 5 月 24 日正式开通，并委托中国企业国有产权交易机构协会对信息发布内容进行日常规范管理。作为受托单位，我谨代表协会，向长期以来支持企业国有产权交易事业和中国产权市场建设与发展的各位领导和同志们，向今天参加系统开通仪式的国务院国资委各位领导、部分央企领导和新闻媒体的朋友们表示最衷心的感谢！

近 10 年来，在国务院国资委各位领导、各厅局的大力支持帮助和指导下，各地产权交易机构规范运行、创新发展，已经实现了"三个转变"：一是由单纯地服务企业国有产权规范流转转变为为各类产权资源优化配置服务；二是由单纯重视转让方市场转变为转让方市场和受让方市场并重，充分发挥产权市场点对面的发现买主、发现价格、发现价值的功能；三是由单纯的企业产权流转转变为融物权、债权、股权和

---

① 2012 年 5 月 24 日，中国企业国有产权交易项目信息统一发布系统开通仪式在北京举行，作者代表中国企业国有产权交易机构在开通仪式上发言，此为发言稿。原载于《产权导刊》，2017 年第 6 期，第 45－46 页。

知识产权交易为一体的基础性权益性产权资本市场综合平台。产权市场已具有流动性、定价性、融资性和配置性等资本市场基本属性，正在服务国资国企改革发展、各类企业并购重组、中小企业融资、推动科技创新、经济结构调整、经济转型、优化各类产权资源配置等方面发挥着积极的推动作用。

借此机会，我讲一下全国产权市场发展情况、协会成立一年多的主要工作情况以及开通的产权交易项目信息统一发布系统建设情况。

一、产权市场发展情况

我国产权市场是在国有企业改革和国有经济结构调整的情况下，在建立和完善中国特色社会主义市场经济体制条件下诞生和成长起来的新兴资本市场。产权市场长期以来得到党中央、国务院高度重视和关心，特别是 2003 年国务院国资委成立以来，在《企业国有产权转让管理暂行办法》即国资委和财政部 3 号令的指引下，产权市场始终坚持积极推动企业国有产权进场交易制度建设，监督机制建设，得到了监察部、财政部、发改委、工商总局和证监会等国家部委大力支持，有力地促进了全国产权市场的规范、健康、持续发展。主要表现在：一是产权市场建设制度体系已经形成，建立起以《企业国有产权转让管理暂行办法》统领下的 14 项有关产权市场的制度体系，为产权市场发展夯实了基础；二是产权交易监测系统已经成熟，全国已有 33 家省级国资委选定的交易机构与产权局的监测系统相连接，所有进场交易项目的运作是否规范，都在国家和省两级国资委的监测之下，有效地防止了国有资产的流失，受到中纪委的高度评价；三是产权市场的功能得到创新发展，我国产权市场经历了起步初创、清理整顿、规范发展的阶段，仍然处于一个相对的成长时期，一部分产权交易机构的业务已经从国企产权交易业务拓展到权益类的国企资产、金融资产、技术产权、农村产权、环境能源、文化产权、知识产权、公共资源、非公资产等交易业务，并取得明显的经济效益和社会效益，为开放竞争有序的现代产权市场建设做出了有益的探索；四是行业自律组织建设取得成效，为加强全国产权市场行业管理，经民政部批准，2011 年 2 月，中国企业国有产权交易机构协会正式成立，被财经专家们称为"产权市场发展的里程碑"，强化了产权市场规范、创新、合作、自律等方面的行业建设，搭建起产权交易机构与政府、社会之间的沟通平台，扩大了产权市场的影响力，促进了产权交易机构的规范自律，增进了产权交易机构之间的沟通合作。

二、协会成立以来的主要工作情况

中国企业国有产权交易机构协会成立以来，在国务院国资委直接主管和业务指导下，取得了打基础、起好步、开好局的工作成效。协会主要抓了以下几方面的工作。一是推进和组建了 5 个专业委员会的设立，并开始分头工作，这 5 个专业委员会是：国际交流与合作培训委员会、业务标准研究委员会、政策研究与自律委员会、纠纷调处委员会和市场创新委员会；二是推进和初步形成了规范化、程序化、民主化的领导体制和工作机制；三是推进和建设了三个常态化信息平台：创建中国产权网，将《产权导刊》提升为协会会刊，主编 2011 年版的《中国产权市场年鉴》；四是成功举办了两届"中国产权市场创新论坛"；五是举办了两期"产权交易行业业务培训班"，260 名学员参加培训，受到会员单位的欢迎和国务院国资委领导的肯定；六是开展协会会员机构经营范围和产权市场潜在风险调查工作，受到产权局的好评；七是推动"三公"领域配套政策向有利于产权市场的方向发展；八是建立起产权交易项目信息统一发布系统，重点促进了行业的规范自律工作。

三、产权交易项目信息统一发布系统建设情况

今天开通的产权交易项目信息统一发布系统，具有项目披露、快速查询、项目比较、信息订阅、留言反馈、访问统计六项功能。它有利于形成透明、公开的信息平台；有利于形成公平、公开、公正的市场价格发现机制；有利于企业国有产权在更大范围、更广领域、更深层次实现要素资源的优化配置，提高市场效率。本系统今天开通后，京、津、沪、渝4家中央企业产权交易试点机构的产权交易项目信息就纳入统一发布范围，运行一段时间后将创造条件推广到全国。下一步，我们要认真管理维护好这个系统，真正发挥好项目信息统一发布的效能。

各位领导、同志们，协会要在国资委领导下，把握宗旨、当好桥梁、服务会员、准确定位，更好地推动产权市场规范运行、创新发展，始终把规范作为产权市场发展的生命线，营造产权市场更加透明、更加公开、更加公平、更加公正的市场规范运行的环境，为国资国企改革发展和经济转型发展作出新的更大贡献。

6. 产权协会为产权市场科学 发展作出新贡献①

——在中国企业国有产权交易机构协会 第二届会员大会上的讲话

（2013 年）

过去两年，协会在国务院国资委的正确领导下，在常务理事单位和理事单位的共同努力下，在会员单位的团结合作下，在秘书处和各专业委员会的辛勤工作下，从零起点迈出，发展到 2013 年初，组织机制基本健全，信息化平台建设初步形成，创新论坛和培训工作成绩显著，行业规范化建设有效推进，秘书处和专委会工作稳步展开，制度建设打好基础，顺应行业形势的变化积极而为，协会两年工作实现了开好局、起好步、打基础的基本工作目标。

《创建品牌协会，规范创新发展，为建设中国特色产权交易市场而奋斗》的工作报告和《协会 2013—2015 年工作规划》对协会今后的任务目标予以明确，为未来的两年描绘出一幅新的发展蓝图，为产权市场的规范创新发展指明了方向。希望在协会新的一届领导班子带领下，树立"创新为先、规范为重、发展为主、服务为本"的理念，坚定不移地以服务会员为中心，以三年工作规划为目标，坚持不懈、顺势而为、促进发展。

---

① 原载于《产权导刊》，2013 年第 4 期，第 23－24 页。

一、在创新工作上不断突破

党的十八大报告中明确提出："实施创新驱动发展战略"，把创新工作提高到战略高度。产权市场的发展历史，就是一个锐意创新、集聚创新的过程。产权市场今后的业务发展和市场建设同样需要坚持走中国特色社会主义自主创新道路。各地产权交易机构要牢牢把握国资国企深化改革、产业结构优化升级、经济发展方式转型进程中的机遇，在加快推进产权市场"制度化、程序化、信息化、规范化、市场化、国际化"建设中，严格按照"推动流转、防止流失、优化配置、提升价值"的总体要求，紧紧围绕更好地服务于国资国企改革重组、服务于各类企业并购重组、服务于企业产权有序流转、服务于中小企业融资、服务于科技成果产业化、服务于各类生产要素高效配置、服务于经济转型发展，思考创新、研究创新、实践创新，立足国资国企改革主战略，扩大产权交易业务的创新成果，夯实产权交易行业的市场地位。

二、在规范自律上再上台阶

规范是产权交易行业健康发展的生命线。过去两年，协会秘书处和业务标准研究、政策研究与自律两个专业委员会在行业规范化建设方面做了大量工作，研究并起草了《防范产权交易风险的调研工作方案》《产权交易规则》《关于企业国有产权档案管理试行规定》《中华人民共和国企业国有产权交易法（草案）》《企业国有产权交易风险防范管理暂行办法》《企业国有产权交易协会综合检查评审办法（试行）》《产权市场从业人员执业行为准则》等规范性制度，通过并下发了《企业国有产权交易风险防范管理暂行办法》《产权交易行业统计工作实施办法》，建立了产权交易项目信息统一发布系统，这些都是被业内充分肯定的基础性工作。要把产权交易这项事业做强做大做优，规范自律建设仍然是一项长期的艰巨的任务，希望协会业务标准研究和政策研究与自律两个专业委员会放眼长远，不辱使命，把产权交易行业规范化建设作为一项信誉工程，尽快建立并推行行业人员依法诚信执业标准，形成行业人员廉洁从业制度机制、规范执业检查监督机制和风险动态防控机制，将产权交易行业规范化建设和反腐倡廉工作推向一个新的高度。

三、在服务功能上得到提升

过去两年的事实证明，协会的成立在推动全国产权交易市场建设中发挥了重要作用，在落实协会宗旨，为我国企业国有产权交易市场的规范发展，为维护协会会员单位的正当利益，为政府的决策和监管提供了有效的服务。为会员单位、为产权市场建设搞好服务是协会工作的天职。在产权市场的发展进程中，行业形势必然会发生新的变化，会员单位必然会碰到各种困难，协会更应针对性地深入开展行业监管和提供服务的各项工作，坚决维护会员单位的根本利益和合法权益。要时刻关注和维护产权行业的合法发展权益，对涉及影响和损害行业和会员单位合法权益的现象，协会要敢于说话，善于协调，有效维护，扎实工作。

愿我们共同为会员单位的创新发展，为中国特色产权交易市场科学发展，为我们共同的产权市场事业繁荣昌盛作出新的贡献！

附　　录

附录 1

中国产权市场建设与改革 40 年[①]

　　1978 年，党的十一届三中全会开启了中国改革开放的伟大征程。国有企业，作为中国经济的重要组成部分，经历了放权让利、承包经营、公司制改革、混合所有制改革等从计划经济到市场经济的改革历程，取得了辉煌成就。中国产权市场正是在这个过程中，因服务国资国企改革而生，在服务改革中发展壮大。服务范围从最初的企业国有产权转让，逐步拓展到股权、债权、知识产权等现代产权制度所涉及各类要素的有序流转和优化配置，走过从无到有、从小到大、从单一到多元的发展历程，展现出旺盛的生命力和创造力。中国产权市场自诞生以来始终肩负着国有资产公开、阳光交易的重任，为国资优化配置和保值增值提供高效平台，成为国家建立健全惩治和预防腐败体系的重要抓手。同时，中国产权市场的建设和发展，是中国在非标准化资产交易领域的重大制度创新，它与证券市场一起，构成了中国复合资本市场体系的基础框架，有效推动了产权制度改革，为我国完善社会主义市场经济体制发

　　① 本文作者为邓志雄、何亚斌、吴汝川、陈志祥、苗伟、刘闻。邓志雄，教授级高级工程师，国务院国资委产权局原局长、规划局原局长，现任中国电信、中国铝业、中国保利集团专职外部董事；何亚斌，研究员，中国产权协会党委原副书记、原副秘书长；吴汝川，中国产权协会会长，北京产权交易所党委书记、董事长；陈志祥，中国产权协会副会长，武汉光谷联合产权交易所党委书记、董事长；苗伟，中国产权协会副会长，山东产权交易中心党委书记、董事长；刘闻，中国产权协会常务理事，广东省产权交易集团党委书记、董事长。原载于国务院发展研究中心市场经济研究所：《改革开放 40 年：市场体系建立、发展与展望》，中国发展出版社，2019 年 1 月，第 215—237 页。

　　本文定稿前，课题组成员何亚斌受组长邓志雄委托，登门向中国产权协会党委书记、秘书长夏忠仁，向国务院国资委产权局副局长李晓梁，征求意见，受到高度重视，他们提出了高水平的修改意见和建议，这些意见和建议已完全地体现在本稿中。他们的负责精神和智慧，对于提高本文质量，起了重要作用，特此表示真诚感谢！

挥了重要作用。产权市场，中国创造，为世界其他国家和地区建设现代市场体系提供了中国智慧和方案。

一、产权市场的发展历程①

（一）萌芽兴起阶段（1978—1993 年）

改革开放拉开中国经济体制改革的大幕。从尊重经济规律办事，到计划经济为主、市场调节为辅，到实行有计划的社会主义商品经济，再到计划与市场的内在统一，当时体制僵化的国有企业，亟须推进改制重组以适应新的市场环境，中国产权市场正是在这种背景下破土发芽。1988 年 5 月 11 日，武汉市体改委批准设立"武汉市企业兼并市场事务所"②，中国第一家完全意义上的产权交易机构就此诞生。之后，昆明、深圳、山东、江西、山西、北京、上海、南京、乐山等地产权交易机构如雨后春笋般出现。

1993 年 11 月，党的十四届三中全会提出建立"产权清晰、权责明确、政企分开、管理科学"的现代企业制度，首次提出实行"产权流动和重组"，产权市场发展随之趋于活跃。截至 1993 年底，全国共成立产权交易机构 170 多家，形成中国产权市场的第一次发展高潮。

（二）艰难探索阶段（1994—2002 年）

中国产权市场发展之初，尽管国家和一些省市政府出台了一些支持和规范企业产权交易的政策措施，但由于市场缺乏必要的监管体系，少

---

① 发展历程划分方法，系参照何亚斌：《中国产权交易评述：政策沿革视角》，载曹和平主编：《中国产权市场发展报告（2008—2009）》，社会科学文献出版社 2009 年版，第 312—320 页。

② 1988 年 5 月 11 日，武汉市体改委对武汉市财政局发出《关于同意成立武汉市企业兼并市场事务所的批复》（武体改〔1988〕第 012 号），同意成立武汉企业兼并市场事务所。

数产权交易机构对初级企业的股票擅自开展非上市公司股权拆细和连续交易，即所谓一级半市场，当时成都的红庙子、武汉的汉柜、淄博的SDK 都很红火，[①] 但它游离于证券监管之外开展证券交易，引发市场风险。鉴于此，1994 年 4 月，国务院办公厅发出明传电报 12 号《关于加强国有企业产权交易管理的通知》，要求暂停产权交易市场活动。到 1997年，受亚洲金融风暴的影响，国务院为掌握场外交易市场情况，同年 5月组织证券委员会、证监会、人民银行、体改委、国资局 5 部委成立联合调研组，到山东、河北专题调研，11 月全国金融工作会议讨论形成清理整顿意见，12 月，《中共中央、国务院关于深化金融改革整顿金融秩序防范金融风险的通知》（中发〔1997〕19 号）出台。为落实这个文件要求，1998 年 3 月，国务院办公厅转发中国证监会《关于清理整顿场外非法股票交易方案的通知》（国办发〔1998〕10 号），要求"彻底清理和纠正各类证券交易中心和报价系统非法进行的股票、基金等上市交易活动，严禁各地产权交易机构变相进行股票上市交易"。因此，淄博、乐山、成都、武汉等一批不规范的柜台交易机构被关停，全国只留下上海、北京、天津、深圳等地少量比较规范的产权交易机构，市场发展态势低迷。直到 1999 年，伴随国家大力推进高新技术企业发展，技术产权流转存在巨大需求，催生了技术产权交易市场的建设和发展，这给处于困境的中国产权市场注入了新动力，产权市场复苏。

（三）规范发展阶段（2003—2015 年 8 月）

如果说，中国产权市场诞生和发展的前 15 年，主要特征是孕育、探索和试错，那么 2003 年以后，在中央纪委和国务院国资委的推动下，中国产权市场进入规范运行、快速发展的时期。

2002 年初，党的十五届中纪委第七次全会提出："各地区、各部门

---

① 　熊焰：《地方交易所的现状与前景》，引自 2018 年 8 月 31 日北京国富资本有限公司网站。

都要实行经营性土地使用权出让招标拍卖、建设工程项目公开招标投标、政府采购、产权交易进入市场等四项制度"，这是中国产权市场实行全面规范发展的制度起源。同年，党的十六大提出"健全统一、开放、竞争、有序的现代市场体系"，"发展产权、土地、劳动力和技术等市场"。2003年10月，党的十六届三中全会进一步提出建立"归属清晰、权责明确、保护严格、流转顺畅"的现代产权制度，提出要"依法保护各类产权，健全产权交易规则和监管制度，推动产权有序流转"，要求"规范发展产权交易"。

按照上述要求，2003年11月，国务院办公厅转发了当年新设立的国务院国资委《关于规范国有企业改制工作的意见》（国办发〔2003〕96号），规范国有企业改制行为，同时提出"非上市企业国有产权转让要进入产权交易市场……并按照《企业国有产权转让管理暂行办法》的规定，公开信息，竞价转让"。同年12月31日，国务院国资委和财政部联合颁布《企业国有产权转让管理暂行办法》（国资委、财政部令第3号，以下简称"3号令"），从解决"进场交易"这个要害出发，建立了企业国有产权进场交易制度。之后，国资委指导各地出台法规和政策，就如何选择产权交易机构、做好进场交易准备、交易信息披露、场内竞价交易、买方与价格确认、交易价款结算、产权关系变更、交易过程监管等环节，制定了一整套严密的企业国有产权转让交易规则，明确了转让各环节具体的工作程序和操作细则。以3号令的出台为标志，我国产权市场进入规范快速发展阶段。

2009年5月1日，《企业国有资产法》开始施行，其中第54条规定："国有资产转让应当遵循等价有偿和公开、公平、公正的原则。除按照国家规定可以直接协议转让的以外，国有资产转让应当在依法设立的产权交易场所公开进行。""依法设立的产权交易场所"和企业国有资产进场交易的原则，正式被写入法律，有了法律保障。

在这一阶段，按照国务院国资委关于企业国有资产"应进必进、能进则进、进则规范、操作透明"的原则，企业国有产权转让行为在全国范围内实现强制进场，使中国产权市场全面复兴，交易行为规范大为增强，市场效率极大提升。以此为带动，中国产权市场不断拓展服务范围，企业资产转让、行政事业单位资产转让、司法机关涉案资产交易、查没贪腐资产处置等涉及的各类国有和非国有资产，以及知识产权、林权、碳排放权、金融资产等各类生产要素也陆续通过产权市场这一阳光化、市场化平台进行交易，交易规模和市场影响力持续放大。

随着产权市场的快速发展，社会上一些机构再次出现打着产权交易所旗号开展证券市场外的拆细连续交易的行为。2011 年 11 月，国务院发布《关于清理整顿各类交易场所切实防范金融风险的决定》（国发〔2011〕38 号），要求"按照属地管理原则，对本地区各类交易场所，进行一次集中清理整顿，其中重点是坚决纠正违法证券期货交易活动"。为此，国务院成立由证监会牵头的"清理整顿各类交易场所部际联席会议"，开始对全国范围内从事产权交易、文化艺术品交易和大宗商品中远期交易等各种类型的交易场所进行清理整顿。2012 年 7 月，国务院办公厅发布《国务院办公厅关于清理整顿各类交易场所的实施意见》（国办发〔2012〕37 号），明确划清了产权市场与证券市场的业务边界。到 2014 年前后，各省市自治区陆续公布本区域通过清理整顿检查验收的交易场所名单。全国各地国资委选择认定从事企业国有资产交易的产权交易机构全部通过检查验收，产权市场经受住了考验，市场公信力进一步提升。

（四）进入发展新时代（2015 年 8 月至今）

2015 年 8 月，中共中央、国务院出台《关于深化国有企业改革的指导意见》（中发〔2015〕22 号，以下简称"22 号文"），明确提出"支持企业依法合规通过证券交易、产权交易等资本市场，以市场公允价格处置企业资产，实现国有资本形态转换，变现的国有资本用于更需要的领域和行业"。该文首次将产权市场与证券市场平行纳入"资本市场"范畴，产权市场属于资本市场重要组成部分这一重要定位，在国家顶层设计中得到明确，产权市场和证券市场一起构成了有中国特色的复合资本市场。以22号文出台为标志，产权市场的发展进入新时代。

2016年7月，国务院国资委会同财政部发布《企业国有资产交易监督管理办法》（国务院国资委、财政部令第32号，以下简称"32号令"），明确将企业国有产权转让、增资扩股、资产转让行为一并纳入产权市场公开交易，在资产交易、流转的基础上，赋予了产权市场产股权融资功能，健全完善了产权市场的资本市场定位。

习近平总书记非常重视产权市场在中国经济转型升级中发挥的重要作用。2016年3月4日，习近平总书记在参加全国政协十二届四次会议民建、工商联界委员联组会议时指出："要着力引导民营企业利用产权市场组合民间资本，开展跨地区、跨行业兼并重组，培育一批特色突出、市场竞争力强的大企业集团。"① 2017年10月，党的十九大报告提出要贯彻新发展理念，建设现代化经济体系，指出"经济体制改革必须以完善产权制度和要素市场化配置为重点，实现产权有效激励、要素自由流动、价格反应灵活、竞争公平有序、企业优胜劣汰"。中央一系列政策文件和习总书记的指示精神，确立了产权市场在新时代的发展方向，也赋予了产权市场新的使命和任务。

二、产权市场的发展成就

（一）交易规模呈跨越式发展

在长期的市场实践中，产权市场坚持提升服务功能，加快业务创

---

① 习近平：《毫不动摇坚持我国基本经济制度，推动各种所有制经济健康发展》，引自《人民日报》，2016年3月5日。

新，较好适应了我国不同发展阶段生产力发展的需求，平台优势不断显现，交易规模呈跨越式发展。党的十八大以来，产权市场各类交易品种累计交易额已经突破26万亿元，取得显著的发展成效。

（二）业务品种显著增多

中国产权协会统计数据显示，其统计范围内68家交易机构目前已形成12类主要业务，包括：产股权交易、企业融资服务（含增资业务）、实物资产交易、其他公共资源交易、诉讼资产交易、金融资产交易、环境权益交易、技术产权交易、文化产权交易、林权交易、矿业权交易和农村产权交易等①，产权市场的业务已经深入到国民经济和社会生活的多个关键领域，对实体经济发展起着关键的支撑作用，促进了社会和谐稳定。

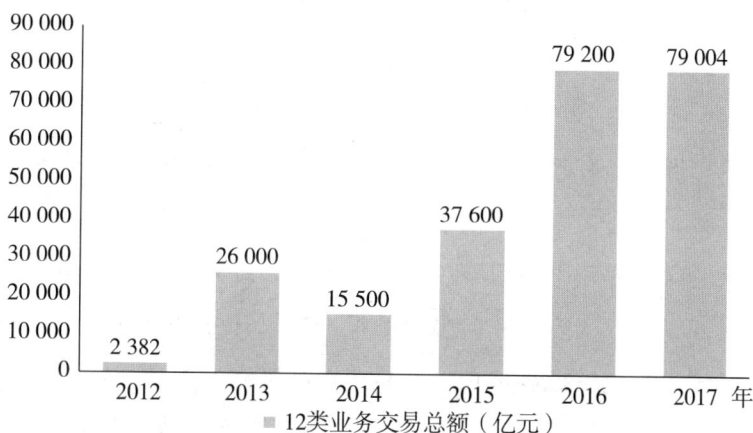

资料来源：中国产权协会《2017年度产权交易行业统计报告》。

图1　中国产权市场交易规模变化情况（2012—2017年）②

---

① 以上数据引用自中国产权协会《2017年度产权交易行业统计报告》。

② 2012年11月，《产权交易行业统计工作实施办法》开始实施，是产权行业统一的统计制度方法。

（三）服务领域不断扩大

第一，服务国资国企改革。在服务国有资产阳光交易方面，统计数据显示，2007—2016 年，全国各产权交易机构公开挂牌转让企业国有产权 9 590 亿元，较评估结果增值 1 626 亿元，平均增值率达 20%[①]，这与未进场交易前多以评估价转让或低于评估价转让的情形形成鲜明对比，表明企业国有资产通过产权市场在流转中实现了保值增值，国有资产价值得到有效挖掘。在服务国有资产优化配置方面，企业资产交易的标的，是"活"的产权，是企业未来发展必不可少的"活"的要素。因此，产权市场不仅要助力国有资产实现保值增值，还要实现资源的最优化配置，帮助标的企业找到最有利于企业后续发展的投资者。实践证明，过去十几年产权市场涌现出一大批助力企业做强做优做大的典型案例。2006 年，福建雪津啤酒有限公司 100% 股权在福建省产权交易中心采取"两轮竞价"方式，被荷兰英博啤酒集团竞得，5.3 亿元的净资产以 58.86 亿元成交，增值率达到 1 060%，在充分竞争的情况下，以巨额增值实现了国有股权转让的高倍增值，同时顺利引进了外资，实现了多方共赢，创造了中国产权市场的"雪津神话"。2011 年，国务院国资委产权局深入福建莆田对该项目进行回访，结果表明，该项目实现了企业、买方、地方政府、社会多赢的良好成果：一是企业管理水平明显提升；二是经营规模稳步增长；三是企业品牌和发展质量得到提升，全球品牌价值达 13 亿美元；四是经济效益不断提高，纳税总额由 2005 年的 3.26 亿元增加到 2011 年的 8.45 亿元[②]。武汉光谷联合产权交易所 2015 年操作的湖北华清电力公司破产资产（鹤峰县江坪河水电站）交易项目，经过 143 轮竞价，由湖北能源集团以 15.1 亿元竞得。增值率

---

① 以上数据引用自国务院国资委产权局副局长郜志宇在中国产权协会三届二次常务理事会暨学习 32 号令培训班上的讲话。

② 国务院国资委产权管理局编：《国资新局》，中信出版社 2013 年版，第 3—27 页。

虽然只有11.78%，但其关键的社会意义在于，该电站是鹤峰县的"希望工程"，停工4年被起死回生恢复施工后，建设进展顺利。经2018年8月回访得知，预计2019年夏可建成发电，每年可为当地财政增加收入过亿元，防洪、航运和旅游效益显著，成为产权市场助力脱贫奔小康的典范。2015年，重庆联合产权交易所受理中新大东方人寿保险公司50%国有股权转让项目，成立精干团队，与转让方一道，挖掘项目核心价值，广泛发动市场，征集到4家合格意向受让方。经过持续4个半小时721轮的公开电子竞价，最终恒大地产集团以39.39亿元高价竞得，比挂牌价增值23.36亿元，比股权对应的净资产2.99亿元增值36.4亿元，创下该所建所以来单宗国有产权交易增值新高，受到重庆市政府和社会舆论的广泛好评。党的十八大，尤其是十八届三中全会以来，国家积极推进国企混合所有制改革，在此过程中，产权市场充分发挥交易平台功能，助力国企混改引入社会资本，在放大国有资本功能、优化法人治理结构、提升国有经济活力和竞争力等方面发挥了重要作用。32号令发布以来，国有企业通过产权市场以转让部分股权或增资扩股方式完成混改项目822宗，累计引入各类资本3 074.7亿元，在加快国有资本与社会资本融合的同时，有效降低了国有企业的负债水平，为国有经济更高质量发展提供了资金支持，确保了混改的规范、透明。东方航空物流有限公司2017年通过上海联合产权交易所引入德邦、普洛斯等行业龙头企业作为战略投资者，引入联想、绿地等民营资本作为财务投资者，同时引入核心员工持股形成利益共同体，在引进各类社会资本后，重点推进三项制度改革，经营效率显著提升，利润总额同比增长62.78%[①]。2018年，中国铁路总公司旗下动车WiFi项目通过北京产权交易所引入深圳腾讯公司和浙江吉利控股公司组成的联合体，实现高铁网和互联网的"双网融合"，产权市场助力中国铁路总公司迈出混改

---

① 以上数据引用自国务院国资委产权局副局长郜志宇在"2018中国企业并购与国企混改（成都）峰会"上的讲话。

第一步，产生深远影响。这些案例都说明，产权市场已发展成为推动国有资本与社会资本相互融合、交叉持股的重要平台。

第二，服务各类经济主体去杠杆和扩大直接融资。为企业融通发展所需资金，是产权市场作为资本市场的重要特征。2017 年，产权市场通过股权融资、债权融资、股权质押融资、政府与社会资本合作（PPP）等多种方式，共为实体经济企业募集资金 7 984 亿元。相比之下，2017 年共有 428 家公司通过上海证券交易所首次公开发行上市，募资 2 255.72 亿元①；共有 2 379 家新三板挂牌公司完成定向增发 2 580 次，募资 1 184.25 亿元②。从这些数据可以看出，产权市场在为企业提供"非标准化"的融资服务方面，发挥了重要作用。

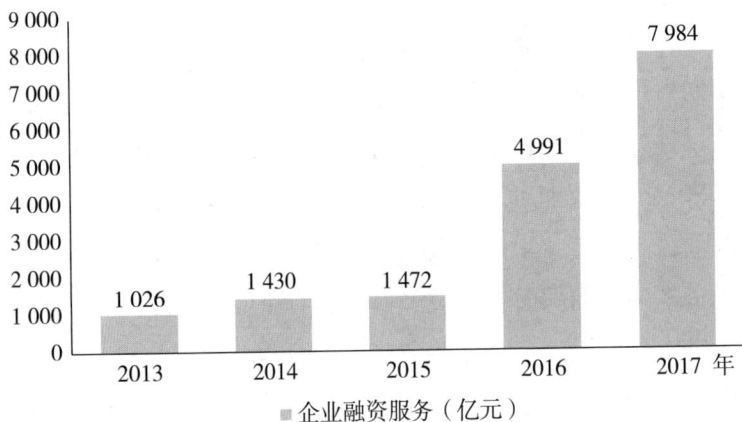

资料来源：中国产权协会《2017 年度产权交易行业统计报告》。

图 2　中国产权市场服务企业融资情况（2013—2017 年）

第三，服务各类要素资源的优化配置。按照著名经济学家常修泽的"广义产权论"③，产权要素是"广领域"的：一是广到天上，即"环

---

① 以上数据信息引用自上海证券交易所于 2017 年 12 月 25 日发布的发审信息。

② 以上数据信息引用《中国证券报》2017 年 12 月 20 日的报道：《2 379 家新三板公司定增募资 1 184 亿元》。

③ 常修泽：《广义产权论》，中国经济出版社，2009 年版，第 3 页。

境产权";二是广到地上地下,如自然资源资产产权;三是广到天地之间的"人"的身上,如各种人力资本产权等。而产权市场的发展实践,正是沿着"广领域"产权要素来展开的。多年来,产权市场始终在积极探索和完善通过公开市场对各类要素资源进行有效配置的途径和模式,目前业务范围已经涵盖各类权益、实物资产、大宗商品和金融产品等品类,有效推动了各类要素资源的自由流转和市场化配置。2017 年,山东兖矿科澳铝业有限公司 14 万吨电解铝产能指标通过山东产权交易中心公开转让,挂牌 2.1 亿元,吸引了东方希望、信发集团、魏桥集团等电解铝龙头企业在内的十多家机构参与,并最终以 14.02 亿元成交,增值 11.92 亿元,创造了产权市场有效服务供给侧结构性改革的新案例。

第四,服务政府部门资产管理和经济管理。在服务资产管理方面,产权市场积极服务公共权力部门在转变职能过程中下放产生的市场化处置业务,例如行政事业单位资产处置、公共资源交易、司法机关涉案资产交易、查没贪腐资产处置等,取得很好的成效。在服务经济管理方面,随着证监会等监管部门不断加强对上市公司并购重组和资产处置行为的监管,产权市场推出"上市公司并购重组和资产处置"等业务,为上市公司搭建了规范的并购重组和资产处置平台;为推进国内外产业和资本交流合作,产权市场推出"企业跨境并购重组"等业务,为国有、非国有、外资实体企业和金融机构,提供国际并购撮合和跨境融资等一站式服务;为助力各类企业"降杠杆",有效防范和化解金融风险,产权市场推出"债权资产交易"业务,为银行、信托、资产管理公司、担保、典当行等机构,以及企业持有的债权资产、抵债资产的转让、债转股、投资等交易活动提供综合服务。例如,广东省交易控股集团积极开展银行不良资产跨境转让试点业务,为引入境外优质金融资源服务实体经济提供渠道;又如,广东国投破产财产整体处置项目在广东省交易控股集团以 551 亿元成交,溢价 104 亿元,有效化解了金融风险，很大程度上保护了债权人的合法权益。

（四）市场体系建设成效显著

第一，诚信自律建设初见成效。由中纪委推动、国务院同意、民政部批准登记、国务院国资委组建、党的关系由国资委党委直管的中国产权协会，于2011年2月成立，加强了行业自律，促进了产权市场统一、规范、高效发展。协会成立后，开展行业信用体系建设课题研究，建立行业信用评价工作制度，实行行业会员信用管理，对提升产权市场诚信意识、规范产权行业信用秩序起到重要作用。

第二，理论体系建设成果显现。理论研究一直是建设产权市场的基础。近年来，产权市场通过开展基础理论研究、举办创新论坛、建设博士后科研工作站、专门成立咨询研究机构等措施，不断加强理论研究工作，同时积极促进研究成果在实践中的转化应用，推动产权行业规范化、专业化、系统化发展。

第三，服务体系建设全面推进。在统一的产权市场建设方面，据中国产权协会统计，截至2018年9月底，全国具备企业国有产权交易资质的产权交易机构有122家，覆盖我国除台湾、香港和澳门以外的所有省、自治区和直辖市；部分产权交易机构还通过设立境外分支机构、发展国际会员等方式，积极推动产权市场境外服务的覆盖。2018年8月20日，澳门特别行政区行政长官颁布第94/2018号行政命令，由中央企业南光集团和澳门特别行政区政府等共同出资建设的中华（澳门）金融资产交易股份有限公司获准成立，标志着产权市场开始走向境外发展。

按照《关于实施〈国务院机构改革和职能转变方案〉任务分工的通知》（国办发〔2013〕22号）、《关于贯彻落实国务院第一次廉政工作会议精神任务分工的通知》（国办函〔2013〕63号）和《关于国资委贯彻落实2013年反腐倡廉工作任务分工的意见》（国资党委纪检

〔2013〕97号）三个文件精神，产权市场积极推动"四统一"建设。一是统一信息披露。由中国产权协会牵头，搭建全国统一的产权交易信息披露平台——中国产权网，实现了全国各机构交易信息的汇聚和集中披露，并强化信息披露的推广力度。二是统一交易规则。2016年，32号令发布以后，各地产权交易机构以此为遵循制定具体操作规则，中国产权协会也出台了相应的行业操作规范，交易规则的统一为产权市场业务的有序开展奠定了很好的基础。三是统一交易系统。产权市场的非标资产交易特质决定了交易系统的多样性。根据国务院国资委的要求，全国各产权交易机构在企业国有资产交易业务中按照统一的标准建设交易系统，同时满足了政府监管和交易机构业务的个性化需求。四是统一过程监测。当前，国务院国资委和各地方国资委依托企业国有资产交易监测系统，对产权交易机构的交易行为实时监测，实现了监管部门对企业国有产权交易全流程、各环节的动态监测。在线上线下服务体系搭建方面，适应大数据、云计算、移动互联和人工智能技术的快速发展，产权市场已实现注册、登记、挂牌、竞价、结算、在线咨询、撮合服务等交易功能的线上运行，形成完整的、支撑交易全流程的信息技术系统；与此同时，近年来，产权市场通过增设专业服务部门、发展交易中介会员、推进投资顾问服务、优化交易模式等方式，全面提升了产权市场的线下服务水平。在与证券市场联动方面，部分计划在国内外主板市场（含中小板、创业板）上市的国有企业申请上市之前，出于优化股权结构、满足上市条件等目的，积极通过产权市场进行产股权转让或增资扩股。例如，2016年9月，招商局华建公路投资有限公司通过北京产权交易所募集资金105亿元，成为32号令发布后首个进场的央企增资项目；2017年12月25日，招商公路换股吸收合并华北高速公路股份有限公司，并在深圳证券交易所挂牌上市（股票代码：001965）。此外，产权市场与新三板联动操作的项目也在不断增加，华龙证券股份有限公司通过甘肃省产权交易所募集资金96.22亿元，创造了2016年

中国新三板挂牌企业定向增发新记录。产权市场与四板市场即区域性股权市场的联动则更加普遍化和常态化。

（五）市场监管全面加强

2003 年以来，产权市场形成了一套较为成熟的监管模式。在国家层面，国务院国资委、财政部、监察部、发展改革委、证监会和国家工商总局等六部委组成联合评审组，每两年对中央企业国有产权交易机构进行综合评审。国务院国资委开发建设了企业国有产权交易信息监测系统，对产权市场的国有产权交易进行全面动态实时监测。在地方层面，各地对口六厅局对本地产权交易机构进行业务指导和管理。

（六）为世界其他国家贡献"中国智慧"

产权市场的诞生和发展，虽然是中国特有环境下的"中国创造"，但也为世界其他国家做好国有资产监管以及建立完善本国资本市场贡献了"中国智慧"。一是产权市场完善的制度规则、内部控制体系以及互联网技术支撑，实现了各项交易和各个交易环节的阳光操作，有效预防了商业贿赂等腐败行为，很大程度上确保了交易的程序正义和依法合规，解决了国有资产交易易发腐败这一世界性难题，为世界上其他具备较多国有资产存量和增量的国家提供了良好借鉴。二是产权市场的市场化操作，能够助力企业找到优质的战略或财务投资者，为企业做强做优做大和经济结构转型升级提供有力支撑。三是建设产权市场比建设证券市场更简单易行，且产权市场覆盖要素资源的范围广，市场配置资源的效率高，产权市场和证券市场平行发展的资本市场结构大大优于单一证券市场的资本市场模式，这为世界其他国家完善本国资本市场体系提供了可借鉴经验。近十年来，产权市场的对外开放逐步展开：一方面，国务院国资委组织发达省市产权交易机构负责人"走出去"，先后访问联合国开发计划署等多个国际组织，考察纽约、伦敦、法兰克福等地证券交易所，积极学习国际资本市场运作经验，推动国际合作与交流。例如，2007 年 8 月，上海联合产权交易所与联合国开发计划署南南合作特设局在上海共同创立"南南全球技术产权交易所"（以下简称"SS－GATE"），通过"技术＋资金"方式援助部分欠发达国家的发展。2011 年 8 月，时任联合国秘书长潘基文在联大报告中，3 次提及 SS－GATE 并高度表彰其在国际技术转移和促进南南合作方面的突出贡献。国家发展改革委组织武汉光谷联合产权交易所、福建省产权交易中心负责人到古巴哈瓦那，在古巴国家和政府高等干部学院讲授中国国有产权转让的市场化操作经验，受到该干部学院院长的高度评价，写信邀请中国继续派遣授课。另一方面，采取"引进来"的办法。北京大学与康奈尔大学合办"美国未来领袖培训班"，开设"中国产权市场"课程，由国务院国资委产权局负责人讲授，获得参训者对我国阳光交易机制的赞叹。美国加州大学圣布拉第纳分校经济系考察团 3 次到访北京产权交易所。德国经济合作发展部与天津市人民政府合作开展的"中德合作建设中国产权交易市场体系项目"是中国产权市场首次获得的外国政府援助项目，该项目中方执行机构——天津产权交易中心在法兰克福、伦敦、布达佩斯、墨尔本设有办事处，承担招商引资任务。国家发展改革委和商务部开展"智力援外"，组织多哥和毛里塔尼亚官员培训班考察武汉光谷联合产权交易所，邀请资深产权交易专家在国内为古巴、菲律宾、埃塞俄比亚、冈比亚、赞比亚、纳米比亚、亚美尼亚、白俄罗斯、越南等多个培训班讲课，产权市场的"中国智慧"正在世界部分国家落地开花。

三、产权市场的发展经验

40 年来，我国产权市场形成了一些值得长期坚持的宝贵经验，主要有六条。

（一）始终坚持市场化改革方向

在改革开放过程中，产权市场始终牢牢抓住服务生产关系变革的主线，始终将服务市场化改革作为核心工作，始终紧跟国家政策，精准站位，深入贯彻并及时挖掘产权市场发挥作用的机会。从中央和国家的决策部署，到各级政府部门的政策法规，再到行业制度规范，产权市场始终坚持第一时间学习领会，第一时间将国家和各级政府要求与发挥产权市场功能相结合，第一时间实现各项服务的落地，取得较好效果，得到各级政府和各类企业的一致认可。

（二）始终坚持推进国企改革和预防腐败

改革开放初期，国有产权转让大多采取行政化手段，一个企业卖不卖、卖给谁、卖多少钱都由党政官员主导，这导致擅自决策、少评低估、暗箱操作、自卖自买等混乱状况，滋生腐败。更为严重的是，非市场化的配置方式往往导致资源的盲目流动和错配，对企业后续发展埋下隐患。如何寻找一条既符合中国实际情况，保证国有资产不流失，又能实现最优化配置的市场化路径，成为当时亟须解决的问题。利用好产权市场实行阳光交易就成为解决这一难题的最佳答案。其一，产权市场充分的信息披露制度，广泛征集受让方，能最大可能地发现投资者。其二，产权市场基本采用网络竞价的交易方式，避免了人为干扰，能最大限度地发现交易价格。其三，产权市场公开、透明的交易流程保护了交易各方，特别是被转让标的企业债权人和职工的合法权益，保障了社会公众对国有资产交易的知情权和参与权，很大程度上避免了场外交易经常引发的债权人和职工上访问题，维护了社会和谐稳定。产权市场的建立，实现了卖方公开规范的卖，买方公平合法的买，监管方公正高效的审批，解除了国企改革中极易引发争议和混乱的产权困扰，有效遏制住了国有产权流转中存在的暗箱操作、定价过低、资产流失等突出问题，企业国有产权得以顺利流转，国企改革得以在产权层面上规范有序地展开和深化①。2007 年，透明国际组织腐败指数总负责人约翰·兰斯多夫在对我国一些产权市场进行考察后作出如下评价："我们深刻感受到你们在所献身的反腐败斗争中所取得的成绩。政府采购和国有资产转让，在全世界都是滋生腐败的土壤。但在这里，你们用复杂而成熟的技术、透明的程序和明确的指导把这项工作组织得很好。我们钦佩你们如此迅速地在反腐败斗争中进行了最好的实践。其他国家相信可以从你们的经验中学到很多。"②

（三）始终坚持长尾资本市场性质定位

中国的资本市场由头部的股票市场和长尾的产权市场复合组成。产权市场具有三大特质属性③：一是非标准化交易属性。进场交易的是非标准化的产品，交易过程采用的是非连续的交易方式，能够为各类市场主体提供除拆细连续交易以外的各种资本市场服务，可以完成多个领域、多个交易品种的交易。二是具备完整的资本市场功能。既能以引发激烈竞争的二级市场功能为产权流转服务，也能以低门槛高效率的一级市场功能为产权形成服务。三是市场化服务平台特性。不同于一般资本市场的"银货两讫"的"一对一"交易互动机制，产权市场始终把对促进交易双方"多对多"互动服务贯穿于交易全过程：多个买方竞争一个交易标的，多个中介竞争一个交易主体，多个市场竞争一个交易项目，全面体现资本市场公开公平公正竞争要求。在发展过程中，产权市场始终坚持以上三个特质属性，始终坚持为我国数以千万计的广大非上市企业提供多种个性化资本服务，在我国经济体系建设中发挥了独特而重要的作用，使中国的资本市场形成了真正的中国特色。

---

① 邓志雄：《中国产权市场的回顾与思考》，《产权导刊》2007 年第 7 期，第 24—28 页。
② 熊焰：《资本盛宴：中国产权市场解读》，北京大学出版社 2008 年版，第 127 页。
③ 常修泽：《混合所有制经济新论》，安徽人民出版社 2017 年版，第 345 页。

（四）始终坚持规范化运营

产权市场"公开、公平、公正"的平台属性，客观上要求交易机构必须坚持规范化操作。第一，在党中央、国务院相关政策指引下，国务院国资委等中央部委、地方政府部门、产权交易行业，陆续出台了一整套较为完备的产权交易制度和规则体系，确保了产权市场的有序运行和规范操作。第二，产权市场始终严格落实各项监管要求，从业务审核、会员管理、档案管理、内部控制等多方面入手，将风险防控工作有效融入到日常经营和业务活动中，建立起完善的风险防控体系。第三，产权市场始终将业务创新控制在国家法律法规允许的框架内，杜绝参与国家明令禁止的交易活动，有效维护了市场的持续健康发展。第四，基于信息系统的日常监测和地方政府与相关部委的定期不定期检查，有力加强了市场运行的规范性。

（五）始终坚持市场化创新

为发挥好资本市场功能，发挥好市场在资源配置中的决定性作用，产权市场始终按照市场化方式开展各项工作。一是坚持平台化市场机制设计，不搞中心化市场。坚持产权市场区域化设置，中央部门选用地方交易机构，地方交易机构之间既有竞争也有协同，始终保持较强的市场运行效率和发展活力。二是持续推进市场创新，不论是制度创新、交易方式创新，还是产品与服务创新，产权市场始终坚持与时俱进，通过创新有效提高项目成交率、竞价率和增值率，扩大了产权市场的服务范围。三是开展广泛的市场合作。产权市场积极与各类企业对接，及时了解企业需求，解决企业进场交易中存在的问题；积极吸收产权交易链条上的产权经纪公司、审计评估机构、律师事务所、会计师事务所、拍卖公司、财务顾问公司、投资银行机构等各类专业服务主体成为交易会员，有效提升交易活跃度、完善产权市场服务功能。

（六）始终坚持强化互联网技术支撑

产权市场始终把信息化建设作为平台规范、高效发展的重要支撑。一是适应大数据、云计算、移动互联和人工智能技术的快速发展，大部分产权交易机构已打造出包括交易竞价系统、金融服务系统、投资人数据库和移动 APP 应用等在内的信息技术系统，实现了便捷的移动信息服务、移动交易服务和移动支付服务，实现了项目和投资人的快速聚拢和有效分类。二是充分利用信息技术手段，首创网络竞价和动态报价等交易模式，打造了全时空、全流程的竞价方式，大大提升了国有产权的处置效率。三是国务院国资委始终坚持加强国有产权交易信息监测系统的适时动态监测，中国产权协会也积极利用互联网系统加强市场的信用评价。

四、新时代产权市场发展面临的机遇和挑战

当前，中国经济面临着极其复杂的国内外形势，产权市场发展的内外部环境也发生着深刻变化，加快建设和完善产权市场体系，推动产权市场在新时代中国经济的转型升级中发挥更大作用，既面临难得的历史机遇，也存在一些问题。

（一）新时代产权市场的发展机遇

党的十九大报告提出，"经济体制改革必须以完善产权制度和要素市场化配置为重点，实现产权有效激励、要素自由流动、价格反应灵活、竞争公平有序、企业优胜劣汰"。产权市场作为现代化经济体系的重要构成，是市场化配置各类要素资源的主战场，必将迎来高速发展的新时代。

近年来，国家货币政策转向松紧适度，财政政策更加积极有效，市

场流动性紧张的局面得到缓解，减税降费力度超过以往；国资国企改革"从点到面"加快推进，混合所有制改革迈入深水区；国家深化科技体制改革、推进科技创新和科技成果转化的力度不断加大；中央首次提出"金融供给侧结构性改革"，发展绿色金融和金融改革开放的步伐越来越快，金融服务实体经济的能力将进一步提升；"一带一路"、雄安新区建设、京津冀协同发展、长江经济带发展、东北振兴、粤港澳大湾区发展等区域发展规划，显示出要素市场是国家区域发展战略中不可或缺的金融基础设施。以上这些国家改革发展举措的背后蕴含着广阔、海量的要素资源流动需求，迫切需要产权市场更加积极有为地参与和推进改革，为中国现代化建设提供更加强大的推动力量。

2019 年 3 月 5 日，李克强总理向十三届全国人大二次会议作政府工作报告。报告指出，"我国发展仍处于重要战略机遇期，拥有足够的韧性、巨大的潜力和不断迸发的创新活力"，"经济长期向好的趋势没有也不会改变"。在国资国企改革领域，政府工作报告强调，要"推进国有资本投资、运营公司改革试点"；要"积极稳妥推进混合所有制改革"；要"依法处置僵尸企业"；要"深化电力、油气、铁路等领域改革"；要推动"国有企业要通过改革创新、强身健体"；等等。可以预见，今后一段时期，各类国有企业的产权流转、融资活动将越来越活跃，产权资本市场为这些流转和融资活动提供服务的机会也将越来越多。同时，报告对财税金融体制改革、民营经济发展环境的优化、科技研发和产业化应用机制改革、绿色发展和生态建设、全方位对外开放等均作出明确部署，为产权市场提供了一系列业务切入点，而这些都需要产权市场发挥更加重要的作用。

（二）产权市场发展面临的问题和挑战

1. 交易立法待加快

中国产权市场经过 30 年的发展，已成为国家市场体系不可或缺的重要组成部分。虽然国家一系列相关法律和规章为产权市场的发展明确了方向，但《企业国有资产法》是关于企业国有资产管理的综合性法律，32 号令仅是部门规章，因此中国产权市场至今缺乏一部专门的上位法作为基础支撑。立法的滞后、法律体系的不健全，一方面对产权市场的各项服务、业务操作带来一定的风险，另一方面则不利于非标准化资本市场的建设发展和功能的充分发挥。

2. 市场功能待提升

目前，我国产权市场的功能还未得到充分发挥，距离支撑国家和区域经济社会发展的要求还有一定差距。一是各地产权交易机构的发展程度参差不齐，一些机构运行机制老化突出，在治理结构、激励和约束机制、人才建设等方面尚有很大提升空间，市场化改革力度还有待加强；二是交易生态链上的商业银行、信托、保险、基金、资产管理等金融机构，以及投资银行、律师事务所、审计机构、会计师事务所等中介服务机构的数量和质量有所不足，这种市场体系的不健全影响到市场功能的充分发挥和可持续发展。

3. 交易信息系统待统一

信息系统对提升交易效率、促进交易规范、维护交易安全起着重要作用。当前，中国产权市场从单个机构或部分区域性市场来讲，建成了满足交易需求的信息系统，但从全国范围看，仍缺乏统一的足以支撑信息披露、竞价、结算特别是融资等全流程的信息系统。这一方面造成项目资源、投资者群体资源的分散，不能最大限度形成规模效应，影响到投资人和价格的充分发现；另一方面，信息化建设的分散，使得市场不能在移动互联、人工智能、大数据、区块链技术等信息化建设趋势的大背景下形成建设合力，影响到整个市场信息系统的迭代开发和应用，最终影响到市场的整体发展。

4. 发展动力待增强

长期以来，对于大部分产权交易机构来说，服务对象主要是国有企业，交易品种主要是国有产权和国有资产，为企业增资扩股等融资类服务的业务总量较少，为企业提供并购融资服务的能力较弱，由此造成部分交易机构运营收入来源单一、市场发展后劲不足等问题。产权市场如何加强业务创新、如何为非公有企业提供更多服务、如何为国际市场资本形成和流转服务，都是目前需要重点探索研究的方向。

五、新时代产权市场的发展路径

（一）坚持规范化，确保产权市场行稳致远

产权市场要认真贯彻落实中央经济、金融工作会议要求，加强对创新业务及重大项目的风控研究和审核备案工作，加强对已有业务的风险巡回管理工作，坚决守住不发生重大风险的底线；要增强依法决策、依法经营、依法管理意识，将法治文化融入企业经营管理过程中，不断提升依法治企能力水平；要坚持制度先行的原则，按照监管部门要求，及时起草、修订和完善各项业务规则和管理规章；要通过加快诚信建设、加强内部控制评价等措施，切实提升内部控制建设和规范化管理水平。

（二）坚持市场化，提升产权市场的资本市场功能

产权市场要按照成熟资本市场的标准，以服务实体经济和实体企业为根本出发点，不断强化和提升交易机构的公司治理能力、创新研发能力以及员工的专业技能；要在集聚上下游资源方面下功夫，要与银行、证券、保险、基金、资产管理、融资租赁、小额贷款等金融机构以及律师事务所、会计师事务所、审计机构、征信机构、信用评级机构等建立紧密合作关系，与国内外证券市场等各类交易场所开展深入合作，不断促成多边主体的合作互动与跨界集成，最终实现交易的活跃、价值的发现和效率的提升；要按照国务院要求，继续推进产权市场的市场化

改革，继续推进行业"四统一"工作，实现信息披露、交易制度、交易系统、过程监测在全国范围内的真正统一。

（三）坚持信息化，搞好"互联网＋产权市场"

产权市场应着力构建全国产权市场统一的信息门户网站和"互联网＋产权市场"网络生态体系。一是各产权交易机构要高度重视大数据、云计算、移动互联、人工智能、区块链等技术的开发和运用，高起点、高标准提升行业信息化水平，强化信息安全保障。二是按照信息时代资本市场的统一性要求，产权市场应建立统一的中国产权市场网络，以信息化培育新动能，用新动能推动新发展，各产权交易机构应通过贡献智慧、资本、资源等多种方式共同参与，避免重复建设。三是要充分利用互联网技术对产权市场原有业务和功能予以发展和创新，改善用户参与交易和投资的互联网体验，实现产权市场运营管理的精细化、网络化、数据化和智能化。

（四）探索多元化，加快对内对外开放

新时代赋予产权市场新任务和新使命，产权市场应坚持"一体两翼"的服务战略，即以服务国资国企改革为主体，以服务于民企和国外企业为两翼，不断开创发展的新动力新引擎，助力中国经济转型升级和社会和谐发展，为经济全球化和人类命运共同体的构建贡献智慧和力量。一是应坚守为国资国企改革服务的根基，紧紧围绕党的十九大报告提出的"加快国有经济布局优化、结构调整、战略性重组，促进国有资产保值增值，有效防止国有资产流失"，"深化国有企业改革，发展混合所有制经济，培育具有全球竞争力的世界一流企业"等内容，在推进国企混合所有制改革和股权多元化、降低负债率、推进重组整合、加强市值管理、促进境外国有资产保值增值等重点工作中发挥更大作用、做出更大贡献。二是应坚守为产权制度改革和要素市场化配置服

务的宗旨，推动国有资本、集体资本、民营资本、外商资本以及企业内部职工的股本交叉持股、相互融合，建立起各类资本有序流转、进退顺畅的体制机制；应按照各类要素资源所处行业特点，切实做好环境权益、技术产权、文化产权等已有的要素交易业务，不断提升服务水平和市场效率，同时紧跟政策需求，创新交易品种、交易模式和服务产品，不断促进各类要素资源的优化配置，协助政府部门实现对国民经济的调节与控制。三是以国际标准、国际视野推进产权市场国际化发展，应认真学习借鉴国内外资本市场和相关机构的先进经验和做法，应探索与国外交易平台和相关机构合作与交流，条件成熟的可选取部分国际金融中心城市探索设立分支机构，或与国际知名投资银行、律师事务所、咨询公司等中介服务机构合作建设海外办事机构，逐步搭建全球业务网络，拓展市场渠道和发展空间，推动国内和国外在资金、项目和中介服务等方面的高效对接和充分融合。

六、政策建议

（一）建立统一的产权市场法律法规制度

资本市场，法治当先。为推进产权市场高质量发展，应加快产权市场立法工作，应通过法律明确产权市场的资本市场功能定位，明确产权市场的概念、限定条件、运行规范、功能定位及主管部门，明确相关各方的法律责任。同时，应加快研究出台所有要素资源非标准化配置业务的政策法规，促进产权市场规范有序发展。

（二）完善并创新产权交易市场体系

为了完善并创新产权交易市场体系，应按照党的十八届三中全会提出的"建设统一开放、竞争有序的市场体系"的要求，从顶层制度设计入手，坚决摒弃"各自为政，各成一体"的非市场理念，打破行政壁垒和制度藩篱，充分运用产权市场的适应性和可复制性，组织更多的资本、要素资源进入产权市场交易，不再建设同质性的交易场所。

二〇一八年十一月二十日

参考文献

［1］邓志雄．中国产权市场的回顾与思考［J］．产权导刊，2007（7）：24 – 28.

［2］邓志雄．谈如何推进产权交易市场"四统一"建设［M］//曹和平．中国产权市场发展报告（2014）．北京：社会科学文献出版社，2015：24 – 31.

［3］邓志雄，胡彩娟．把产权市场打造成为推进资本混合的主要平台［J］．产权导刊，2018（3）：18 – 22.

［4］邓志雄．发展混合所有制经济的八条理由［J］．产权导刊，2019（2）：26 – 27.

［5］任兴洲．建立市场体系：30 年市场化改革进程［M］．北京：中国发展出版社，2008.

［6］任兴洲，王微，王青，等．建设全国统一市场：路径与政策［M］．北京：中国发展出版社，2015.

［7］常修泽．广义产权论：中国广领域多权能产权制度研究［M］．北京：中国经济出版社，2009.

［8］常修泽．混合所有制经济新论［M］．合肥：安徽人民出版社，2017.

［9］曹和平．中国产权市场发展报告（2008—2009）［M］．北京：

社会科学文献出版社，2009.

　　［10］夏忠仁．协会在中国产权交易行业规范化建设中的实践及未来发展方向［M］//曹和平．中国产权市场发展报告（2014）．北京：社会科学文献出版社，2015：45－52.

　　［11］本书编委会．产权市场　中国创造［M］．上海：同济大学出版社，2014.

　　［12］熊焰．资本盛宴：中国产权市场解读［M］．北京：北京大学出版社，2008.

　　［13］吴汝川．混合所有制经济的实现路径以及产权市场的作用［M］//曹和平．中国产权市场发展报告（2014）．北京：社会科学文献出版社，2015：69－74.

　　［14］何亚斌．中国国有产权转让的市场化经验及其国际意义［J］．产权导刊，2018（3）：23－30.

　　［15］国务院国资委产权管理局．国资新局［M］．北京：中信出版社，2013.

　　［16］中国企业国有产权交易机构协会．中国产权市场年鉴：2013—2015［M］．北京：经济管理出版社，2016.

　　［17］中国产权协会．中国产权交易资本市场研究报告［M］．北京：中国经济出版社，2018.

附录 2

产权交易市场的
"中国式创新"①

——专访上海联合产权交易所总裁蔡敏勇

当走进上海联合产权交易所（以下简称"上海联交所"）的交易大厅，电子大屏幕上不断变化的成交项目便映入眼帘。屏幕上有升有降、犹如跳跃音符一般的交易指数，仿佛正在演奏一曲产权市场日新月异、资本进退自如、投资并购活跃的交响乐章。

这里，不仅有国有、非国有企业的产权交易，还有科技成果、商标、专利、著作权、矿权等的交易；这里，不仅有实物产权的交易，还有金融资产、碳金融的交易；这里，不仅有长三角地区乃至全国范围内的产权交易，更有受联合国委托指定的、发达国家和发展中国家国际技术转移的交易……

"中国产权交易市场，是对国际资本市场的创新和补充。其他国家并没有产权市场这一直接形式，这是名副其实的'中国式创新'。"上海联交所总裁蔡敏勇日前在接受《经济参考报》记者专访时表示，"可以说，我们在输出中国特色市场经济模式的同时，也向世界输送了中国特色的资本市场。"

---

① 原载于《经济参考报》，2012 年 11 月 9 日，A15 版。作者为该报记者骆国骏、王小波、林远。

国企改革："中国式创新"的起点

中国产权交易市场的设立初衷，是为了规范国有企业产权的流转，为了规范透明、阳光操作。回顾起十几年前，蔡敏勇不禁感慨："那时，我国产权市场刚萌生起步，鲜为人知。很少有人会想到，企业、资产、股权、物权、债权和知识产权等权益，也可以如同普通商品般买卖，'并购重组'更是乏人问津。"

据了解，我国产权市场的建设，从 1988 年 5 月武汉成立第一家产权交易市场以来，历经了 24 年的进程。据不完全统计，目前我国经政府批准设立的产权交易机构已达百家之多。

在蔡敏勇看来，中国改革开放至今大致可划分为三个"商品化"阶段：20 世纪 70 年代末 80 年代初开始的生活资源商品化，20 世纪 80 年代中期开始的生产资料商品化以及 20 世纪 90 年代中期开始的产权市场所探索的生产要素商品化。"如果说，前两个'商品化'即生活资源、生产资料的商品化，基本完成了改革的百分之八九十，那么第三个商品化是生产要素商品化，现已进入改革深水区。"他认为。所谓生产要素，是指进行社会生产经营活动时所需要的各种社会资源，包括劳动力、土地、人力资本、管理、资本、科学、技术、信息、数据等内容。"生产要素商品化进程对于资源市场化配置起着关键作用，正是因为这些生产要素在改革开放过程中，逐渐从行政化配置转变为市场化配置，从而催生了产权市场在中国的诞生。"蔡敏勇说。

资源配置的方式和水平直接决定了生产力水平的高低。在接受采访的过程中，蔡敏勇特别提到了获得 2012 年诺贝尔经济学奖的两位经济学家——埃尔文·罗斯（Alvin Roth）和罗伊德·沙普利（Lloyd Shapley）的研究理论。两位诺贝尔奖得主共同研究方向是资源的配置，以及如何设计合理的市场机制来达到这样的配置效果，其理论现在已经被广泛运用。"中国的地区发展差别、产能过剩等问题，也就是结构调整、优化布局的问题，其实就是要素资源的优化配置问题。"

蔡敏勇进一步指出，中国经济转型的关键是产业转型，产业转型的基础是市场转型，市场转型的突破口是构建多元化的资本市场体系，成熟的资本市场体系是优化要素资源配置的制度保障。产权市场是各类生产要素优化配置的市场平台，更是基础性、权益性资本市场。产权市场在完成国企改革的历史使命过程中，也逐步成为各类所有制产权进行交易的平台。

上海联交所："中国式创新"的缩影

中国的产权交易市场发展，经过了以实物产权交易和盘活存量资产业务为主的初创期，以配合企业股份制改造和产权流动业务为主的探索期以及以产权多元化改造为主，市场开始向区域化、国际化并购的发展期。目前，中国产权交易市场发展已经完成了三次飞跃，分别是由场外流动向场内流动登记的转变、由场内流动登记向场内公开挂牌转让的转变、由场内公开挂牌转让向公开竞价交易的转变。

上海联交所的发展历程，正是中国产权交易市场发展的缩影和典型写照。

1994 年 4 月 20 日，上海城乡产权交易所成立。1996 年 3 月 26 日，在上海城乡产权交易所基础上改组而来的上海产权交易所成立。上海产权交易所建立了国有资产产权交易监管体系，以盘活存量国有资产、防止国有资产流失为主要目标。

此后，上海国企改革渐入佳境，政策重点转向鼓励并购和促进高新技术产业的发展。1999 年 12 月 28 日，全国第一家技术产权交易所——上海技术产权交易所成立，标志着促进资本在高新技术领域进入和退出的有形技术产权市场的形成，标志着我国的技术交易市场实现了由技术商品化向技术资本化转变，是中国对国际科技资本市场的一大贡献。

随着上海在长三角乃至全国经济、金融中心地位的逐步确立，成立一个统一的、覆盖所有交易形式的、具有全国影响力的上海产权交易市场，其必要性和迫切性日益凸显。2003年12月18日，上海产权交易所和上海技术产权交易所合并，成立了上海联合产权交易所。

上海联合产权交易所的定位是——"经上海市人民政府批准设立的具有事业法人资格的综合性产权交易服务机构，是集全社会的所有权包括物权、债权、股权、知识产权等交易服务为一体的综合性市场平台，是国务院国有资产监督管理委员会选定的从事中央企业国有资产转让的首批试点产权交易机构，立足上海、服务全国、面向世界、连接各类资本进退的专业化权益性资本市场"。

"自1994年创立至今，上海产权市场交易规模和运行质量连续十八年保持全国第一，已经成为目前中国交易量大、覆盖面广、影响大、运行质量好的产权市场。"蔡敏勇告诉《经济参考报》记者，"产权市场是基础性、权益性资本市场。上海联交所通过信息集散、价格发现、资本进退、资源配置、规范流动五大功能发挥其基础性作用，实现了各种资源的优化配置。"

并购为王：价格发现与要素资源配置

"中国将进入'并购为王'的时代。"蔡敏勇说，"中国特色的产权交易市场，必须深刻认识到并主动顺应这一大趋势。"

在这一背景下，相对于之前"十八年保持全国第一"的桂冠，蔡敏勇无疑更看重上海联交所强大的价格发现功能，以及随之而来的要素资源配置功能。

蔡敏勇认为，企业国有产权进产权市场公开挂牌交易的制度安排，有利于在更大范围发现买主、发现价格，也有利于国有产权公开、公平、公正的阳光交易机制形成，更有利于各类企业产权资源的优化配置，从而形成先进生产力。这样的例子信手拈来。

东方证券股份有限公司股权转让案。挂牌价格2250万元，经过13家单位参与多轮竞价，最终上海某教育投资有限公司以4025万元成功竞得，增值率78.89%。

上海新华书店改制。原先效益低下，职工待遇不断下滑。后来以上海联交所为平台寻求改制，分为三步走：将它由国有独资改为国有投资主体多元化；吸引各种投资主体参股；重组借壳上市，即现在的新华传媒。"现在的新华传媒，已今非昔比。"蔡敏勇笑言。

当然，上海联交所的要素配置基础性作用，不仅包括价格发现和要素资源配置，还有信息集散、资本进退、规范流动，共五大功能。为了说明这五大功能在实践中的运用，蔡敏勇特别用长江流域产权交易共同市场主办的"中国产权交易报价网"作为例子进行介绍。他表示，通过这样的跨区域网络动态报价竞价交易平台，各产权交易机构可以联合发布项目信息并共同进行项目推介，组织网络竞价，在规范和公开的交易环境下同时实现了项目资源和投资人资源的共享。

据介绍，该平台目前项目最高的增值率已经超过800%。如北京大学口腔医院第三门诊部70%产权转让，报价358.6万元，经过305次网络报价，最终成交价格3532.6万元，增值8.85倍。

"中国式创新"任重道远

据了解，上海产权市场已经把企业国有产权规范转让的做法和经验，成功地复制到其他权益性交易领域，探索新兴权益性资本市场平台发展的新路子。

蔡敏勇向《经济参考报》介绍说，近年来，上海产权市场已经形成了"8＋1市场服务平台"（8个国家级＋1个国际级市场平台）。上海联交所相继组建成立上海环境能源交易所、上海文化产权交易所、上海农村产权交易所、上海联合钢铁交易所、上海联合矿权交易所、上海知识产权交易中心以及金融资产交易中心、南南全球技术产权交易所等一批市场平台，形成现代服务业集群。在促进企业国有产权有序流转的同时，不仅带动了非国有企业产权规范交易，而且也带动了其他权益性资本交易，丰富了上海国际化要素市场体系建设。

"以南南全球技术产权交易所为例。2010年联合国大会专门做了一个决议，指定南南全球技术产权交易所为南南合作的重要平台。联合国秘书长和联合国大会主席，都给予了南南全球技术产权交易所高度评价。"蔡敏勇说。

不过，蔡敏勇也表示，中国产权市场发展成绩不小，问题也不少，对此需要正确看待。"应注意的是，用当前发达国家的一些市场体系指标来评估我国现在的产权市场，值得商榷。"

"中国要建立归属清晰、权责明确、流转顺畅、保护严格的现代产权制度，还需要几代人的努力。中国产权交易市场，任重而道远。"蔡敏勇说。

后　记

　　"十四五"即将起航！我国发展仍然处于重要战略机遇期，但机遇和挑战都有新的发展变化。当今世界新一轮科技革命和产业变革深入发展，产权市场在我国构建新发展格局中将发挥更加积极的作用。未来五年和今后一个时期，机遇前所未有，挑战也前所未有！

　　创新的全球标准，市场的全球定位，要素的全球配置，企业的全球水平，关键在于产权资本要素的全球健康流动、规范交易与优化配置。产权资本市场要抓住机遇，迎难而上，娴熟驾驭、开拓和运用各种数字化、市场化、资本化模式与手段，服务生产要素市场化配置，服务科技创新和成果转化，服务国资国企改革发展，服务科技企业创新发展，服务绿色经济，服务企业并购及增资扩股和混改重组，为各类企业新一轮洗牌、新一轮转型、新一轮创新、新一轮发展提供增值服务和增添资本动力，实现转型升级和高质量发展。

　　回首过去激情满怀，展望未来信心百倍！回首十六年难忘的创新创业峥嵘岁月，这是产权资本市场同仁们不畏艰难、勇于挑战、创新实干、无私奉献、敢于作为、团结合作、奋力前行的十六年；这是产权资本市场运营日益扩大、能级日益提升、制度日益健全、运行日益规范的十六年；这是产权资本市场体系更加完善、格局更加开放、作用更加明显、地位更加提升、影响更加广泛、贡献更加显著的十六年。

　　借此后记，我要感谢邓志雄同志为本书倾情作序，触动了我回忆激情燃烧的创新创业岁月，催促了我提笔奋书 16 年的风风雨雨与阳关大道。

我要感谢何亚斌同志、熊焰同志、马志春同志愿与我联手为产权行业发展贡献智慧，众人拾柴火焰高，涓涓细流汇成海，希望我们对产权资本市场的实践回顾、归纳与提炼能为产权行业高质量发展发光发热。

我要感谢何亚斌同志在写作个人专著的同时对于本书的全程帮助，从写书前的策划支持，到写书期间对书稿和编辑进行多次梳理、修改和完善，他的关心、耐心、细心令我万分感动，催我提笔奋进。

我要感谢程卫华同志结合多年军旅生涯积累的研究和实践经验，为本书的写作、形成和编辑做了大量务实有效的工作，提出了积极建议。

我要感谢周小全同志在本书定稿之时给予我的帮助、鼓励与支持，我和小全同志充满激情和满怀信心的交流给本书定稿提供了加速度。

我要感谢刘闻同志和刘慧敏同志给予我著书的热诚鼓励与全力支持。

我要感谢朱建国同志在我写书过程中给予的关心、帮助、建议和认同。

我要感谢张天同志在我写书期间一如既往地给予大力支持，他在本书涉及的有些案例中是探索者、实操者、贡献者。

我要感谢张芮宁同志对我著书给予的关心和大力帮助。

我要感谢娄金洋同志花了大量业余时间，为本书收集了大量相关资料。

我要感谢丁志可同志帮助我对书稿框架、内容设计等做了很多梳理工作。

我要感谢陆红革同志在我写书期间给予的关心、帮助和支持。

我要感谢张中喜同志对书稿编辑、打印、扫描、校对做了积极工作。

我要感谢崔斌同志运用在产权领域多年淬炼出的市场实践经验到

本书中，专业、认真、负责、及时地对书稿展开精心编排、内容设计、文字校对等工作。

我要感谢王雪珂同志积极为本书出版做了许多沟通协调工作。

我欣慰地看到产权行业的后浪们前仆后继、继往开来、迎难而上、善于创新、敢于发展，奋发有为地推动产权资本市场新一轮飞跃，培育与发展先进生产力，为全面建设社会主义现代化国家作出新贡献。

让我们再创产权市场的辉煌，让世界见证产权市场的力量！

蔡敏勇

2020 年 11 月 17 日于上海